次世代医療基盤法
Commentary on Next Generation
Medical Infrastructure Law
の逐条解説

宇賀克也

有斐閣

はしがき

　「根拠に基づく医療」（EBM）の重要性の認識は広く浸透しているが，そのためには，医療機関等から医療情報を収集して，汎用性のあるデータベースを構築し，複数の医療機関等が，各自の研究目的に応じてそれを利用することを可能にするシステムを整備する必要がある。わが国においても，全国規模で利用できる医療情報データベースは存在するが，診療行為の実施に係るインプットデータが中心であり，診療行為の実施結果であるアウトカムデータの収集は，一部で行われているものの，なお十分とはいいがたい。また，わが国の医療保険制度は，地域保険と職域保険に分立しているため，各保険に基づくデータベース間の連携が不十分であることも，EBM の発展の支障になっている。さらに，わが国では，個別の研究機関が，各自の研究目的に応じて医療情報データベースを整備することが多いため，症例数が少なく，地域的にも偏りがあり，複数の医療機関等で診療を受けた履歴を追跡することが困難である等の問題がある。そのため，医療に係るビッグデータを用いた EBM を可能にするような法整備が要請されるようになった。

　次世代医療基盤法や医療ビッグデータ法と称されることもある「医療分野の研究開発に資するための匿名加工医療情報に関する法律」は，かかる要請に応えようとするものである。著者は，本法の立案の審議を行った次世代医療 ICT 基盤協議会医療情報取扱制度調整ワーキンググループの構成員であったが，本法が所期の効果を上げるためには，何よりも，多数の医療情報取扱事業者が，本法の意義と内容を理解することが不可欠の前提となると考えている。なぜならば，本法では，医療情報取扱事業者が認定匿名加工医療情報作成事業者に医療情報を提供し，認定匿名加工医療情報作成事業者がそれを匿名加工して，匿名加工医療情報を作成し，匿名加工医療情報取扱事業者に提供する仕組みを設けているが，医療情報取扱事業者は，認定匿名加工医療情報作成事業者に対する医療情報の提供を義務づけられるわけではないし，医療情報の提供に対して対価を得るわけでもないので，本法に基づく医療情報の提供が，医学研

究の発展を通じて医療の質を向上させ，ひいては健康長寿社会の実現に寄与することの意義を理解しない限り，本法が設けたシステムへの参加が不十分なものにとどまるおそれがあるからである。さらに，本法の存在を認識したとしても，自らが本法の医療情報取扱事業者に該当することを認識しえない場合も少なくないと懸念される。これを地方公共団体を例にとって説明すれば，地方公共団体が直営する公立病院や地方公共団体が設置した地方独立行政法人が経営する病院が保有する患者の情報が医療情報であることは容易に理解されようが，公立学校が保有する生徒の健康診断結果の情報や，地方公共団体の職員の定期健康診断結果の情報も，本法の医療情報であり，その保有との関係でも本法の医療情報取扱事業者に当たることの認識が，地方公共団体の間で共有されているとは，必ずしもいいがたいのではないかと思われる。また，公立病院や地方独立行政法人立の病院が医学研究のために本法の匿名加工医療情報取扱事業者となることは容易に想定しうるが，公衆衛生に係る政策を立案するために匿名加工医療情報を利用することも重要であり，かかる立場から地方公共団体が匿名加工医療情報取扱事業者となりうることについての認識も広める必要がある。

　さらに，国民一般にとっても，本法の理解は重要である。その理由は，以下の通りである。本法は，患者もしくは健康診断を受けた者等またはその遺族に，自己の医療情報を医療情報取扱事業者が認定匿名加工医療情報作成事業者に提供することの停止を求める権利（オプトアウトの権利）を付与している。医療情報取扱事業者は，このことを本人に通知する義務があるが，本人の死亡後に遺族に通知する義務はない。したがって，本法についての理解がないために，遺族のオプトアウトの権利が形骸化するおそれがある。また，オプトアウトの権利の通知を受けた本人も，それが自己の権利であり，その権利を行使したことによって不利益を受けるものではないことを直ちに理解することができず，その結果，この権利が形骸化するおそれもないわけではない。他方において，オプトアウトの権利を行使しないことによって医療情報に係る本人やその遺族が受ける利益は，一般的には直接的なものではなく，医学の発展に伴う利益を均霑する可能性という間接的なものにとどまるため，本法の意義を理解して，オプトアウトの権利を行使しないことにより，本法の目的の実現に協力しようと

はしがき

する国民が少数にとどまってしまう可能性も皆無ではない。

　以上のような理由で，本法についての解説書を執筆する意義があるのではないかと考えた次第である。当初は，本法が全面施行される2018年5月を目途に脱稿することを計画していたが，様々な事情で執筆が遅れ，ようやく同年夏に脱稿することができた。医療関係者はもとより，生徒の健康診断結果の情報を保有する学校，職員の健康診断結果の情報を保有する使用者，公衆衛生政策の立案に匿名加工医療情報を活用する国・地方公共団体の職員，さらに，患者として，あるいは健康診断の受診者として，医療情報取扱事業者による自己の医療情報の提供の是非を判断する立場に立ちうる国民一般の方にも，本書を参考にしていただければ幸いである。

　末筆ではあるが，本書の編集作業を担当していただいた有斐閣法律編集局書籍編集部の浦川夏樹氏に大変お世話になった。ここに記して厚くお礼申し上げたい。

　　2019年2月

　　　　　　　　　　　　　　　　　　　　　　　　　宇 賀 克 也

目　次

序　論 …………………………………………………………………………… 1

1 「医療分野の研究開発に資するための匿名加工医療情報に関する法律」制定の経緯　1

　　(1) 根拠に基づく医療　1／(2) 少子高齢化社会の急速な進展と財政難　4／(3) 健康・医療戦略　5／(4) 個人情報保護法等の改正　8／(5) 異なる個人情報保護法制の並立　10／(6) 官民データ活用推進基本法　10／(7) 国会審議　11

2 従前の法制の特例を設ける必要性　12

　　(1) 学術研究機関等の適用除外等　12／(2) 保有個人情報の目的外提供禁止原則の例外　13／(3) 個人データの第三者提供制限の例外　14／(4) 規制を強化する必要性　18

| 本　論 | 次世代医療基盤法の逐条解説 | 21 |

第 1 章　総　則 ……………………………………………………………… 22

　　　　第 1 条（目的）　22／第 2 条（定義）　25／第 3 条（国の責務）　59

第 2 章　医療分野の研究開発に資するための匿名加工医療情報に関する施策 ………………………………………………………………… 61

　第 1 節　医療分野の研究開発に資するための匿名加工医療情報に関する基本方針　61

　　　第 4 条　61

　第 2 節　国の施策　66

　　　第 5 条（国民の理解の増進）　66／第 6 条（規格の適正化）　67／第 7 条（情報システムの整備）　68

第 3 章　認定匿名加工医療情報作成事業者 ……………………………… 71

　第 1 節　匿名加工医療情報作成事業を行う者の認定　71

　　　第 8 条（認定）　71／第 9 条（変更の認定等）　92／第 10 条（承継）　94／第 11 条（廃止の届出等）　103／第 12 条（解散の届出等）　105／

目次

　　第13条（帳簿）　106／第14条（名称の使用制限）　108／第15条（認定の取消し等）　109／第16条　112

　第2節　医療情報等及び匿名加工医療情報の取扱いに関する規制　116

　　第17条（利用目的による制限）　116／第18条（匿名加工医療情報の作成等）　122／第19条（消去）　128／第20条（安全管理措置）　130／第21条（従業者の監督）　138／第22条（従業者等の義務）　138／第23条（委託）　139／第24条（委託先の監督）　142／第25条（他の認定匿名加工医療情報作成事業者に対する医療情報の提供）　143／第26条（第三者提供の制限）　147／第27条（苦情の処理）　151

　第3節　認定医療情報等取扱受託事業者　152

　　第28条（認定）　152／第29条（準用）　153

第4章　医療情報取扱事業者による認定匿名加工医療情報作成事業者に対する医療情報の提供 ……………………………160

　　第30条（医療情報取扱事業者による医療情報の提供）　160／第31条（書面の交付）　178／第32条（医療情報の提供に係る記録の作成等）　180／第33条（医療情報の提供を受ける際の確認）　182／第34条（医療情報取扱事業者から医療情報の提供を受けてはならない場合）　186

第5章　監　督 ……………………………………………………188

　　第35条（立入検査等）　188／第36条（指導及び助言）　191／第37条（是正命令）　191

第6章　雑　則 ……………………………………………………200

　　第38条（連絡及び協力）　200／第39条（主務大臣等）　202／第40条（地方公共団体が処理する事務）　205／第41条（権限の委任）　206／第42条（主務省令への委任）　206／第43条（経過措置）　207

第7章　罰　則 ……………………………………………………208

　　第44条　208／第45条　210／第46条　212／第47条　215／第48条　217／第49条　218／第50条　221

附　　則 ……………………………………………………………223

　　第1条（施行期日）　223／第2条（基本方針に関する経過措置）　223／第3条（名称の使用制限に関する経過措置）　225／第4条（政令への委任）　226／第5条（検討）　226／第6条（登録免許税法の一部改正）　227／第7条（内閣府設置法の一部改正）　228

v

資料　231

　医療分野の研究開発に資するための匿名加工医療情報に関する法律　232

　医療分野の研究開発に資するための匿名加工医療情報に関する法律施行令　246

　医療分野の研究開発に資するための匿名加工医療情報に関する法律施行規則　248

◆ **判例索引**　261

◆ **事項索引**　262

文 献 略 語

宇賀・概説 I	宇賀克也・行政法概説 I ［第 6 版］（有斐閣，2017 年）
宇賀・概説 III	宇賀克也・行政法概説 III ［第 5 版］（有斐閣，2019 年）
宇賀・個人情報逐条	宇賀克也・個人情報保護法の逐条解説［第 6 版］（有斐閣，2018 年）
193 参院内閣委議録	第 193 回国会参議院内閣委員会議録
193 衆院内閣委議録	第 193 回国会衆議院内閣委員会議録
基本方針	医療分野の研究開発に資するための匿名加工医療情報に関する基本方針
本法ガイドライン	医療分野の研究開発に資するための匿名加工医療情報に関する法律についてのガイドライン

法 令 略 語

個人情報保護法	個人情報の保護に関する法律
行政機関個人情報保護法	行政機関の保有する個人情報の保護に関する法律
独立行政法人等個人情報保護法	独立行政法人等の保有する個人情報の保護に関する法律
番号法	行政手続における特定の個人を識別するための番号の利用等に関する法律

著者紹介

宇賀克也（うが　かつや）
　東京大学法学部卒。前東京大学大学院法学政治学研究科教授（東京大学法学部教授・公共政策大学院教授を兼担）。この間，ハーバード大学，カリフォルニア大学バークレー校，ジョージタウン大学客員研究員，ハーバード大学，コロンビア大学客員教授を務める。

〈主要著書〉

行政法一般
　行政法〔第2版〕（有斐閣，2018年）
　行政法概説Ⅰ〔第6版〕（有斐閣，2017年）
　行政法概説Ⅱ〔第6版〕（有斐閣，2018年）
　行政法概説Ⅲ〔第5版〕（有斐閣，2019年）
　ブリッジブック行政法〔第3版〕（編著，信山社，2017年）
　行政法評論（有斐閣，2015年）
　判例で学ぶ行政法（第一法規，2015年）
　対話で学ぶ行政法（共編著，有斐閣，2003年）
　アメリカ行政法〔第2版〕（弘文堂，2000年）

情報法関係
　新・情報公開法の逐条解説〔第8版〕（有斐閣，2018年）
　個人情報保護法の逐条解説〔第6版〕（有斐閣，2018年）
　自治体のための解説個人情報保護制度——行政機関個人情報保護法から各分野の特別法まで（第一法規，2018年）
　論点解説個人情報保護法と取扱実務（共著，日本法令，2017年）
　逐条解説公文書等の管理に関する法律〔第3版〕（第一法規，2015年）
　情報公開・個人情報保護——最新重要裁判例・審査会答申の紹介と分析（有斐閣，2013年）
　情報法（共編著，有斐閣，2012年）
　情報公開と公文書管理（有斐閣，2010年）
　個人情報保護の理論と実務（有斐閣，2009年）
　地理空間情報の活用とプライバシー保護（共編著，地域科学研究会，2009年）
　災害弱者の救援計画とプライバシー保護（共編著，地域科学研究会，2007年）
　大量閲覧防止と情報セキュリティ（編著，地域科学研究会，2006年）
　情報公開の理論と実務（有斐閣，2005年）
　諸外国の情報公開法（編著，行政管理研究センター，2005年）
　情報公開法——アメリカの制度と運用（日本評論社，2004年）

著者紹介

  プライバシーの保護とセキュリティ（編著，地域科学研究会，2004 年）
  解説個人情報の保護に関する法律（第一法規，2003 年）
  個人情報保護の実務Ⅰ・Ⅱ（編著，第一法規，加除式）
  ケースブック情報公開法（有斐閣，2002 年）
  情報公開法・情報公開条例（有斐閣，2001 年）
  情報公開法の理論〔新版〕（有斐閣，2000 年）
  行政手続・情報公開（弘文堂，1999 年）
  情報公開の実務Ⅰ・Ⅱ・Ⅲ（編著，第一法規，加除式）
  アメリカの情報公開（良書普及会，1998 年）

行政手続・マイナンバー法関係
  行政手続三法の解説〔第 2 次改訂版〕（学陽書房，2016 年）
  番号法の逐条解説〔第 2 版〕（有斐閣，2016 年）
  論点解説マイナンバー法と企業実務（共著，日本法令，2015 年）
  完全対応特定個人情報保護評価のための番号法解説（監修，第一法規，2015 年）
  完全対応自治体職員のための番号法解説［実例編］（監修，第一法規，2015 年）
  施行令完全対応自治体職員のための番号法解説［制度編］（共著，第一法規，2014 年）
  施行令完全対応自治体職員のための番号法解説［実務編］（共著，第一法規，2014 年）
  行政手続法制定資料(11)～(16)（共編，信山社，2013～2014 年）
  行政手続法の解説〔第 6 次改訂版〕（学陽書房，2013 年）
  完全対応自治体職員のための番号法解説（共著，第一法規，2013 年）
  マイナンバー(共通番号)制度と自治体クラウド（共著，地域科学研究会，2012 年）
  行政手続と行政情報化（有斐閣，2006 年）
  改正行政手続法とパブリック・コメント（編著，第一法規，2006 年）
  行政手続オンライン化 3 法（第一法規，2003 年）
  行政サービス・手続の電子化（編著，地域科学研究会，2002 年）
  行政手続と監査制度（編著，地域科学研究会，1998 年）
  自治体行政手続の改革（ぎょうせい，1996 年）
  税務行政手続改革の課題（監修，第一法規，1996 年）
  明解行政手続の手引（編著，新日本法規，1996 年）
  行政手続法の理論（東京大学出版会，1995 年）

政策評価関係
  政策評価の法制度――政策評価法・条例の解説（有斐閣，2002 年）

行政争訟関係
  行政不服審査法の逐条解説〔第 2 版〕（有斐閣，2017 年）
  解説行政不服審査法関連三法（弘文堂，2015 年）
  Q&A 新しい行政不服審査法の解説（新日本法規，2014 年）
  改正行政事件訴訟法〔補訂版〕（青林書院，2006 年）

国家補償関係
　条解国家賠償法（共編著，弘文堂，2019 年）
　国家賠償法［昭和 22 年］（日本立法資料全集）（編著，信山社，2015 年）
　国家補償法（有斐閣，1997 年）
　国家責任法の分析（有斐閣，1988 年）
地方自治関係
　地方自治法概説〔第 8 版〕（有斐閣，2019 年）
　2017 年地方自治法改正——実務への影響と対応のポイント（編著，第一法規，2017 年）
　環境対策条例の立法と運用（編著，地域科学研究会，2013 年）
　地方分権——条例制定の要点（編著，新日本法規，2000 年）
法人法関係
　Ｑ＆Ａ新しい社団・財団法人の設立・運営（共著，新日本法規，2007 年）
　Ｑ＆Ａ新しい社団・財団法人制度のポイント（共著，新日本法規，2006 年）
宇宙法関係
　逐条解説 宇宙二法（弘文堂，2019 年）

序　論

1　「医療分野の研究開発に資するための匿名加工医療情報に関する法律」制定の経緯

(1)　根拠に基づく医療

　疾病の予防，新しい治療法の発見等の医療の質の向上等のために，過去の医療・介護等から取得された医療・介護・健康等に関する情報を疫学的・統計学的に解析して得られた科学的根拠に依拠した「根拠に基づく医療」（Evidence-Based Medicine, 以下「EBM」という）」の考え方が，1980年代以降，国際的に進展してきた。そのため，EBMの基礎になる医療等情報データベースの整備と利用も国際的に進み，欧米先進国において，大規模な医療等情報データベースが，医療に関する研究開発に利用され，研究の効率化が図られている。

　たとえば，米国の公的医療保険制度CMS（Centers for Medicare & Medicaid Services）の会員登録データベースであるMedicareは5200万人以上，Medicaidは6400万人以上の診療・処方レセプト，患者情報，施設情報，サービス提供者および支払金額等のデータ等を収録しており，匿名情報の利用が可能である。特定個人識別性が残る情報は，研究や行政施策の策定に限定して利用されている。米国の保険会社のコンソーシアムであって，診療報酬請求データを収集したHealth Care Systems Research Networkは，診療・処方レセプト，患者情報等に係る4000万人以上のデータを，そして，米国の保険会社ユナイテッドヘルス・グループのデータベースであるi3 Aperioは，診療・処方レセプト，患者情報，検査結果等に係る3900万人以上のデータを保有している。米国最大の非営利総合医療団体であるKaiser Permanenteのデータベースは，診療・処方レセプト，患者情報，検査結果，健康調査，コホート研究等に係る900万人以上のデータを保有しており，同社における研究のみならず，FDA（Food & Drug Administration）等との共同研究にも活用されている。Quintiles IMS Instituteは保険償還・電子カルテ等に係る数千万人のデータを保有しており，匿名情報の利用が可能である。IBM Watson Healthは，病院データ，臨床検査地，地域医療連携ネットワーク（Electronic Health Record, 以下

「EHR」という），健康リスク評価に係る約2億3000万人のデータを保有しており，匿名情報の利用が可能である。

英国医薬品庁（MHRA）が管理運営するCPRD（Clinical Practice Research Database）は，診療・処方レセプト，患者情報，検査結果等に係る650万人以上のデータ，同国のSUS（Secondary Uses Service）／NHS（National Health Service）は，患者情報，救急医療情報，外来診療情報，入院診療情報等を保有しており，匿名情報を病院，国民保険サービス向けに提供している。同国のIQVIAが運営するTHIN（The Health Improvement Network）は診療情報，処方，患者情報等に係る500万人以上のデータを，オランダのユトレヒト大学，エラスムス・ロッテルダム大学が構築したPHARMOは診療情報，検査結果等に係る200万人以上のデータを，そして，カナダのサスカチュワン州地方保険局が構築したHealth Services Databases in Saskatchewanは，診療・処方レセプト，患者情報に係る100万人以上のデータを蓄積している。

このように，他の先進国では，医療機関等から医療情報を収集して，汎用性のあるデータベースを構築し，複数の研究機関等が，各自の研究目的に応じてそれを利用することが可能になっている。

わが国においても，レセプト（診療報酬明細書）情報・特定健診等情報データベース（National Database of Health Insurance Claims and Specific Health Check-ups of Japan，以下「NDB」という）（NDBの利活用とその課題については，東京大学大学院医学系研究科医療経営政策学講座編・医療情報の利活用と個人情報保護〔EDI-TEX，2015年〕47頁以下［山本隆一執筆］，藤森研司「レセプトデータベース（NDB）の現状とその活用に対する課題」医療と社会26巻1号〔2016年〕15頁以下参照），医薬品医療機器総合機構（PMDA）の医療情報データベース基盤（Medical Information Database Network，以下「MID-NET」という），国民健康保険中央会の国保データベース（KDB）システム，診断群分類（Diagnosis Procedure Combination，以下「DPC」という）データベース管理運用システム（DPCを用いた臨床疫学研究の実例とその課題については，康永秀生「DPCデータによる臨床疫学研究の成果と今後の課題」医療と社会26巻1号7頁以下，東京大学大学院医学系研究科医療経営政策学講座編・前掲57頁以下［康永秀生執筆］参照。DPCの基盤作成に携わってきた研究者がDPCの利活用の方法と意義等について論じたものとして，松田晋哉＝伏見清秀編・診療情報による医療評価——DPCデータから見る医療の質〔東京大学出版会，

2012年〕参照。DPCとNDBを活用した医療政策研究について，松田晋哉「医療ビッグデータの医療政策への活用」医療と社会26巻1号25頁以下参照），国立病院機構の診療情報集積基盤（NCDA），臨床現場主導の外科手術・治療情報データベース事業（National Clinical Database，以下「NCD」という）（NCDについて，宮田裕章「National Clinical Databaseが目指す方向と課題」医療と社会26巻1号47頁以下，本村昇「NCD設立の経緯と現状」外科78巻5号〔2016年〕462頁以下参照），小児と薬情報収集ネットワーク，神経・筋疾患患者情報登録システム，小児慢性特定疾病登録管理データベース，指定難病患者データベース，全国がん登録，介護保険総合データベース等の整備が進展している（株式会社日本医療データセンター〔JMDC〕による民間医療データベースを用いた疫学研究について，中山健夫「民間医療データベースによる疫学研究の成果と課題」医療と社会26巻1号37頁以下，医療ビッグデータの地理情報システム〔Geographic Information System，以下「GIS」という〕を活用した分析について，石川ベンジャミン光一「大規模医療データのGIS分析――その現状と課題」医療と社会26巻1号61頁以下参照）。しかし，全国規模で利活用できる標準化されたデジタルデータは，診療行為の実施に係るインプットデータであるレセプト情報を基本としており，診療行為の実施結果（問診への回答，検査結果，服薬情報，治療予後等）に係るアウトカムデータの収集は，MID-NET等で行われているものの，なお十分とはいえない（データベースに関する情報の公開の重要性について，曽我部真裕「個人情報保護と医療・医学研究」論究ジュリ24号〔2018年〕114頁参照）。

　さらに，わが国の医療制度においては，医療機関の設置母体が民間中心であり，保険制度も地域保険と職域保険（健康保険組合等）という2種類の保険制度が分立していること等のため，各種データベース間の連携が十分に行われておらず，複数の情報ソースの統合が不十分であることがEBMの進展を阻害しているという認識が広まってきた。

　また，わが国においても，医療情報のデータベースを整備する少数の民間事業者が存在するが，そのデータベースは広範に利用されているとはいいがたく，個別の研究機関が，各自の研究目的に応じて，協力関係にある特定の医療機関等から医療情報を収集して，データベースを整備することが多い。しかし，かかるデータベースには，(i)協力関係にある特定の医療機関等からの収集であるため，症例数が少なく，地域的な偏りがあり，また，同一の患者が同一の疾患

の治療を複数の医療機関等で受けた履歴を追跡して長期にわたる治療経過を分析することができないこと，(ii)特定の研究目的で収集されるため，汎用性に乏しいことという問題がある。そのため，医学研究者からは，わが国においては，医療・健康情報が本来有している公益性を正面から取り上げる法体系が存在しないという指摘がなされていた（山本隆一「医療ビッグデータの活用と個人情報保護は両立するのか？」外科78巻5号479頁参照）。感染症や副作用等の発生の状況を迅速に把握し，遅滞なく対策を講ずるためにも，より多くのアウトカムデータの分析が重要であり，また，都市と地方における医療資源の偏在の問題を克服し，全国的に良質の医療を提供するためにも，十分な症例数を確保した医療ビッグデータを用いた診療支援システムの活用が有効と考えられる。そこで，医療情報を広範に収集し，医療に係るビッグデータを用いた医療の質の向上を可能にする機関の創設が要請されるようになったのである。次世代医療基盤法や医療ビッグデータ法と称されることもある「医療分野の研究開発に資するための匿名加工医療情報に関する法律」（以下「本法」という）は，リアルワールドデータを用いた多様な観察研究を支える匿名加工医療情報のプラットフォームを提供することを目的とした法といえよう（黒田佑輝「匿名加工医療情報を用いた医学研究の可能性」論究ジュリ24号122頁参照）。

(2) 少子高齢化社会の急速な進展と財政難

わが国では，急速な少子高齢化の進展ときわめて厳しい財政状況の下で，医療費・介護費（少なくともその伸び）を抑制する必要があるが，そのためには，国民自らが健康を管理したり，公的保険制度の運営の効率化を図ったりすると同時に，value for money の観点から，質の高い医療・介護を提供できるようにする必要がある。また，わが国は，医薬品についても医療機器についても輸入超過の状態にあるが，財政難の中で膨大な医療・介護の費用を賄うためには，医療等の分野において，国際競争力を向上させる必要がある。そこで，医療等の分野においても，新たな産業の創出ならびに活力ある経済社会および豊かな国民生活の実現に資するために，ビッグデータの活用が，2013年ごろから強く要請されるようになってきた。医療や健康に関するビッグデータを利用することにより，製薬産業やヘルスケア産業において，研究開発やマーケティングの効率性を向上させ，新たなサービスを創出し，国際競争力を強化することが，

国策として求められるようになったのである（橋本英樹「医療ビッグデータをめぐる現状と課題」医療と社会 26 巻 1 号〔2016 年〕1 頁参照）。

(3) 健康・医療戦略
(a) 次世代医療 ICT タスクフォース
　2013 年 6 月 14 日に，関係大臣申合せとして「健康・医療戦略」が決定され，基礎的な研究開発から実用化のための研究開発に至る一貫した研究開発を推進すること等によって，世界最高水準の技術を用いた医療を提供すること，健康長寿社会の形成に資する新産業の創出およびその海外展開の促進等により，海外における医療の質の向上に寄与しつつ日本経済の成長に寄与することという方針が定められた。これに基づき，同年 8 月 2 日の閣議決定により，健康・医療に関する成長戦略の推進および医療分野の研究開発の司令塔機能を担うものとして，内閣に健康・医療戦略推進本部が設置された（同本部は，健康・医療戦略推進法〔平成 26 年法律第 48 号〕の制定に伴い，2014 年 6 月 10 日からは同法に基づく法定の本部として引き続き司令塔機能を担っている）。2014 年 3 月には，医療分野におけるデータ利活用の在り方等を検討するために，同本部に，IT 総合戦略本部と連携して，「次世代医療 ICT タスクフォース」が置かれた。

　そして，同年 5 月には，健康・医療戦略推進法（大宮貴司「健康・医療戦略の推進による健康長寿社会の実現」時の法令 1965 号〔2014 年〕19 頁，池田陽平「健康・医療戦略推進法」医学のあゆみ 260 巻 12 号〔2017 年〕1021 頁参照）が制定され，同法 9 条において，「国は，健康・医療に関する先端的研究開発及び新産業創出に関する施策を実施するため必要な法制上又は財政上の措置その他の措置を講ずるものとする」こととされた。さらに，同年 7 月 18 日に公表された「次世代医療 ICT タスクフォース中間とりまとめ」において，「診療や健診などの検査・医療行為に付随して生成された情報が，誰に帰属しどのような利活用が可能なのか，必ずしも明らかでない」「医療サービス提供者や保険者等（1 次ホルダー）に関しては，レセプトや特定健診等のデータを収集する仕組みが整備されつつあるものの，個別の目的に基づいて情報システムが構築されていることや情報が分散していることから，国民一人ひとりの一生涯を通じた統合的な健康管理や，医療資源・医療ニーズの地域差や医療保険制度の違いを踏まえた医療費等の分析が困難である」「研究機関や民間事業者等（2 次ホルダー）を

含めると，実際の情報流通経路は複雑・多岐にわたり，責任分界点も明らかではない場合がある。このため，個人においては，どこでどのように情報が扱われるのかの不安が払拭できず，また，サービス提供者・事業者（1次・2次ホルダー）においては，同意取得や匿名化を含めたデータ処理やシステム構築・運用のコストが負担である」「これらの課題は，また，これまで臨床研究や産業振興に資する良質・多量の情報蓄積とその利用が進まなかった要因と考えられる」という課題が示された。そして，「医療関連分野については，取り扱われる情報の中に本人にとり機微な情報が含まれるケースも多いことから，医療・健康情報の円滑・低廉な流通と大規模集積の促進には，パーソナルデータの利活用の取組に加え，(i)マイナンバー等の番号制度基盤の活用検討，(ii)安全かつ円滑な ID 連携の検討・構築，(iii)医療・健康情報を委託管理できる情報取扱事業者（以下，「代理機関（仮）」）に係る制度の導入を行う」こととされ，ここにおいて，「代理機関」設置という方針が明確にされた。同月 22 日には，健康・医療戦略推進法に基づき，新たな「健康・医療戦略」が閣議決定された。同戦略は 5 か年計画であるが，2017 年 2 月 17 日に一部変更されている。

(b) 次世代医療 ICT 基盤協議会

2015 年 1 月に，次世代医療 ICT タスクフォースを拡充改組した次世代医療 ICT 基盤協議会が設置された。同協議会は，医療・介護・健康分野の情報のデジタル化，デジタル基盤の構築およびその利活用，医療の質・効率性および患者・国民の利便性の向上，臨床研究等の研究開発の促進，産業競争力の強化，社会保障にかかるコストの効率化を目標に総合的な検討・調整を行うことを目的としている。

(c) 日本医療研究開発機構

2015 年 4 月には，医療分野の基礎から実用化までのシームレスな研究開発の管理の実務を担う組織として，日本医療研究開発機構（Japan Agency for Medical Research and Development, AMED）が設置され，従前，文部科学省，厚生労働省，経済産業省が縦割りで給付していた医療分野の研究費を集約して交付する体制が整備された。支援の重点分野として，医薬品創出，医療機器開発，医療技術創出拠点，再生医療，オーダーメード・ゲノム医療，がん，精神・神経疾患，新興・再興感染症，難病が指定されている。

序論

(d) 保健医療 2035 提言書

　2015 年 6 月には,「保健医療 2035」策定懇談会が,「保健医療 2035 提言書」を公表したが,そこにおいて,「2035 年においては,ICT 等の活用により,医療の質,価値,安全性,パフォーマンスが飛躍的に向上していなければならない。膨大な保健医療データベースを活用し,治療の効果・効率性や医薬品等の安全対策の向上が実現され,国民が,その効果を実感できることが重要である」と指摘された。

(e) 「日本再興戦略」改訂 2015

　2015 年 6 月 30 日には,「『日本再興戦略』改訂 2015──未来への投資・生産性革命」が閣議決定され,「医療・健康分野などの各種データについて,本人同意に基づき個人の情報を収集・管理し,各種サービス事業者や研究機関による各種サービスの質の向上等につなげるために,収集手続の簡素化を許すとともに,代理機関（仮称）の設置について検討し,次期常会を目途に必要な法制上の措置等を講ずる」とされ,「代理機関（仮称）」構想の推進の方針が,より具体化された。

(f) 医療等分野における番号制度の活用等に関する研究会報告書

　厚生労働省の「医療等分野における番号制度の活用等に関する研究会報告書」も 2015 年 12 月 10 日に公表され,その中で,「急速な高齢化と厳しい保険財政の中で,質の高い医療・介護サービスの提供や,国民自らの健康管理等のための情報の取得,公的保険制度の運営体制の効率化等を推進するため,医療等分野（健康・医療・介護分野をいう）の安全かつ効率的な情報連携の基盤の整備に最優先で取り組むことが求められている」「より革新的な医薬品や治療法の確立がされ,医療が高度化していくためには,医学研究の発展が不可欠であり,患者等の個人から提供されたデータを適切に活用していくことが必要になる。個人が治療を受け,自分の健康状態を向上させることで得るメリット（データ）の積み重ねが,医学の向上という公益目的にも用いられ,医療の質の向上という社会全体のメリットがもたらされる。また,こうしたデータの蓄積は,地域の実情に応じた効率的な医療提供体制の整備や効果的な保健事業の実施など,行政分野や医療保険事業でも活用されている」と指摘された。

(g) 日本再興戦略 2016

　2016 年 6 月 2 日に「日本再興戦略 2016──第 4 次産業革命に向けて」が閣

議決定され，そこにおいて，「既存の法令との関係を整理したうえで，医療等分野の情報を活用した創薬や治療の研究開発の促進に向けて，治療や検査データを広く収集し，安全に管理・匿名化を行い，利用につなげていくための新たな基盤として『代理機関（仮称）』を実現するため，次世代医療 ICT 基盤協議会等において『代理機関（仮称）』に係る制度を検討し，その結果を踏まえて，来年中を目途に所要の法制上の措置を講じる」こととされた。

(h) 医療情報取扱制度調整ワーキンググループ

そこで，次世代医療 ICT 基盤協議会に医療情報取扱制度調整ワーキンググループが設けられ，医療・介護・健康分野のデジタルデータの医療等情報の利活用を推進するための新たな基盤の在り方について有識者から広く意見を聴取し，論点を整理することにより，医療の質・効率性や患者・国民の利便性の向上，個人情報保護の在り方，臨床研究等の研究開発，産業競争力の強化，社会保障のコストの効率化に資するための検討が行われることになった。さらに，同ワーキンググループの下に，「医療情報匿名加工・提供機関（仮称）のセキュリティ等に関する検討サブワーキンググループ」が設けられ，2016 年 10 月より審議が行われ，その結果が医療情報取扱制度調整ワーキンググループに報告された（同年 11 月 10 日に開催された第 2 回未来投資会議において，内閣総理大臣より，医療分野におけるデータ解析によって個々人の状態に応じた疾病の予防や治療が可能となることに鑑み，新しい医療・介護システムを 2020 年までに本格稼働させていきたい旨の発言がなされている）。医療情報取扱制度調整ワーキンググループのとりまとめは，2016 年 12 月 27 日に公表された。同日から，2017 年 1 月 26 日まで，このとりまとめに対するパブリック・コメント手続がとられ，30 の個人または団体（個人 16 名，団体 14 団体）から 151 件の意見が寄せられ，立案過程で参考にされた。

(4) 個人情報保護法等の改正

本法制定の背景としては，さらに，以下の点も指摘しておく必要がある。すなわち，平成 27 年法律第 65 号による個人情報保護法の改正，平成 28 年法律第 51 号による行政機関個人情報保護法，独立行政法人等個人情報保護法の改正（これらの法律の改正について詳しくは，宇賀・個人情報逐条参照。医療ビッグデータの活用と改正個人情報保護法の関係について，新保史生「医療ビッグデータの活用と

序　論

改正個人情報保護法」医学のあゆみ259巻7号〔2016年〕787頁以下参照）が，医学研究にも少なからぬ影響を与えるものと医学界で受け止められたことである。

　これらの改正は，一方において，匿名加工情報制度，非識別加工情報制度の導入により，医療分野における個人情報を匿名加工または非識別加工して医学研究に利用するルールを明確化した。そのため，匿名加工または非識別加工された医療情報が医学研究に活用される可能性が拡大することになる。他方において，病歴，心身の機能の障害，健康診断等の結果，医師等による指導，診療または調剤に係る個人情報が要配慮個人情報とされたことにより，個人情報保護法上は，その取得が原則として禁止され（同法17条2項），また，オプトアウトによる提供も禁止された（同法23条2項）。

　この改正を受けて，「人を対象とする医学系研究に関する倫理指針」「ヒトゲノム・遺伝子解析研究に関する倫理指針」「ヒト受精胚の作成を行う生殖補助医療研究に関する倫理指針」の見直しが2016年4月に文部科学省，厚生労働省，経済産業省が合同で設置した「医学研究における個人情報の取扱い等に関する合同会議」（3省合同会議）で行われ，同年8月9日に公表された「個人情報保護法等の改正に伴う指針の見直しについて（中間とりまとめ）（案）」に基づく倫理指針改正案に対するパブリック・コメント手続が同年9月22日から10月21日まで行われた。一部改正された指針は，2017年2月28日に公布されたが（「人を対象とする医学系研究に関する倫理指針」の改正の内容については，矢野好輝「平成29年改正・『人を対象とする医学系研究に関する倫理指針』について」NBL1103号〔2017年〕17頁以下参照），この指針の見直しの過程（詳しくは，横野恵「三省合同会議での議論と今後の展望」NBL1103号26頁以下参照）で，日本医学会「『医学研究等における個人情報の取扱い等に関する合同会議』への要望」（2016年8月17日），全国医学部長病院長会議「個人情報保護法改定に伴う医学研究等に関する各種指針改定に関する要望」（同年11月17日）等，医学関係者等から，2015年の個人情報保護法改正やそれを受けた前記指針の改正により，医学研究が制限されることへの懸念が少なからず示された（米村滋人「医学研究における個人情報保護の概要と法改正の影響」NBL1103号13頁，米村滋人＝板倉陽一郎＝黒田知宏＝高木利久＝田代志門＝吉峯耕平「［座談会］医療・医学研究における個人情報保護と利活用の未来──医療・医学研究の現場から」論究ジュリ24号〔2018年〕150頁［吉峯発言］参照）。そして，この改正が医療分野における研究にとって桎

梏にならないように特例を設ける必要性が，この問題に関心を有する医療関係者により認識されたのである。

(5) 異なる個人情報保護法制の並立

同一の患者が民間の病院等で診療を受けたときは個人情報保護法，独立行政法人や国立大学法人の病院で診療を受けたときは独立行政法人等個人情報保護法，公立病院や地方独立行政法人の病院で診療を受けたときは，当該地方公共団体の個人情報保護条例（地方独立行政法人が個人情報保護条例の実施機関となっている場合）の適用を受けることになるが，従前から，異なる個人情報保護法制の並立が，診療やコホート研究等において，手続的制約になっているという不満が医学研究者の間にあり，医療機関の設置主体の相違にかかわらず，医療情報を円滑に流通させる法整備が求められていた。そのような背景の下で，平成28年法律第51号附則4条1項において，「政府は，この法律の公布後2年以内に，個人情報の保護に関する法律（平成15年法律第57号）第2条第5項に規定する個人情報取扱事業者，同項第1号に規定する国の機関，同項第2号に規定する地方公共団体，同項第3号に規定する独立行政法人等及び同項第4号に規定する地方独立行政法人が保有する同条第1項に規定する個人情報が一体的に利用されることが公共の利益の増進及び豊かな国民生活の実現に特に資すると考えられる分野における個人情報の一体的な利用の促進のための措置を講ずる」とされ，同法案の附帯決議において，附則4条に規定する「個人情報の一体的な利用の促進のための措置」を講ずるに際しては，「法制上の措置」も含めて検討することが求められていた（平成28年4月21日衆議院総務委員会附帯決議11，平成28年5月19日参議院総務委員会附帯決議11）。この附則で想定されていたのは，医療分野であった。本法は，これに応えたものという側面も有する。

(6) 官民データ活用推進基本法

官民データ活用推進基本法（平成28年法律第103号）が公布されたのは，2016年12月14日であるので，医療情報取扱制度調整ワーキンググループのとりまとめ議論には反映されていない。しかし，法案の国会提出前に公布されているので，国会での審議においては，同法の存在は，法案成立を側面から支援する役割を果たしたといえるように思われる。実際，2017年4月12日の衆

議院内閣委員会，同月 25 日の参議院内閣委員会における同法案に対する附帯決議において，「官民データ活用推進基本法の理念にのっとり，医療情報等及び匿名加工医療情報に係る個人の権利利益の保護に配慮しつつ，その適正かつ効果的な活用の推進を図ること」とされている。なお，本法制定後の同年 5 月 30 日に閣議決定された「世界最先端 IT 国家創造宣言・官民データ活用推進基本計画」第 2 部(官民データ活用推進基本計画) I－1－(2)(重点分野の指定〔分野横断的なデータ連携を見据えつつ〕)①(経済再生・財政健全化の課題解決に資する分野)ア)において，官民データ活用推進に係る重点分野の一つとして，健康・医療・介護分野が指定されている。

(7) **国会審議**

2017 年 3 月 10 日，第 193 回通常国会に「医療分野の研究開発に資するための匿名加工医療情報に関する法律案」が提出され，衆議院内閣委員会で，自由民主党・無所属の会，民進党・無所属クラブ，公明党，日本維新の会の各派共同提案による 4 点の修正案が提出され，同年 4 月 12 日に賛成多数で修正案が可決され，5 項目の附帯決議がされた。この修正された法案が，同月 14 日に，同院本会議で賛成多数で可決された。参議院内閣委員会では，同月 25 日に希望の会(自由・社民)から，医療情報の定義における「子孫」を「子孫等」として親，兄弟等の血縁者を含めること，国民の理解の増進のための活動の例示として「教育活動」を追加すること，認定匿名加工医療情報作成事業者の役員等が，正当な理由がないのに，その業務に関して取り扱った医療情報データベース等を提供したときの罰則を 2 年以下の懲役もしくは 100 万円以下の罰金またはその併科から，2 年以下の懲役もしくは 200 万円以下の罰金またはその併科に引き上げること，医療情報等または匿名加工医療情報の漏えい等が生じた場合における本人またはその子孫その他の個人の権利利益の擁護のあり方について引き続き検討を行い，その結果に基づいて法制上の措置その他必要な措置を講ずることを政府に対して義務づけることを内容とする修正案が提出されたが，賛成少数で否決された。そして，衆議院から送付された原案が，賛成多数で可決され，8 項目の附帯決議がされ，同月 28 日に参議院本会議で賛成多数で可決・成立し，同年 5 月 12 日に平成 29 年法律第 28 号として公布された(国会審議の詳細については，長谷悠太「医療ビッグデータの利活用に向けた法整備

――次世代医療基盤法の成立」立法と調査391号〔2017年〕8頁以下参照）。全面施行は，公布の日から起算して1年以内で政令で定める日とされ，2018年5月11日に全部施行されている（同法については，宇賀克也・自治体のための解説個人情報保護制度――行政機関個人情報保護法から各分野の特別法まで〔第一法規，2018年〕145頁以下も参照）。

2 従前の法制の特例を設ける必要性

(1) 学術研究機関等の適用除外等

1で述べたような背景があったとしても，既存の法制の下で，健康・医療に関する先端的研究開発および新産業創出という目的を達成することはできないのかを検証しておく必要がある。なぜならば，既存の法制の下でも，医療分野の研究には，かなりの程度，配慮がされているからである。

すなわち，個人情報保護法は，大学その他の学術研究を目的とする機関もしくは団体またはそれらに属する者については，その個人情報等を取り扱う目的の全部または一部が学術研究の用に供する目的であるときは，同法4章（個人情報取扱事業者の義務等）の規定を適用しないこととしているため，私立大学や民間の研究所で医学研究が行われる場合には，同法4章の規定の適用が除外されている。もっとも，私立大学や民間の研究所は，「学術研究を目的とする機関若しくは団体」といえても，製薬会社やヘルスケア産業は，たとえ創薬や健康器具の開発のための研究をしていたとしても，「学術研究を目的とする機関若しくは団体」には当たらないので，後者における研究は，個人情報保護法の規定の適用を受けることになる。また，「代理機関（仮称）」自身が医学研究を行うとしても，その主たる役割は，医療情報を取得して匿名加工し，医学研究を行う者に提供することであるから，間接的には，医学研究に貢献しているといえるものの，「学術研究を目的とする機関若しくは団体」といえるかには疑問がある。行政機関個人情報保護法，独立行政法人等個人情報保護法，個人情報保護条例においては，国の行政機関，独立行政法人等，地方公共団体，地方独立行政法人が行う学術研究を適用除外にする規定はない。さらに，個人情報保護委員会は，個人情報取扱事業者等に対し報告もしくは資料の提出の要求，立入検査，指導，助言，勧告または命令を行うに当たっては，学問の自由を妨げてはならず，個人情報取扱事業者等が大学その他の学術研究を目的とする機

序　論

関もしくは団体またはそれらに属する者（学術研究の用に供する目的で個人情報等を取り扱う場合に限る）に対して個人情報等を提供する行為については，その権限を行使しないものとされているが（同法43条），これは，大学その他の学術研究を目的とする機関もしくは団体に対する個人データの提供を個人情報保護法による個人データの第三者提供規定の適用除外とする趣旨ではなく，個人情報保護委員会による監督権限を行使しないとするにとどまる。

(2) 保有個人情報の目的外提供禁止原則の例外

　国の行政機関，独立行政法人等は，本人または第三者の権利利益を不当に侵害するおそれがあると認められない限り，専ら学術研究の目的のために保有個人情報を目的外提供することは，本人同意なしに可能であるから（行政機関個人情報保護法8条2項4号，独立行政法人等個人情報保護法9条2項4号），国の行政機関，独立行政法人等は，医学研究のために保有個人情報を目的外提供することが原則として可能である。地方公共団体の場合，個人情報保護条例において，本人または第三者の権利利益を不当に侵害するおそれがあると認められない限り，専ら学術研究の目的のために保有個人情報を目的外提供することを認める規定を置いている例（東京都個人情報の保護に関する条例10条2項5号，神奈川県個人情報保護条例9条2項6号，大阪府個人情報保護条例8条2項5号等）があるが，かかる明文規定のない例（兵庫県個人情報の保護に関する条例7条2項等）もある。後者の兵庫県個人情報の保護に関する条例の場合，兵庫県情報公開・個人情報保護審議会の意見を聴いて，公益上の必要その他相当の理由があると実施機関が認めるときという同条例7条2項5号の規定に基づき，専ら学術研究を目的とする機関または団体に本人同意なしに医療情報を目的外提供することが認められる可能性があるが，確実ではない。さらに，製薬会社による創薬の研究やヘルスケア産業による健康器具の開発のための研究は，専ら学術研究の目的のものとはいいがたい。したがって，公的部門において，本人または第三者の権利利益を不当に侵害するおそれがあると認められない限り，専ら学術研究の目的のために保有個人情報を目的外提供することを認める規定は，医療ビッグデータを民間の医療・健康産業においても活用して，新たな産業の創出および活力ある経済社会を創出し，健康長寿社会を実現するという国策に照らすと，十分ではないと判断されることになろう（2015年の個人情報保護法改正を受けた研究

倫理指針の改訂によっても，問題が解決したとはいえないことについて，米村滋人「医療情報利用の法的課題・序論——特集にあたって」論究ジュリ24号〔2018年〕106頁参照）。

(3) 個人データの第三者提供制限の例外
(a) 個人情報保護法の規定

個人情報取扱事業者による個人データの本人同意なしの第三者提供の制限については，(i)法令に基づく場合，(ii)人の生命，身体または財産の保護のために必要がある場合であって，本人の同意を得ることが困難であるとき，(iii)公衆衛生の向上または児童の健全な育成の推進のために特に必要がある場合であって，本人の同意を得ることが困難であるとき，(iv)国の機関もしくは地方公共団体またはその委託を受けた者が法令の定める事務を遂行することに対して協力する必要がある場合であって，本人の同意を得ることにより当該事務の遂行に支障を及ぼすおそれがあるときに限り認められている（個人情報保護法23条1項）。

(b) 本人同意

本人の同意については，「医療・介護関係事業者における個人情報の適切な取扱いのためのガイドライン」（2004年12月24日，厚生労働省）（同ガイドラインについて，宇賀克也・個人情報保護の理論と実務〔有斐閣，2009年〕139頁以下およびそこに掲げている文献参照）Ⅱ4において，「医療機関等については，患者に適切な医療サービスを提供する目的のために，当該医療機関等において，通常必要と考えられる個人情報の利用範囲を施設内への掲示（院内掲示）により明らかにしておき，患者側から特段明確な反対・留保の意思表示がない場合には，これらの範囲内での個人情報の利用について同意が得られているものと考えられる」とされていた。これは，実質的にオプトアウト方式であるともみられる（山本隆一「医療ビッグデータと個人情報保護——解決すべき制度的課題」医療と社会26巻1号〔2016年〕90頁参照）。かかる包括的同意を認めることには疑問も提起されているが（藤田卓仙「医療・医学研究における個人情報保護と改正法の影響」Law & Technology 74号〔2017年〕30頁参照），医療の現場では，かかる同意が認められていることにより，円滑な同意の取得が可能になっているという意見が多いようである（医療・医学における「同意」の類型について，田代志門「医学研究の現場からみた個人情報保護法改正——『適切な同意』とは」NBL1103号〔2017年〕

34頁以下参照)。

　そこで念頭に置かれていたのは，(i)患者への医療の提供のため，(ア)他の医療機関との連携を図ること，(イ)外部の医師等の意見・助言を求めること，(ウ)他の医療機関等からの照会があった場合にこれに応じること，(ii)患者への医療の提供に際して，家族等への病状の説明を行うこと，(iii)医療等の費用を公的医療保険に請求すること等である（同ガイドラインⅢ5(3)参照）。同ガイドラインに代わり策定された「医療・介護関係事業者における個人情報の適切な取扱いのためのガイダンス」（2017年4月14日，個人情報保護委員会・厚生労働省）Ⅱ7，Ⅲ5(3)においても，この考え方が踏襲されている。しかし，この黙示の同意は，あくまで，当該患者自身への医療の提供との関係について認められるにすぎない。医療分野における研究の推進のために「代理機関（仮称）」に医療情報を提供する場合のような2次利用の場合には，当該患者自身への医療情報の提供との直接的な関係がないので，黙示の同意を認めることはできないと思われる（医療情報の1次利用と2次利用について，米村滋人「医療情報利用の法的課題・序論──特集にあたって」論究ジュリ24号〔2018年〕103頁参照。また，両者の区別が困難な場合があることについて，米村滋人＝板倉陽一郎＝黒田知宏＝高木利久＝田代志門＝吉峯耕平「［座談会］医療・医学研究における個人情報保護と利活用の未来──医療・医学研究の現場から」論究ジュリ24号146頁［黒田発言］，152頁［田代発言］参照）。

　(c)　法令の根拠
　前記2(3)(a)(i)の「法令に基づく場合」の例としては，「がん登録等の推進に関する法律」があり，病院等の管理者に対して，原発性のがんについて，当該病院等における初回の診断が行われたとき（転移または再発の段階で当該病院等における初回の診断が行われた場合を含む）に，その診療の過程で得られた当該原発性のがんに関する届出対象情報を当該病院等の所在地の都道府県知事に届け出る義務を課す等の特例が定められている（同法6条1項）。しかし，かかる特別法の存在は例外にとどまるので，医療分野の研究一般のための個人情報の第三者提供について，特例が認められているわけではない（寺田麻佑＝板倉陽一郎「医療分野における個人情報といわゆる『代理機関』──規制の整備に関する現状と課題」電子情報通信学会技術研究報告117巻69号〔2017年〕1頁以下参照）。

　(d)　緊急事態
　前記2(3)(a)(ii)の「人の生命，身体または財産の保護のために必要がある場

合であって，本人の同意を得ることが困難であるとき」は，本人が急病で意識不明になり，本人の治療のために個人データを提供するような場合を念頭に置いたものであり，医療分野の研究のための提供の場合に援用できる規定ではない。

(e) 公衆衛生の向上

前記2(3)(a)(iii)の「公衆衛生の向上または児童の健全な育成の推進のために特に必要がある場合であって，本人の同意を得ることが困難であるとき」の「公衆衛生の向上」は，疫学調査その他病気の予防治療のための研究を典型的な場合として念頭に置いている（宇賀・個人情報逐条170頁参照）。しかし，製薬会社における創薬のための研究やヘルスケア産業における健康器具の開発のための研究を前記2(3)(a)(iii)の「公衆衛生の向上」に含めて解釈することは，同法の立法者意思からかなり乖離するので困難と思われる。また，「本人の同意を得ることが困難であるとき」という要件もあるが，この要件を満たすかにも疑問の余地がある。

(f) 国の機関等への協力

前記2(3)(a)(iv)の「国の機関もしくは地方公共団体またはその委託を受けた者が法令の定める事務を遂行することに対して協力する必要がある場合であって，本人の同意を得ることにより当該事務の遂行に支障を及ぼすおそれがあるとき」の該当性については，「代理機関（仮称）」を国の機関とする場合には，検討の余地がある。仮に国の機関を「代理機関（仮称）」とすれば，個人情報取扱事業者が「代理機関（仮称）」に患者等の個人情報を提供することは，「国の機関……に対して協力する必要がある場合」に当たるし，行政機関個人情報保護法8条2項3号，独立行政法人等個人情報保護法9条2項3号の「行政機関……に保有個人情報を提供する場合において，保有個人情報の提供を受ける者が，法令の定める事務又は業務の遂行に必要な限度で提供に係る個人情報を利用し，かつ，当該個人情報を利用することについて相当な理由のあるとき」に該当すると考えられる。また，個人情報保護条例においても，国の機関に対してその事務事業に必要な限度で保有個人情報を提供することが一般に認められている（東京都個人情報の保護に関する条例10条2項6号，神奈川県個人情報保護条例9条2項5号等）。

しかし，「代理機関（仮称）」を国の機関として，国が要配慮個人情報を集中

管理することに対しては，国民や医療現場の理解を得がたいと思われること，国の機関を「代理機関（仮称）」とした場合，財政的，人的制約等から画一的な対応となり，価値の高いデータが速やかに集まらない懸念があること，わが国においても，すでに医療情報を取得し匿名加工して提供する民間の機関が存在することに鑑み，複数の民間の機関を認定し，それぞれの創意工夫により医療情報を収集することが想定されていたことのため，前記2(3)(a)(iv)の選択肢は，検討の対象から外された。仮に「代理機関（仮称）」を国の機関としたとしても，「本人の同意を得ることにより当該事務の遂行に支障を及ぼすおそれがあるとき」の要件を満たすかには疑問がある。医学研究を行うためには，必ずしも悉皆的なデータが必要なわけではないから，同意を拒否する者がいたとしても，研究に支障が生ずるとは必ずしもいえない。もっとも，希少疾患治療薬，発現頻度の低い副作用の研究のように，大量の個人データが必要な場合があり，オプトイン方式では，十分なデータが収集できず，オプトアウト方式をとることが望ましい場合はある。

(g) 共同利用

個人情報保護法23条5項3号は，「特定の者との間で共同して利用される個人データが当該特定の者に提供される場合であって，その旨並びに共同して利用される個人データの項目，共同して利用する者の範囲，利用する者の利用目的及び当該個人データの管理について責任を有する者の氏名又は名称について，あらかじめ，本人に通知し，又は本人が容易に知り得る状態に置いているとき」には，当該個人データの提供を受ける者は，個人データの第三者提供制限規定における「第三者」に該当しないものとされている。医療機関等と「代理機関（仮称）」との関係を共同利用として構成しうるかについて検討すると，この規定は，一定のグループで総合的なサービスを提供するために個人データが取り扱われる場合を元来念頭に置いており，特定の「代理機関（仮称）」に医療情報を提供する医療機関等は変動が予想されること，同一の医療機関等が複数の「代理機関（仮称）」に医療情報等を提供することも妨げられない制度設計が想定されていることに鑑みると，「代理機関（仮称）」とそれに医療情報を提供する病院，薬局等の関係を，ここでいう共同利用と解することには疑問がある。

(h) 匿名加工

　要配慮個人情報であっても，匿名加工情報に加工することは可能であるから，医療機関等が患者等の個人情報を匿名加工して，医学研究を行う者に提供することは可能である。しかし，匿名加工は決して容易ではない。特定の個人が識別されたり個人情報が復元されたりするリスクを回避しようとして過度の加工を行うと，医学研究にとっての有益性が失われてしまうことになりかねない。医学研究にとっての有益性を損なわず，かつ，特定の個人が識別されたり，個人情報が復元されたりすることのないように加工するには，高度の専門知識を要する。匿名化処理を行うシステムも存在するが，高額であり，一般の医療機関等で導入することは困難である。また，匿名加工が不十分であり，特定の個人が識別された場合に責任を問われるリスクを個々の医療機関等に負わせるのは酷な面がある。個々の医療機関等が，匿名加工を外部委託することは可能であるが，十分な匿名加工能力を有し信頼しうる受託事業者であるかを医療機関等が判断することは困難である。したがって，患者等の個人情報を匿名加工して，医学研究を行う者に提供することを，大多数の医療機関等に期待することは，現実的ではない。また，個々の医療機関等の単位で匿名加工をしたのでは，それらの医療情報を突合した利活用が困難であるという問題がある。

(i) 小括

　以上述べてきたように，既存の個人情報保護法制では，健康・医療戦略推進法9条が定める「健康・医療に関する先端的研究開発及び新産業創出に関する施策」を講ずることに支障があると考えられたため，本法の制定が必要と考えられたのである。本法の仕組みの下で，医療情報取扱事業者は，自ら匿名加工を行うことに伴うリスクから解放されて，安心して認定匿名加工医療情報作成事業者に医療情報を提供することが可能になり，多数の医療情報を収集した認定匿名加工医療情報作成事業者において，個人単位での突合を行った上で匿名加工して匿名加工医療情報取扱事業者に提供することが可能になる（岡本利久「次世代医療基盤法（「医療分野の研究開発に資するための匿名加工医療情報に関する法律」）の概要」論究ジュリ24号〔2018年〕118頁参照）。

(4) 規制を強化する必要性

　認定匿名加工医療情報作成事業者になる者は，個人情報取扱事業者であると

序　論

想定されるため，個人情報保護法が定める個人情報取扱事業者の義務等の規定が適用される。しかし，同法が定める個人情報取扱事業者の義務等の規定は，データ内容の正確性の確保等（同法19条），安全管理措置（同法20条），従業者の監督（同法21条），委託先の監督（同法22条），第三者提供の制限（同法23条），外国にある第三者への提供の制限（同法24条），第三者提供に係る記録の作成等（同法25条）および第三者提供を受ける際の確認等（同法26条）のように，個人データを対象とすることが多い。これは，個人データが他のデータとの結合や照合が容易であり，個人の権利利益を害するおそれが高いのに対して，散在情報は検索が容易でなく，個人の権利利益を害するおそれが小さいので，これに厳格な規制を課すことは，個人情報取扱事業者に過大な負担を課すと考えられたためである。

　他方，生存する個人に関する医療情報は要配慮個人情報であるので（同法2条3項，同法施行令2条1号〜3号），散在情報であっても，漏えいが発生した場合には，本人またはその遺族の権利利益を侵害し，かつ，本法の制度に対する信頼を著しく損なうおそれがあるので，散在情報も含めて規制する必要がある。また，個人情報保護法が定める個人情報には死者の情報は含まれないが（同法2条1項），医療情報には死者の情報も含めて規制する必要がある。さらに，個人情報保護法は，多様な個人情報を対象とした一般的な規制を設けるものであるので，医療情報の特性に応じた規律が必要な場合もある。同様に，匿名加工医療情報についても，匿名加工情報とは異なる規律が必要な場合がある。そこで，本法は，安全管理措置（20条），従業者の監督（21条），委託先の監督（24条），苦情の処理（27条）について，医療情報のみならず匿名加工医療情報も含めて，主務省令で定める措置を講ずる義務を認定匿名加工医療情報作成事業者に課しているのである。そして，認定匿名加工医療情報作成事業者は，認定医療情報等取扱受託事業者に対してする場合に限り，認定事業に関し管理する医療情報等または匿名加工医療情報の取扱いの全部または一部を委託することができること（本法23条1項），認定医療情報等取扱事業者は，認定匿名加工医療情報作成事業者の許諾を得た場合に限り，再委託が可能とすること（同条2項），苦情処理を義務とすること（本法27条，29条）等，個人情報保護法よりも規制を強化している。

　もっとも，個人情報保護法が定める保有個人データに関する事項の公表（同

法27条），開示（同法28条），訂正等（同法29条），利用停止等（同法30条）については，本法には規定は設けられておらず，個人情報保護法の規定が適用されるにとどまるので，その対象は保有個人データに限定される。医療情報取扱事業者から提供された未整理のカルテのような散在情報は，データベース化がなされる前は，厳重に保管され，匿名加工医療情報の作成にも，他の認定匿名加工医療情報作成事業者への提供にも用いられることはないので，開示請求等の対象にする必要はないと考えられたのである。

本 論
次世代医療基盤法の逐条解説

Commentary on Next Generation Medical Infrastructure Law

第1章 総　則

(目的)
第1条　この法律は，医療分野の研究開発に資するための匿名加工医療情報に関し，国の責務，基本方針の策定，匿名加工医療情報作成事業を行う者の認定，医療情報等及び匿名加工医療情報の取扱いに関する規制等について定めることにより，健康・医療に関する先端的研究開発及び新産業創出（健康・医療戦略推進法（平成26年法律第48号）第1条に規定する健康・医療に関する先端的研究開発及び新産業創出をいう。第3条において同じ。）を促進し，もって健康長寿社会（同法第1条に規定する健康長寿社会をいう。）の形成に資することを目的とする。

(本条の趣旨)
　本条は，本法の手段とそれにより達成することを目指す直接目的，さらに直接目的を実現することで，社会に与えようとする影響（究極目的）を明らかにするものである。

(1)　「医療分野の研究開発に資する匿名加工医療情報に関し」
　本法は，医療情報取扱事業者が本人の事前同意なしに認定匿名加工医療情報作成事業者に医療情報を提供し，本人からの停止の求めがあれば認定匿名加工医療情報作成事業者への医療情報の提供を停止する方法（オプトアウト方式）を認め，認定匿名加工医療情報作成事業者が作成する匿名加工医療情報を匿名加工医療情報取扱事業者に提供することにより，医療分野の研究開発に資することを企図している。
　「医療分野の研究開発」は，大学等の学術研究機関における研究開発に限らず，製薬会社における創薬の研究開発のように，医療分野の民間企業における研究開発も含む。かかる企業における研究開発は，大学等の学術研究機関と異なり，憲法上の学問の自由の保障を受けるものではないが，民間企業の研究開発が医学の発展に重要な貢献をしており，「新産業創出」をも目的とする本法

において、製薬会社における研究開発を除外することは適当でないと判断されたのである（学術研究機関と企業における研究を一元的に規制することの是非について、曽我部真裕「個人情報保護と医療・医学研究」論究ジュリ24号〔2018年〕113頁参照）。

「医療分野の研究開発に資する」ことについての定義規定は置かれていない。これは、(i)本法において匿名加工医療情報を作成する事業自体は一般に禁止されておらず、認定を受けずとも匿名加工医療情報を作成することは可能であるため、「医療分野の研究開発に資する」ことの意味が不明確であるために匿名加工医療情報を作成した者が不利益を受けるおそれはないこと、(ii)認定匿名加工医療情報作成事業者の認定基準の一つとして、「医療分野の研究開発に資するよう、医療情報を取得し、並びに整理し、及び加工して匿名加工医療情報を適確に作成し、及び提供するに足りる能力を有するものとして主務省令で定める基準に適合していること」（本法8条3項2号）が定められているため、具体的な基準は主務省令で明確にされることになること、(iii)医療情報に係る本人およびその遺族ならびに医療情報取扱事業者は、医療情報を提供することができる認定匿名加工医療情報作成事業者であるか否かを主務大臣の公示（同条5項）および名称使用制限（本法14条）により明確に判断可能であることに照らし、「医療分野の研究開発に資する」ことの定義規定を置く必要はないと考えられたためである。

(2) 「国の責務、基本方針の策定、匿名加工医療情報作成事業を行う者の認定、医療情報等及び匿名加工医療情報の取扱いに関する規制等について定めることにより」

本法の目的を達成するための手段について定めているが、その中核的部分は、匿名加工医療情報作成事業を行う者の認定ならびに医療情報等および匿名加工医療情報の取扱いに関する規制である。「国の責務」については本法3条、「基本方針の策定」については本法4条、「匿名加工医療情報作成事業を行う者の認定」については本法8条、「医療情報等及び匿名加工医療情報の取扱いに関する規制」については本法3章2節で定められている。

(3) 「健康・医療に関する先端的研究開発及び新産業創出（健康・医療戦

本　論　第 1 章　総　則

略推進法（平成 26 年法律第 48 号）第 1 条に規定する健康・医療に関する先端的研究開発及び新産業創出をいう。第 3 条において同じ。）を促進し」

　本法の直接目的を示している。「健康・医療に関する先端的研究開発及び新産業創出」は，健康・医療戦略推進法（平成 26 年法律第 48 号）1 条に規定する「先端的研究開発及び新産業創出」，すなわち，先端的な科学技術を用いた医療，革新的な医薬品等（医薬品，医療機器等の品質，有効性及び安全性の確保等に関する法律〔昭和 35 年法律第 145 号〕2 条 1 項に規定する医薬品，同条 4 項に規定する医療機器または同条 9 項に規定する再生医療等製品をいう）を用いた医療その他の世界最高水準の技術を用いた医療の提供に資する医療分野の研究開発ならびにその環境の整備および成果の普及ならびに健康長寿社会の形成に資する新たな産業活動の創出および活性化ならびにそれらの環境の整備を意味する。本法により推進が期待される「先端的研究開発及び新産業創出」の成果として，未知の副作用の発見，医療の質・効率性の向上，新たな薬品や医療機器の開発，健康管理・診療支援システムの創出，ビッグデータを活用した診療支援サービス等が考えられる。より具体的には，実診療のビッグデータによって治療選択肢の評価等に関する大規模な研究の実施が可能になり，最適医療の提供に貢献したり，異なる医療機関や領域の情報を統合した治療成績の評価が可能になったり，AI も活用して画像データを分析し，医師の診断から治療までを包括的に支援する最先端の診療支援ソフトが開発されたり，副作用の発生頻度の把握や比較が可能になり，医薬品等の安全対策が向上したりすることが期待される。副作用については，連邦食品医薬品局（FDA）が，米国の民間会社である Kaiser Permanente が整備した約 900 万人の保険加入者のデータベースを利用し，鎮痛薬を服用した約 140 万人のデータについて解析し，鎮痛薬 Vioxx を服用した患者は，他の鎮痛薬を服用した患者よりも高い頻度で急性心筋梗塞等を発症した可能性があることを指摘し，これを受けて，鎮痛薬 Vioxx を製造していた Merck & Co 社が Vioxx の販売を中止したことが有名である（医療ビッグデータの活用がもたらす恩恵については，中山健夫監修・21 世紀医療フォーラム編・医療ビッグデータがもたらす社会変革〔日経 BP 社，2014 年〕210 頁以下参照。また，本法により実現可能と期待されることの例については，斉藤眞＝石丸文至「次世代医療基盤法」時の法令 2047 号〔2018 年〕12 頁〜13 頁の図表 3 参照）。

(4)「もって健康長寿社会(同法第1条に規定する健康長寿社会をいう。)の形成に資することを目的とする」

本法の究極目的を示している。「健康長寿社会」とは,健康・医療戦略推進法1条が規定する「健康長寿社会」と同義であり,「国民が健康な生活及び長寿を享受することのできる社会」を意味する。

(定義)
第2条① この法律において「医療情報」とは,特定の個人の病歴その他の当該個人の心身の状態に関する情報であって,当該心身の状態を理由とする当該個人又はその子孫に対する不当な差別,偏見その他の不利益が生じないようにその取扱いに特に配慮を要するものとして政令で定める記述等(文書,図画若しくは電磁的記録(電磁的方式(電子的方式,磁気的方式その他人の知覚によっては認識することができない方式をいう。)で作られる記録をいう。以下同じ。)に記載され,若しくは記録され,又は音声,動作その他の方法を用いて表された一切の事項(個人識別符号(個人情報の保護に関する法律(平成15年法律第57号)第2条第2項に規定する個人識別符号をいう。以下同じ。)を除く。)をいう。以下同じ。)であるものが含まれる個人に関する情報のうち,次の各号のいずれかに該当するものをいう。
1 当該情報に含まれる氏名,生年月日その他の記述等により特定の個人を識別することができるもの(他の情報と容易に照合することができ,それにより特定の個人を識別することができることとなるものを含む。)
2 個人識別符号が含まれるもの
② この法律において医療情報について「本人」とは,医療情報によって識別される特定の個人をいう。
③ この法律において「匿名加工医療情報」とは,次の各号に掲げる医療情報の区分に応じて当該各号に定める措置を講じて特定の個人を識別することができないように医療情報を加工して得られる個人に関する情報であって,当該医療情報を復元することができないようにしたものをいう。
1 第1項第1号に該当する医療情報 当該医療情報に含まれる記述等の一部を削除すること(当該一部の記述等を復元することのできる規則性を有しない方法により他の記述等に置き換えることを含む。)。

本論 第1章 総　則

　　2　第1項第2号に該当する医療情報　当該医療情報に含まれる個人識別符号の全部を削除すること（当該個人識別符号を復元することのできる規則性を有しない方法により他の記述等に置き換えることを含む。）。
④　この法律において「匿名加工医療情報作成事業」とは，医療分野の研究開発に資するよう，医療情報を整理し，及び加工して匿名加工医療情報（匿名加工医療情報データベース等（匿名加工医療情報を含む情報の集合物であって，特定の匿名加工医療情報を電子計算機を用いて検索することができるように体系的に構成したものその他特定の匿名加工医療情報を容易に検索することができるように体系的に構成したものとして政令で定めるものをいう。第18条第3項において同じ。）を構成するものに限る。以下同じ。）を作成する事業をいう。
⑤　この法律において「医療情報取扱事業者」とは，医療情報を含む情報の集合物であって，特定の医療情報を電子計算機を用いて検索することができるように体系的に構成したものその他特定の医療情報を容易に検索することができるように体系的に構成したものとして政令で定めるもの（第44条において「医療情報データベース等」という。）を事業の用に供している者をいう。

（本条の趣旨）
　本条は，本法で用いられる基本的な用語の定義を明らかにするものである。

(1)　「『医療情報』とは，特定の個人の病歴その他の当該個人の心身の状態に関する情報であって，当該心身の状態を理由とする……不当な差別，偏見その他の不利益が生じないようにその取扱いに特に配慮を要するもの」（1項柱書）

　医療情報は，「不当な差別，偏見その他の不利益が生じないようにその取扱いに特に配慮を要するもの」，すなわち，個人情報保護法2条3項，同法施行令2条，行政機関個人情報保護法2条4項，同法施行令4条，独立行政法人等個人情報保護法2条4項，同法施行令2条の規定が定める要配慮個人情報であるが，当該個人の心身の状態に関する情報に関するものに限られる。「特定の個人の病歴」は，心身の状態に関する情報の例示である。このような限定を付

第 2 条（定義）

すことにより，匿名加工医療情報の作成に不要な情報までもが医療情報取扱事業者により認定匿名加工医療情報作成事業者に提供されないようにしている。

(2) 「当該個人又はその子孫に対する」（1 項柱書）
　留意する必要があるのは，医療情報は，個人情報保護法，行政機関個人情報保護法，独立行政法人等個人情報保護法が定める個人情報と異なり，生存する個人に関する情報に限らず，死者の情報も含んでいることである。医療情報は個人情報と重複する部分があるものの，生存する個人に関する情報と死者に関する情報を区別せずに，両者を包摂する概念として定義されている。そして，両者を一体として，その取扱いについて規制している。このように，医療情報の中には，死者の情報も含まれ，遺伝性疾患のように，当該個人のみならずその子孫に対する不当な差別，偏見その他の不利益が生じるおそれのあるものもあるので，「その子孫に対する不当な差別，偏見その他の不利益が生じないようにその取扱いに特に配慮を要するもの」と規定している。子孫とは，「ひ孫など卑属を広く含む概念だが，いとこやはとこは含まれない」（193 参院内閣委会議録第 7 号〔2017 年 4 月 25 日〕24 頁〔大島一博政府参考人発言〕参照）。

(3) 「政令で定める記述等」（1 項柱書）
　(a) 個人情報保護法施行令 2 条 1 号〜3 号との対応
　特定の個人の病歴のほか，個人情報保護法施行令 2 条 1 号〜3 号に規定されている情報が定められている（個人の電子カルテに政令指定事項が含まれれば，当該個人に関する電子データ全部が医療情報に該当すると解すべきとするものとして，吉峯耕平「次世代医療基盤法の構造と解釈問題」論究ジュリ 24 号〔2018 年〕129 頁参照）。すなわち，身体障害，知的障害，精神障害（発達障害を含む）その他の主務省令で定める心身の機能の障害があること，特定の個人に対して医師その他医療に関連する職務に従事する者（以下「医師等」という）により行われた疾病の予防および早期発見のための健康診断その他の検査（以下「健康診断等」という）の結果，健康診断等の結果に基づき，または疾病，負傷その他の心身の変化を理由として，特定の個人に対して医師等により心身の状態の改善のための指導または診療もしくは調剤が行われたことのいずれかを内容とする記述等である（本法施行令 1 条）。

本論 第1章 総　則

(b) 「特定の個人の病歴」（1項柱書）

「特定の個人の病歴」（本法施行令1条1号）とは，特定の個人が病気に罹患した経歴である。これが医療情報とされているのは，病気がその種類によっては差別・偏見を生じさせるからであり，わが国においては，その典型例は，「らい予防法」の下で不合理な隔離政策がとられたハンセン病であろう。「ハンセン病療養所入所者等に対する補償金の支給等に関する法律」前文では，「ハンセン病の患者は，これまで，偏見と差別の中で多大な苦痛と苦難を強いられてきた」と述べており，「ハンセン病問題の解決の促進に関する法律」前文では，「『らい予防法』を中心とする国の隔離政策により，ハンセン病の患者であった者等が地域社会において平穏に生活することを妨げられ，身体及び財産に係る被害その他社会生活全般にわたる人権上の制限，差別等を受けたことについて，平成13年6月，我々は悔悟と反省の念を込めて深刻に受け止め，深くお詫びするとともに，『ハンセン病療養所入所者等に対する補償金の支給等に関する法律』を制定し，その精神的苦痛の慰謝並びに名誉の回復及び福祉の増進を図り，あわせて，死没者に対する追悼の意を表することとした。この法律に基づき，ハンセン病の患者であった者等の精神的苦痛に対する慰謝と補償の問題は解決しつつあり，名誉の回復及び福祉の増進等に関しても一定の施策が講ぜられているところである。／しかしながら，国の隔離政策に起因してハンセン病の患者であった者等が受けた身体及び財産に係る被害その他社会生活全般にわたる被害の回復には，未解決の問題が多く残されている。とりわけ，ハンセン病の患者であった者等が，地域社会から孤立することなく，良好かつ平穏な生活を営むことができるようにするための基盤整備は喫緊の課題であり，適切な対策を講ずることが急がれており，また，ハンセン病の患者であった者等に対する偏見と差別のない社会の実現に向けて，真摯に取り組んでいかなければならない。／ここに，ハンセン病の患者であった者等の福祉の増進，名誉の回復等のための措置を講ずることにより，ハンセン病問題の解決の促進を図るため，この法律を制定する」と述べられており，ハンセン病患者に対する差別と偏見が存在したことを率直に認めている。また，「感染症の予防及び感染症の患者に対する医療に関する法律」の前文では，「我が国においては，過去にハンセン病，後天性免疫不全症候群等の感染症の患者等に対するいわれのない差別や偏見が存在したという事実を重く受け止め，これを教訓として今後に生かすこ

とが必要である」と述べられ，ハンセン病以外の感染症の患者に対する差別や偏見が存在した事実も認めている。刑法134条1項が，「医師，薬剤師，医薬品販売業者……又はこれらの職にあった者が，正当な理由がないのに，その業務上取り扱ったことについて知り得た人の秘密を漏らしたときは，6月以下の懲役又は10万円以下の罰金に処する」と定めていることからも，病気に関する情報が機微な情報であることが窺える。すなわち，病気に関する情報は，一般に他人に知られたくない機微な情報であるが，治療のためには，病状等の事実を包み隠さず医療関係者に伝えることが重要であり，そのためには，医療関係者が秘密を漏えいしないことへの患者の信頼が不可欠であり，刑罰の威嚇により，秘密保持義務を遵守させる必要があると考えられたのである。もっとも，病気の全てが差別や偏見を生むわけではなく，多くの者が罹患する軽微な病気（風邪，花粉症等）の場合には，そのような懸念はないといえよう。しかし，要配慮個人情報に当たる病気と当たらない病気の線引きは困難である。このことは他の要配慮個人情報でも同様である。そこで，病気の種類，症状の軽重を問わず，要配慮個人情報として取り扱うべきであろう。健康診断の結果，身長に比して体重が極端に重かったり，中性脂肪の数値がかなり高かったりした場合，これらの結果は，病気を推知させる情報といえよう。したがって，これらの個人情報も慎重に取り扱われるべきことはいうまでもない。しかし，長期間にわたって気分が塞ぎこんでいるという事実はうつ病を推知させる情報といえるか等は不明確であるので，「病歴」には，病気を推知させる情報までは含まず，病気自体を示す部分を意味する。もっとも，病気を推知させる個人情報は，他の情報との照合により，病気それ自体を示す情報となる場合がありうると考えられる。

(c) 「身体障害，知的障害，精神障害（発達障害を含む。）その他の主務省令で定める心身の機能の障害があること」（本法施行令1条2号イ）

「障害を理由とする差別の解消の推進に関する法律」1条が，「この法律は，障害者基本法（昭和45年法律第84号）の基本的な理念にのっとり，全ての障害者が，障害者でない者と等しく，基本的人権を享有する個人としてその尊厳が重んぜられ，その尊厳にふさわしい生活を保障される権利を有することを踏まえ，障害を理由とする差別の解消の推進に関する基本的な事項，行政機関等及び事業者における障害を理由とする差別を解消するための措置等を定めるこ

本論 第1章 総 則

とにより，障害を理由とする差別の解消を推進し，もって全ての国民が，障害の有無によって分け隔てられることなく，相互に人格と個性を尊重し合いながら共生する社会の実現に資することを目的とする」と規定している（同法8条も参照）。そして，他の法令においても，障害を理由とする不当な差別的取扱いを禁止しており（障害者基本法4条，障害者の雇用の促進等に関する法律35条参照），障害は，本人に不当な差別，偏見その他の不利益を生じさせるおそれのある情報といえる。そこで，「障害があること」は，要配慮個人情報とされている。病気に起因する障害の場合，障害の名称に病歴が含まれることがありうる。たとえば，「統合失調症型障害」は障害の名称であるが，「統合失調症」の部分は，病歴にも該当する。「障害があること」には，障害の種類（身体障害，知的障害，精神障害等），名称（言語障害，聴覚障害等），程度（身体障害者福祉法施行規則別表第5号に基づく等級等）等を含む。

　障害を病気に含めていると解される法令が存在する一方（一般職の職員の勤務時間，休暇等に関する法律18条，職員の勤務時間，休日及び休暇の運用について第13参照），多くの法令では両者を区別している。たとえば，「犯罪被害者等給付金の支給等による犯罪被害者等の支援に関する法律」では，身体上の「障害」とは，負傷または疾病が治ったとき（その症状が固定したときを含む）における身体上の障害で政令で定める程度のものをいうと定義している（同法2条6項。国家公務員共済組合法1条1項，旅券法8条3項も参照）。個人情報保護法2条3項，同法施行令2条，行政機関個人情報保護法2条4項，同法施行令4条，独立行政法人等個人情報保護法2条4項，同法施行令2条の規定が定める要配慮個人情報においても，病歴には障害を含めておらず，両者は別個に要配慮個人情報とされている。そこで，本法施行令1条2号イにおいても，病気と区別して障害を医療情報として明記している。

　身体障害児の障害の原因には出生時の損傷等や原因不明のものも少なくないことから，障害が発生した原因は問わず医療情報としている。「犯罪被害者等給付金の支給等による犯罪被害者等の支援に関する法律」2条6項は，身体上の障害についてのみ定めているが，障害には，知的障害，精神障害（発達障害を含む）その他の心身の機能の障害もある。精神保健及び精神障害者福祉に関する法律5条は，「精神障害者」とは，「統合失調症，精神作用物質による急性中毒又はその依存症，知的障害，精神病質その他の精神疾患を有する者」と定

第 2 条（定義）

義しており，知的障害を有する者も精神障害者に含めている。しかし，知的障害の判定は知能指数を基礎にして社会生活を送る能力を総合考慮して行われるのであり，狭義の精神障害とは診断方法を異にする。また，知的障害者福祉法には定めはないが，知的障害者には，昭和48年9月27日厚生省発児第156号厚生事務次官通知「療育手帳制度について」に基づく療育手帳が交付されており，この制度が定着していたため，精神保健及び精神障害者福祉に関する法律45条1項は，知的障害者を除く精神障害者に精神障害者保健福祉手帳を交付することとしている。さらに，狭義の精神障害が医師により判定されるのに対し，知的障害の場合には，知的障害者更生相談所（知的障害者福祉法12条1項）が，知的障害の判定に関与することがあり（同法9条6項），判定機関が狭義の精神障害よりも広くなっている。以上のように，知的障害と狭義の精神障害では，診断方法，障害者手帳，判定機関に相違があり，かかる差異は，医療情報として保護すべき情報についての相違につながる。そこで，本法施行令1条2号イは，知的障害と精神障害を区別している（障害者の雇用の促進等に関する法律2条1号・4号・6号，障害を理由とする差別の解消の推進に関する法律2条1号，「障害者の日常生活及び社会生活を総合的に支援するための法律」（以下「障害者総合支援法」という）4条1項も参照）。また，障害者総合支援法4条1項（同法では，18歳以上のものを障害者〔同法4条1項〕，それ未満の者を障害児〔同条2項〕と区分しているが，医療情報について両者を区別する必要はないので，本法施行令1条2号イでは，年齢にかかわらず障害がある者を対象としている）では，精神障害者は，精神保健及び精神障害者福祉に関する法律5条に規定する精神障害者であって，発達障害者支援法2条2項に規定する発達障害者を含む旨，明記している。これは，「障がい者制度改革推進本部における検討を踏まえて障害保健福祉政策を見直すまでの間において障害者等の地域生活を支援するための関係法律の整備に関する法律」（平成22年法律第71号）により障害者自立支援法（平成17年法律第123号）が改正された際に，発達障害が精神障害に含まれることが明記されたことを障害者総合支援法も継受したものである。この明確化の趣旨は，個人情報保護法制においても妥当するので，要配慮個人情報について定める個人情報保護法施行令2条1号，行政機関個人情報保護法施行令4条1号，独立行政法人等個人情報保護法施行令2条1号においても，その旨が明記されている。そこで，本法施行令2条1号イにおいても，その旨が明確にされている。

本 論 第1章 総　則

　本法施行令1条2号イの委任に基づき主務省令で定めるものとして，本法施行規則2条では，個人情報保護法施行規則（平成28年個人情報保護委員会規則第3号）5条各号に規定する障害とされている。個人情報保護法施行規則5条では，①身体障害者福祉法別表に掲げる身体上の障害，②知的障害者福祉法にいう知的障害，③精神保健及び精神障害者福祉に関する法律にいう精神障害（発達障害者支援法2条2項に規定する発達障害を含み，②を除く），④治療方法が確立していない疾病その他の特殊の疾病であって障害者総合支援法4条1項の政令で定めるものによる障害の程度が同項の厚生労働大臣が定める程度であるものを規定している。①には，医師または身体障害者更生相談所により，別表に掲げる身体上の障害があることを診断または判定されたこと（別表中の障害の名称や程度に関する情報を含む），都道府県知事，指定都市の長または中核市の長から身体障害者手帳の交付を受け（同法15条4項，43条の2）ならびに所持していること，または過去に所持していたこと（別表中の障害の名称や程度に関する情報を含む），本人の外見上明らかに別表に掲げる身体上の障害があること，身体上の障害がある者として障害福祉サービス等を受けている事実が該当する。②には，医師，児童相談所，知的障害者更生相談所，精神保健福祉センター，障害者職業センターにより，知的障害があると診断または判定されたこと（障害の程度に関する情報を含む），都道府県知事または指定都市の長から療育手帳の交付を受け，ならびに所持していること，または過去に所持していたこと（障害の程度に関する情報を含む），知的障害がある者として障害福祉サービスを受けている事実が該当する。③には，医師または精神保健福祉センターにより統合失調症，精神作用物質による急性中毒またはその依存症，精神病質その他の精神疾患や発達障害があると診断または判定されたこと（障害の程度に関する情報を含む），精神保健及び精神障害者福祉に関する法律45条2項の規定に基づき精神障害者保健福祉手帳の交付を受け，ならびに所持していること，または過去に所持していた事実（精神障害の等級または状態に関する情報を含む），精神障害を有する者として障害福祉サービス等を受けている事実が該当する。④には，医師により，厚生労働大臣が定める特殊の疾病による障害により継続的に日常生活または社会生活に相当な制限を受けていると診断されたこと（疾病の名称や程度に関する情報を含む），当該者として障害福祉サービスを受けている事実が該当する。④は，「地域社会における共生の実現に向けて新たな障害保健福

第2条（定義）

祉政策を講ずるための関係法律の整備に関する法律」（平成24年法律第51号）により，障害者自立支援法が障害者総合支援法に改正された際に同法4条1項に付加された内容である。このような内容が追加されたのは，以下の理由による。身体障害者福祉法は，身体障害者手帳の交付について，同法別表に掲げる障害に該当することを要件としており（4条，15条4項），同法別表では，永続的な障害または一定程度以上の障害が対象とされている。精神保健及び精神障害者福祉に関する法律5条では，「精神障害者」を「統合失調症，精神作用物質による急性中毒又はその依存症，知的障害，精神病質その他の精神疾患を有する者」と定義しており，やはり対象を限定している。他方，障害者総合支援法4条1項は，障害者を身体障害者福祉法にいう身体障害者のうち18歳以上である者，知的障害者福祉法にいう知的障害者のうち18歳以上である者，精神保健及び精神障害者福祉に関する法律5条に規定する精神障害者（発達障害者支援法2条2項に規定する発達障害者を含み，知的障害者福祉法にいう知的障害者を除く）のうち18歳以上である者に限定している。そこで，平成24年法律第51号による改正で，難病患者等であって，症状の変動等のために身体障害者手帳の交付を受けることができない者や精神保健及び精神障害者福祉に関する法律5条に規定する精神障害者に当たらない者も含めて，障害者が全て，制度の谷間なく障害福祉サービスを受けることができるようにするために，上記の追加がなされたのである。もっとも，このような追加を行う方法以外に，身体障害者福祉法，知的障害者福祉法，精神保健及び精神障害者福祉に関する法律における障害者の定義を拡大することにより，制度の谷間を埋めるという立法政策も考えうる。しかしながら，これらの福祉法は，機能障害の部位，原因を特定しうることを前提として障害者を定義しているので，障害者の範囲を拡大する場合，拡大される部分の機能障害の部位，原因が明らかになっている必要があるところ，難病は，「難病の患者に対する医療等に関する法律」1条で，「発病の機構が明らかでなく，かつ，治療方法が確立していない希少な疾病であって，当該疾病にかかることにより長期にわたり療養を必要とすることとなるものをいう」と定義されているように，原因が不明であって，症状の発現する部位，発現の経過も一様ではないので，各福祉法における障害者の定義の拡大という方法をとることは困難と判断されたのである。

(d) 「特定の個人に対して医師その他医療に関連する職務に従事する者（ハにおいて

本論 第1章 総　則

「医師等」という。）により行われた疾病の予防及び早期発見のための健康診断その他の検査（ハにおいて「健康診断等」という。）の結果」（本法施行令1条2号ロ）

　「医師等」には，医師，歯科医師，看護師，診療放射線技師，臨床検査技師，薬剤師，保健師等が含まれる。同号ロの「健康診断等」とは，(i)健康増進法6条各号の健康増進事業実施者が行う健康診断，(ii)労働安全衛生法66条，66条の2の規定に基づく健康診断，同法69条の規定に基づく健康相談，(iii)国家公務員法および地方公務員法に基づく健康診断を意味する。(i)には，健康保険法150条の規定に基づく健康相談，健康診査，国民健康保険法82条の規定に基づく健康相談，健康診査，学校保健安全法11条，13条，15条の規定に基づく健康診断，母子保健法12条，13条の規定に基づく健康診査，高齢者の医療の確保に関する法律20条の規定に基づく特定健康診査，同法125条の規定に基づく健康相談，健康診査，健康増進法19条の2の規定に基づく健康増進事業が含まれる。(iii)には，国家公務員法73条および人事院規則10-4（職員の保健及び安全保持）19条，20条，21条の規定に基づく健康診断，地方公務員法42条の規定に基づく健康診断が含まれる。医療情報とされる健康診断等の結果に関する情報には，法定の健康診断等に限らず，人間ドック等，保険者や事業主が任意に実施または助成する健康診断等の結果に関するものも包含される。健康診断等の結果とは，血液検査，レントゲン撮影，ストレスチェック，遺伝子検査等の結果およびそれに基づく医師の判定結果（「精密検査を要する」等）を意味する。健康診断等を受けたこと自体は医療情報ではなく，その結果を医療情報としている。

　健康診断等の結果は，「病歴」には当たらないが，病気を推測させることがありうる。たとえば，血液検査の結果，HBs抗原「有」という結果は，B型肝炎等の感染症に罹患している可能性を示す。また，血圧，空腹時の血糖値，中性脂肪の数値，腹囲等が基準値を超過していることは，「病歴」には該当しないが，病気を推測させる情報となりうる。これらの情報は，不当な差別や偏見その他の不利益を生じさせるおそれがある。たとえば，職場における健康診断の場合，昇格停止，契約打切り，解雇等の不利益取扱いがされたり，職場における村八分等の差別が行われたりするおそれである。このような理由から，労働安全衛生法は，健康診断等の実施の事務に従事した者（健康診断等の結果を職制上当然に知りうる立場にある者を含む）に秘密保持義務を課している（同法104

第2条（定義）

条）。このことからも，健康診断等の結果に関する情報は機微性が高く，慎重に取り扱われるべきことが窺われる。同条は，産業医および保健師等のように，健康診断等の実施の事務に従事した者ならびに人事・労務上の権限を有し，職制上当然に健康診断等の結果を知りうる者にのみ秘密保持義務を課しているが，それ以外の者であっても，健康診断等の結果について正当な理由なく取り扱わないようにする必要があり，個人情報保護法施行令2条2号，行政機関個人情報保護法施行令4条2号，独立行政法人等個人情報保護法施行令2条2号が，これを要配慮個人情報としているのは，その点も考慮した結果である。また，健康診断等の結果が，医療関連業界に漏えいした場合，医療関連商品のダイレクトメールが送付されたり，電話勧誘がされたりする等，本人が望まない営業活動の対象とされる可能性もある。さらに，医療保険の保険者または医療機関から健康診断等の結果のデータ分析を委託された事業者の従業者が，当該データを不正に持ち出し，名簿業者に売却することが想定される。健康診断等の結果が，正当な理由なく用いられるおそれがあれば，上記のような不利益取扱いがされることを懸念して，健康診断を受けることを回避する等の行動を誘発しかねないことも懸念される。そこで，健康診断等の結果を要配慮個人情報とすることにより，本人同意のない限り，その取得を個人情報取扱事業者に対して原則として禁止している。名簿業者も，要配慮個人情報である健康診断等の結果に係る情報の取得時に原則として本人同意をとる必要が生ずることになり，オプトアウト手続による第三者提供も禁止されるので，健康診断等の結果のデータの大量漏えいを未然に防止できる可能性が高まる。そこで，本法施行令1条2号ロは，健康診断等の結果を医療情報としている。

なお，要配慮個人情報とされる健康診断等の結果は，結果が正常な場合を含む。不当な差別や偏見その他の不利益を防止することを目的とするのであれば，異常が見つかった結果のみ，要配慮個人情報とすれば足りるとも考えられる。しかし，異常の有無についての線引きは微妙であり，担当医師の判断に委ねられる面があることは否めない。また，健康診断等の結果には，本人のみならず家族の既往歴も含まれることが多いため，本人の健康診断等の結果が正常であっても，家族に既往歴がある場合，将来，当該病気に罹患する可能性が高いとして，差別や偏見の対象になるおそれがある。さらに，家族の既往歴がない場合であっても，たとえば，体重等は，知られたくないと思う者が少なくないし，

本論 第1章 総　則

　また、個々の健康診断等の結果が異常とはいえなくても、健康診断等の結果を全体としてみた場合、差別や偏見その他の不利益を生じさせないとはいい切れない。さらに、検査機関の窓口において、「異常あり」とされた者のみから、情報の取得の同意をとることとした場合、同意を求められたことは「異常あり」とされた者であることが、周囲の者に知られてしまうおそれがある。それに加えて、仮に、健康診断等の結果のうち、異常値のみを要配慮個人情報とすることとした場合、個人情報取扱事業者は、各結果について、異常値の有無を点検しなければならないことになり、過度な負担を課されることになる。そこで、本人の健康診断等の結果の如何を問わず、要配慮個人情報とすることとし、個人情報取扱事業者による取得については本人の同意があることを原則とし、第三者提供については事前の本人同意を得ることを個人情報取扱事業者に義務づけることとしている。したがって、医療情報に含まれる健康診断等の結果も、結果が正常な場合を含むことになる。

(e)　「健康診断等の結果に基づき、又は疾病、負傷その他の心身の変化を理由として、特定の個人に対して医師等により心身の状態の改善のための指導又は診療若しくは調剤が行われたこと」（本法施行令1条2号ハ）

　「その他の心身の変化」としては、妊娠、出産等が考えられる。「指導」の典型例が保健指導であり（健康診断の結果に基づく保健指導を定める例として、労働安全衛生法66条の7第1項、高齢者の医療の確保に関する法律24条参照）、糖尿病、高血圧症等の生活習慣病を発症する可能性がある者を対象に、保健師等が食事、運動等の生活習慣を改善するための助言を行うものである。保健師による生活指導は、医師が生活習慣病と診断する前の段階でなされるものであり、「病歴」ではないが、かかる指導を受けていることは、生活習慣病の発症リスクがあることを推測せしめる情報であり、差別や偏見その他の不利益を生じさせるおそれがある。保健師助産師看護師法において、保健指導を行う保健師にも守秘義務が課されていること（同法42条の2）、その違反に刑罰が科されること（同法44条の3第1項）も、保健師が業務上知りうる情報が機微な情報であることを示している。また、ストレスチェックの結果に基づき、医師により行われる面接指導についても、うつ病等の診断がなされなくても、かかる面接指導を受けたという事実自体が、精神的疾患の罹患を推測させることになりうる。保健指導やストレスチェックの結果を事業者が取得した場合、健康に問題を抱えると

思われる労働者に対して，解雇，雇止め，退職勧奨，配置転換等の不利益な取扱いがなされるおそれがあり，要配慮個人情報とすることによって，個人情報取扱事業者による取得に原則として本人同意を要するとすることに意義がある。また，そのデータ分析を委託された事業者の従業員が，それを持ち出し，名簿業者に販売し，名簿業者が糖尿病予備軍名簿等として販売することが想定される。したがって，「指導」に関する情報を要配慮個人情報とすることにより，名簿業者は，原則として事前の本人同意なしにこれらの名簿を取得することができなくなり，また，オプトアウト手続による第三者提供が禁じられ，大量漏えいを事前に防止する可能性が高まることになる。

「診療」の例としては，物忘れが激しくなったため，認知症が疑われ，脳検査を実施したこと，遺伝子疾患が疑われ，遺伝子検査が行われ，その結果に基づき行われた医師の診断，病気を治療するための手術等が含まれるが，このうち，医師の診断で病気と判断された場合のみが「病歴」に該当する。他方，診断の結果，病気でないと判断された場合には，「病歴」に該当しない。しかし，たとえば，一時的に精神的に不安定な状態になったため，精神科を受診したところ，病気ではないと診断された場合であっても，精神科を受診したという事実は，精神疾患に罹患しているのではないかという憶測を呼ぶことがありうる。その結果，当該労働者に対して，解雇，雇止め，退職勧奨，配置転換等の不利益な取扱いがなされるおそれがあり，要配慮個人情報とすることによって，個人情報取扱事業者による取得に原則として本人同意を要するとすることに意義がある。医療機関の保有する電子カルテシステムの保守を委託された業者が，当該データを不正に持ち出し，名簿業者に販売し，名簿業者が「認知症名簿」等として販売することも想定される。かかる情報を要配慮個人情報とすることにより，名簿業者は，事前の本人同意なしにこれらの名簿を取得することができなくなり，また，オプトアウト手続による第三者提供も禁止され，大量漏えいを事前に防止する可能性が高まることになる。したがって，病気でないという医師の診断も要配慮個人情報とする必要がある。

「調剤」とは，医師が発行する処方箋に基づき，薬剤師がその記載内容に従い，薬品を配合して薬剤を調整し，当該薬剤を患者に提供し，調剤録を作成する行為を意味する。「調剤」の過程において，処方箋のほか，調剤録が取り扱われることになるが，これらの書類には，薬の名称および分量等は記載される

本論 第1章 総　則

ものの，病名が記載されるわけではないので，「病歴」には該当しない。しかし，薬の名称により，病名が推測されるので，要配慮個人情報とされた。また，現在病気ではないが，病気の予防のために調剤がなされることもある。たとえば，胃潰瘍の予防のために胃酸の過剰分泌を抑える薬を調剤する場合，脳梗塞が治癒した患者の再発防止のために血栓予防用の薬を調剤する場合である。かかる調剤の情報を事業者が取得した場合，胃潰瘍予備軍，脳梗塞再発予備軍として，解雇，雇止め，退職勧奨，配置転換等の不利益な措置をとるおそれがある。また，薬局の保有する調剤データベースの保守業者の従業者が，そのデータを不正に持ち出し，名簿業者に販売し，名簿業者が，「胃潰瘍患者・胃潰瘍予備軍患者名簿」「脳梗塞患者・再発予備軍名簿」等を販売することが想定される。これらの情報を要配慮個人情報とすることにより，名簿業者は，原則として事前の本人同意なしにこれらの名簿を取得することができなくなり，オプトアウト手続による第三者提供も禁止され，大量漏えいを事前に防止する可能性が高まることになる。

　以上述べたように，これらの情報は，「病歴」自体ではないが，個人が罹患している病気を推測しうる情報であり，その結果，不当な差別や偏見その他の不利益な取扱いを受けるおそれがあるため，一般に他人に知られたくないと個人が望むことが正当であると認められるものといえる。個人情報保護委員会「雇用管理に関する個人情報のうち健康情報を取り扱うに当たっての留意事項」第2（健康情報の定義）における健康情報は，健康診断の結果を含んでいる。そして，第3（健康情報の取扱いについて事業者が留意すべき事項）1（事業者が健康情報を取り扱うに当たっての基本的な考え方）(1)においては，「健康情報については労働者個人の心身の健康に関する情報であり，本人に対する不利益な取扱い又は差別等につながるおそれのある要配慮個人情報であるため，事業者においては健康情報の取扱いに特に配慮を要する」とされている。また，EU一般データ保護規則（GDPR）の「健康に関するデータ」は，センシティブデータとされているが，これには，医療サービスの提供も含まれる。このことも考慮して，これらの情報は要配慮個人情報とされており，それを受けて本法施行令1条2号ハでは，医療情報とされている。

　本法施行令1条2号ハに該当する情報は，診療録，手術記録，看護記録，調剤録等に含まれることになり，通常，当該情報を取り扱う機関は医療機関であ

るが，医療機関が保有していることは，医療情報の要件ではない。

(4)　「文書，図画若しくは電磁的記録（電磁的方式（電子的方式，磁気的方式その他人の知覚によっては認識することができない方式をいう。）で作られる記録をいう。以下同じ。）に記載され，若しくは記録され，又は音声，動作その他の方法を用いて表された一切の事項）」（1項柱書）

　「記述等」の内容を明確にするものである。刑法における「電磁的記録」は，「電子的方式，磁気的方式その他人の知覚によっては認識することができない方式で作られる記録であって，電子計算機による情報処理の用に供されるもの」（電子署名及び認証業務に関する法律2条1項，行政手続等における情報通信の技術の利用に関する法律2条5号の「電磁的記録」も同じ）を意味するが，行政機関情報公開法2条2項柱書では，「電子計算機による情報処理の用に供されるもの」という限定を付していない。本項の「電磁的記録」にも，「電子計算機による情報処理の用に供されるもの」という限定は付されていない。したがって，いわゆる電子情報に限定する趣旨ではなく，再生機器を用いなければ知覚しえない録画テープ，録音テープも含む。「音声，動作その他の方法を用いて表された一切の事項」が含まれるため，モールス信号のように音で表示されたり，手話のように動作で表示される場合も含み，また，映像，指紋，筆跡等により特定の個人を識別できる場合も，「記述等」に含まれる。医療情報には公刊物等によって公にされている情報も含まれ，暗号化等によって秘匿化されているかを問わない。

(5)　「個人に関する情報」（1項柱書）

　個人の属性・行動，個人に対する評価，個人が創作した表現等，当該個人として関係する全ての情報が含まれる。公知の情報であるか否かを問わない。OECD理事会勧告においては，国籍，住所の区別なく個人情報の保護が図られるべきとしているが，本法においても，「個人」について国籍は要件とされていないので，外国人も含まれる。公人（public figure），公務員も「個人」から除外されていない。

　個人情報と異なり，「個人に関する情報」は特定の個人が識別されることを

本論 第1章 総則

要件としていないし，死者の情報も含む。すなわち，個人情報は，生存する個人に関する情報であって，特定の個人が識別されるものを意味する（個人情報保護法2条1項，行政機関個人情報保護法2条2項，独立行政法人等個人情報保護法2条2項）。個人情報は，「個人に関する情報」の部分集合である。医療情報は，個人情報ではなく「個人に関する情報」の一部であり，死者の情報も含むことに留意する必要がある。

⑹ 「次の各号のいずれかに該当するものをいう」（1項柱書）

医療情報も個人情報であるが，個人情報保護に関する一般法において，個人情報は，個人識別符号を含まないものと含むものに二分されているので（個人情報保護法2条1項，行政機関個人情報保護法2条2項，独立行政法人等個人情報保護法2条2項），それに対応して，本項においても，医療情報を2類型に分けている。

⑺ 「当該情報に含まれる氏名，生年月日その他の記述等」（1項1号）

ここでいう「記述等」には，個人識別符号を含まない。本項柱書の「記述等」について，「(個人識別符号（個人情報の保護に関する法律（平成15年法律第57号）第2条第2項に規定する個人識別符号をいう。以下同じ。）を除く。)をいう。以下同じ。）」とされているからである。

⑻ 「特定の個人を識別することができるもの」（1項1号）

本法において「特定の個人を識別することができる」とは，情報単体または複数の情報を組み合わせて保存されているものから社会通念上，一般人の判断力または理解力をもって具体的な人物と情報の間に同一性を認めるに至ることができることを意味する。

⑼ 「(他の情報と容易に照合することができ，それにより特定の個人を識別することができることとなるものを含む。)」（1項1号）

個人識別符号を含む情報は，それ単独で個人情報とされるが（個人情報保護法2条2項，行政機関個人情報保護法2条3項，独立行政法人等個人情報保護法2条3項），本号は，個人識別符号を除く情報であるので，他の情報との照合（モザイ

ク・アプローチ）により特定の個人が識別されるかが問題になる。

　行政機関個人情報保護法2条2項，独立行政法人等個人情報保護法2条2項に規定する個人情報の定義とは異なり，他の情報との照合が容易な場合に限定しているのは，照合が困難な医療情報が医療情報取扱事業者から提供されたとしても，認定匿名加工医療情報作成事業者が適切に整理することは困難と思われるからである。

(10) 「個人識別符号が含まれるもの」（1項2号）
(a) 類型
「個人識別符号」とは，①特定の個人の身体の一部の特徴を電子計算機の用に供するために変換した文字，番号，記号その他の符号であって，当該特定の個人を識別することができるもの（以下「1号個人識別符号」という），②個人に提供される役務の利用もしくは個人に販売される商品の購入に関し割り当てられ，または個人に発行されるカードその他の書類に記載され，もしくは電磁的方式により記録された文字，番号，記号その他の符号であって，その利用者もしくは購入者または発行を受ける者ごとに異なるものとなるように割り当てられ，または記載され，もしくは記録されることにより，特定の利用者もしくは購入者または発行を受ける者を識別することができるもの（以下「2号個人識別符号」という），のいずれかに該当する文字，番号，記号その他の符号のうち，政令で定めるものをいう（個人情報保護法2条2項，行政機関個人情報保護法2条3項，独立行政法人等個人情報保護法2条3項）。

(b) 1号個人識別符号
　1号個人識別符号は，次に掲げる身体の特徴のいずれかを電子計算機の用に供するために変換した文字，番号，記号その他の符号であって，特定の個人を識別するに足りるものとして個人情報保護委員会規則で定める基準に適合するものである（個人情報保護法施行令1条1号柱書）。1号個人識別符号とされた情報は，特定の個人固有のものであり，生涯または長期間にわたり不変であるため，特定の個人との連結性が強いこと，これらの情報を媒介にして他の個人情報を照合するインデックス機能を有すること，ひとたび取得されると，情報解析技術を用いることにより，確実かつ容易に特定の個人を識別可能であることから，それを含むものを個人情報としている。

本論 第1章 総　則

　1号個人識別符号の第1は、「細胞から採取されたデオキシリボ核酸（別名DNA）を構成する塩基の配列」（同号イ）である。細胞から採取されたデオキシリボ核酸（別名DNA）とは、染色体を展開して得られる物質であって、塩基、糖（デオキシリボース）、リン酸という化合物が結合したものを意味し、ゲノムデータとは、DNAを構成する塩基の配列を文字列で表記したものを意味する。ゲノム解析結果は、原則として万人不同（双子の場合を除く）であり、また生涯不変であるため、特定の個人を識別可能である。遺伝情報は個体識別鑑定に用いられるほか、遺伝病等素因解析、DTC遺伝学的検査（Direct-to-Consumer Genetic Testing）等においても用いられるが、いずれの目的で行われた場合であっても、特定の個人を識別する情報といえるので、ゲノム解析の目的は問わない。

　1号個人識別符号の第2は、「顔の骨格及び皮膚の色並びに目、鼻、口その他の顔の部位の位置及び形状によって定まる容貌」（同号ロ）である。顔は年齢を経るにつれ変化するが、顔の骨格は通常は変化しない。したがって、顎の形状・長さ、鼻の長さ、鼻翼点、両目間の距離等の特徴点を抽出し（多点特徴点抽出法）、またはその構造を数値化することにより個体識別鑑定を行うことができるので、本人を認証することを目的とした装置やソフトウェアにより、本人を認証することができるようにしたものが個人識別符号とされている。顔ランドマーク検出は、小売店における万引き対策、商業施設における動線調査、空港・駅構内における犯罪捜査、SNSの投稿画像の分析によるタグ付け、入退管理における生体認証、二重投票防止のための認証、入管審査のための認証等に用いられうる。動画に限らず静止画であっても、またいかなる記録媒体が用いられるかを問わず、利用可能であるため、これらの如何を問わず、個人識別符号になる。

　1号個人識別符号の第3は、「虹彩の表面の起伏により形成される線状の模様」（同号ハ）である。虹彩は、眼球の血管膜の前端部にあり、角膜の後方にある瞳孔を囲む環状の膜である。虹彩は万人不同、生涯不変の性質を有するので、赤外光や可視光等を用いて抽出した特徴情報を、本人を認証することを目的とした装置やソフトウェアにより、本人を認証することができるようにしたものを個人識別符号としている。虹彩による個人識別鑑定を行うためには、虹彩部分を円弧状に複数層に区分して抽出し、その輝度変化を示すアイリスコードを

第 2 条（定義）

特徴量として数値化することになる。アイリスコードは，入退管理における生体認証等で用いられている。

　1 号個人識別符号の第 4 は，「発声の際の声帯の振動，声門の開閉並びに声道の形状及びその変化」（同号ニ）である。人間の発声は，気道を声門閉鎖により遮断し，呼気圧を加えて息を流入させて声門を反復して開閉して断続的な圧力変動（咽頭原音）を発生させ，声道による共鳴効果で連続的な波形に整え，舌・歯・唇・口腔・鼻腔等の調音機能により母音・子音を付加して行われる。すなわち，声帯振動により発生した音声波は声門，口腔，鼻腔を経由して唇，鼻孔に到達する過程で，複数の周波数に共鳴し，特定の音声となって口から発せられるのである。人の声の特徴は，生体振動に影響される声の強度，高さ，音色等ならびに声道における共鳴により発生した周波数形状（ホルマント）およびその帯域幅等に示される。その周波数成分を図形化して表示した紋様は万人不同であるため，話者認識システム等により，人物同定のための個体識別鑑定や生体認証等に用いられている。

　1 号個人識別符号の第 5 は，「歩行の際の姿勢及び両腕の動作，歩幅その他の歩行の態様」（同号ホ）である。歩行の態様（歩容）は，両腕の動作（腕の振り），歩幅，姿勢，動きの左右非対称性等の歩行の特徴であり，加齢，生活環境等による変化があり生涯不変ではないものの，通常，数年間では変化せず，万人不同であり，また，顔と異なり，望遠画像や正面画像でなく不鮮明な画像でも人物同定が可能である。そのため，防犯カメラ画像を用いた個人識別，商業施設における動線調査等に利用されている。

　1 号個人識別符号の第 6 は，「手のひら又は手の甲若しくは指の皮下の静脈の分岐及び端点によって定まるその静脈の形状」（同号へ）である。末梢の毛細血管から血液を心臓に送る静脈の血管の分岐，端点等は双子も含めて万人不同，生涯不変の性質を有するため，その解析結果は，入退管理や ATM による生体認証等に用いられている。静脈認証は，手のひらまたは手の甲もしくは指の皮下の静脈を用いて行われる。具体的には，手に近赤外光を照射し，血液中の還元ヘモグロビンが近赤外線を吸収するために静脈を影として撮影し，その分岐や端点等のパターンを特徴量として数値化することになる。

　1 号個人識別符号の第 7 は，「指紋又は掌紋」（同号ホ）である。「指紋」とは，指の表面の隆線等である。「掌紋」とは，手のひらにある弓状，渦状の線で形

43

本論 第1章 総　則

成された皮膚の隆起線である。指紋，掌紋は万人不同，生涯不変の性質を有する。そのため，人物同定のための個体識別鑑定や入退管理，ATMおよび携帯電話端末等における生体認証等に用いられている。特徴点（マニューシャ）の種類，位置，方向，品質，数を登録しておいて比較する方法，細線化したスケルトンのパターンを比較する方法等が存在する。端点，分岐点，両者の間の隆線の本数，谷部分を用いて数値化が行われる。

　1号個人識別符号の基準を，個人情報保護法が個人情報保護委員会規則で，行政機関個人情報保護法および独立行政法人等個人情報保護法が総務省令で定めることとしたのは，技術の進展に応じ，臨機応変に改正することを可能にするためである。個人情報保護法施行令1条1号の委任に基づく個人情報保護委員会規則，行政機関個人情報保護法施行令3条1号および独立行政法人等個人情報保護法施行令1条1号の委任に基づく総務省令で定める基準は，特定の個人を識別することができる水準が確保されるよう，適切な範囲を適切な手法により電子計算機の用に供するために変換することとされている（個人情報保護法施行規則1条，行政機関個人情報保護法施行規則2条，独立行政法人等個人情報保護法施行規則2条）。このような抽象的な規定にならざるをえないのは，この分野では技術が日進月歩で発展しており，技術の標準化もなされていないため，コンピュータ等で利用可能なように数値化等をする特徴の選択，数値化に使用する特徴の取得方法，符号への変換方法を一義的に決定することには現時点では無理があるからである。

(c)　1号個人識別符号とされなかったもの

　立案過程において，1号個人識別符号とすることが検討されたが，政令で指定されなかったものとして，筆跡がある。東京高判平成12・10・26判タ1094号242頁（塩崎勤「脳梗塞で入院中の老女がした自筆証書遺言の効力」登記インターネット35号〔2002年〕95頁以下参照）は，筆跡の異同判定の対照資料とされた日記帳の文字に変動があり，いずれの文字を選択するかによって，筆跡の異同判定の結論が左右されること等を指摘し，筆跡の鑑定結果を採用しなかった。そして，同判決は，筆跡鑑定は，科学的検証を経ていないというその性質上，その証明力に限界があり，特に異なる者の筆になると積極的にいう鑑定の証明力については疑問なことが多いとし，筆跡鑑定には，他の証拠に優越するような証拠価値が一般的にあるわけではないことに留意して，事案の総合的な分析検

第2条（定義）

討を行うべきと判示している。実際，遺言書の効力をめぐる事件では，当事者双方から筆跡の鑑定結果が提出されることが少なくないが，結論の反する筆跡鑑定結果が提出されることが稀でない。このように，筆跡による認証精度は，生体認証に比して低く，他の認証方法に対する補助的手段として利用されるにとどまるため，1号個人識別符号とされなかった。歯形については，主として死者の人物同定に用いられ，生存する特定の個人を識別する目的ではあまり利用されていないので，指定されなかった。

(d) 2号個人識別符号

2号個人識別符号には，個人に1つずつ重複せずに付番されるものであって，一般に変更の自由がないか，制限されており（ただし，住民票コードのように，制度上は任意に変更できるものも含まれている。住民基本台帳法30条の4第1項），したがって，特定の個人との連結性が強度であり，また，同一人の情報を突合し集積するために用いることができるものが指定された。2号個人識別符号の指定に当たっては，㋐それ単独で個人情報とされ，個人情報保護法の規制がかかるので，個人識別符号とするに足る明確性，㋑個人の権利利益の侵害のおそれという観点から2号個人識別符号とする必要性をメルクマールとしている。㋐に関しては，「個人情報の保護に関する法律及び行政手続における特定の個人を識別するための番号の利用等に関する法律の一部を改正する法律案」に対する衆参両院の附帯決議においても，「保護対象を可能な限り明確化する等の措置を講ずること」とされていたところである。

具体的には，㋐については，(i)行政機関（それに準ずる公的機関を含む）が付番するもの，または付番に当たり本人確認が法定されているもののいずれかに当たり，本人であることが確実であるもの，(ii)法人その他の団体の番号と紛れるおそれがないこと，㋑については，(iii)社会において広く流通し，利用される実態があること，(iv)番号の存続期間が非常に短いものでないこと，の全ての要件を満たすものを指定する方針がとられた。

第2号個人識別符号の第1は，旅券法6条1項1号の旅券の番号である（個人情報保護法施行令1条2号，行政機関個人情報保護法施行令3条2号，独立行政法人等個人情報保護法施行令1条2号）。旅券は，外務大臣が発給する旅券に記載され，諸外国において本人の認証のために用いられ，旅券に記載される旅券番号（旅券法6条1項1号）については，同一の番号が他者に重複して付されることはな

45

本論 第1章 総　則

いので，(i)の要件を満たす。また，法人その他の団体には付番されないので，(ii)の要件も満たす。そして，2015年の旅券統計によると，国民の約4人に1人が旅券を保有しており，旅行代理店に旅券発給の申請を委任することもあるので，(iii)の要件も満たすともいいうる。さらに，一般旅券の有効期間は原則10年であり（同法5条1項），20歳（2022年4月1日から18歳）未満の者であっても5年（同項2号）であり，また，国際民間航空機関（ICAO）が定める国際標準に従って付番され，原則として変更されることはないから，(iv)の要件も満たす。そこで，2号個人識別符号とされている。

第2号個人識別符号の第2は，国民年金法14条に規定する基礎年金番号（個人情報保護法施行令1条3号，行政機関個人情報保護法施行令3条3号，独立行政法人等個人情報保護法施行令1条3号）である。国民年金，厚生年金保険，共済組合という全ての公的年金制度において共通して使用される基礎年金番号は，20歳以上になれば付番され，各人の番号が異なり，年金手帳等に記載されるもので，(i)の要件を満たす。自然人のみ対象であるから，(ii)の要件も満たす。また，転職等の際に行う手続，年金に関する照会等で広く利用され，就職に際して雇用主へ申告することもあるので，(iii)の要件も満たす。さらに，原則として番号の変更は行われず，終生，同一の番号を使用し続けることになるので，(iv)の要件も満たす。そこで，2号個人識別符号とされている。

第2号個人識別符号の第3は，道路交通法93条1項1号の免許証の番号（個人情報保護法施行令1条4号，行政機関個人情報保護法施行令3条4号，独立行政法人等個人情報保護法施行令1条4号）である。運転免許証番号は，都道府県公安委員会が発行する運転免許証に付される番号であり，免許を受ける者ごとに異なる番号が付されているので，(i)の要件を満たす。また，法人には付されないので，(ii)の要件も満たす。さらに，わが国における運転免許証保有者は，2015年の運転免許統計では8000万人を超えており，不在時に配達された郵便物等の郵便局での受取り，レンタルビデオ店での会員登録等，本人確認のために広範に利用されているので，(iii)の要件も満たす。さらに，更新が行われたり，別の種類の免許を取得しても変更されるわけではないので，(iv)の要件も満たす。そこで，2号個人識別符号とされている。

第2号個人識別符号の第4は，住民基本台帳法7条13号に規定する住民票コード（個人情報保護法施行令1条5号，行政機関個人情報保護法施行令3条5号，独

第 2 条（定義）

立行政法人等個人情報保護法施行令1条5号）である。地方公共団体情報システム機構（以下「機構」という）（地方公共団体情報システム機構のガバナンスについて，板倉陽一郎「地方公共団体情報システム機構のガバナンスの問題点——法人法制及び情報法制の観点から」自治研究93巻1号〔2017年〕64頁以下，板倉陽一郎＝寺田麻佑「地方公共団体情報システム機構のガバナンス改革に関する考察」電子情報通信学会技術研究報告117巻69号〔2017年〕9頁以下，総務省自治行政局住民制度課「地方公共団体情報システム機構法等の一部改正について（通知）」住民行政の窓442号〔2017年〕36頁以下参照）は，当該市区町村長が住民票に記載することのできる住民票コードを指定し，これを当該市区町村長に通知する（住民基本台帳法1条，30条の2第1項）。無作為に作成された10桁の数字と1桁の検査数字（住民票コードを電子計算機に入力するときの誤りを検出することを目的として，総務大臣が定める算式により算出される数字をいう）をその順序により組み合わせて定めるものである（同法施行規則1条）。住民票コードは住民票に記載され（住民基本台帳法7条13号，30条の3第1項），特別の請求を行えば，本人等は，住民票コードも記載された住民票の写しの交付を受けることができるので（同法12条の4第4項），「個人に発行されるカードその他の書類に記載され」（個人情報保護法2条2項2号）の要件も満たすし，地方共同法人（地方共同法人について，宇賀・概説Ⅲ 329頁参照）である機構は，住民票コードの指定を行う場合には，市区町村長に対して指定する住民票コードが当該指定前に指定した住民票コードと重複しないようにしなければならないので（住民基本台帳法30条の2第2項），(i)の要件を満たす。また，住民票を基礎とするものであり，法人には付番されないから，(ii)の要件も満たす。さらに，住民基本台帳ネットワークシステムの本人確認情報を利用することができる事務は，法律または条例で定めたものに限られるとはいえ，住民票コードにより本人確認を行い，住民票の提出が不要になる旅券申請事務など，すでに広範に利用されているので，(iii)の要件も満たすといえると思われる。もっとも，住民票コードは任意に変更可能であるが，実態としては，変更の例は乏しく，また，変更した場合でも重複した番号が付されることはない（同法30条の4第3項）。そこで，(iv)の要件も満たすとされ，2号個人識別符号とされている。

　第2号個人識別符号の第5は，番号法2条5項に規定する個人番号（個人情報保護法施行令1条6号，行政機関個人情報保護法施行令3条6号，独立行政法人等個

人情報保護法施行令1条6号）である。番号法2条5項に規定する個人番号（マイナンバー）は，個人番号カードや通知カードに記載され（番号法2条7項，7条1項），また，住民票等の行政事務に関する書類にも記載されて行政目的で利用されるものであるので，「個人に発行されるカードその他の書類に記載され」（個人情報保護法2条2項2号）の要件を満たす。また，住民票コードを変換して得られる番号であって，当該住民票コードが記載された住民票に係る者を識別するために市区町村長により指定されるものであるので，住民票を有する者全員に悉皆的に，かつ，重複なく付番されるので，(i)の要件を満たす。法人には，別途，桁数の異なる法人番号（個人番号は12桁，法人番号は13桁）が付されるので，個人番号との混同が生ずることはなく，(ii)の要件も満たす。さらに，番号法9条が定める場合に利用できるが，かなり広範な行政事務に利用されており，(iii)の要件も満たすといいうる。そして，個人番号の変更は原則としてできず，個人番号が漏えいして不正に用いられるおそれがあると認められるときに，その者の請求により，または職権により，変更が認められる場合があるにとどまるので（同法7条2項），(iv)の要件も満たす。したがって，2号個人識別符号とされた。

　第2号個人識別符号の第6は，(イ)国民健康保険法9条2項の被保険者証，(ロ)高齢者の医療の確保に関する法律54条3項の被保険者証，(ハ)介護保険法12条3項の被保険者証に掲げる証明書にその発行を受ける者ごとに異なるものとなるように記載された個人情報保護委員会規則または総務省令で定める文字，番号，記号その他の符号（個人情報保護法施行令1条7号，行政機関個人情報保護法施行令3条7号，独立行政法人等個人情報保護法施行令1条7号）である。文字，番号，記号その他の符号について個人情報保護委員会規則または総務省令で定めることとしているのは，これらは，各種保険に関する法律の施行規則において，被保険者証の様式で定められており（国民健康保険法施行規則6条1項・2項，様式第1号・第1号の3，高齢者の医療の確保に関する法律施行規則17条1項・2項，様式第1号・第2号・第3号，介護保険法施行規則26条1項，様式第1号），法律または政令で定めている例はないからである。

　個人情報保護法施行規則および総務省令では，(イ)に掲げる証明書については，同証明書の記号，番号および保険者番号（個人情報保護委員会規則3条1号，行政機関個人情報保護法施行規則3条1号，独立行政法人等個人情報保護法施行規則3条1

第2条（定義）

号），(ロ)および(ハ)に掲げる証明書については，同証明書の番号および保険者番号（個人情報保護委員会規則3条2号，行政機関個人情報保護法施行規則3条2号，独立行政法人等個人情報保護法施行規則3条2号）としている。被保険者識別番号のみならず保険者番号も併せて定めているのは，被保険者識別番号が保険者毎に付されており，保険者が異なれば重複する被保険者識別番号が存在しうるためである。被保険者識別番号および保険者番号を組み合わせることにより，重複を回避することができる。

　これらの被保険者証に記載された符号は，公的性格を有する主体により付されており，(i)の要件を満たすし，法人その他の団体に付されるものではないので，(ii)の要件も満たす。さらに，わが国は，国民皆保険の仕組みを採用しているので，ほぼ全ての国民が健康保険証を保有している。そして，医療機関で診療を受けるに当たり，本人確認のために保険証を提示しており，保険証が広く使用されているので，(iii)の要件も満たす。そして，保険者が変更にならない限り，番号も変更しないのが原則であるから，(iv)の要件も満たすため，2号個人識別符号とされている。

　その他前各号に準ずるものとして個人情報保護委員会規則または総務省令で定める文字，番号，記号その他の符号も第2号個人識別符号である（個人情報保護法施行令1条8号，行政機関個人情報保護法施行令3条8号，独立行政法人等個人情報保護法施行令1条8号）（50頁の表参照）。個人情報保護法施行令1条8号，行政機関個人情報保護法施行令3条8号，独立行政法人等個人情報保護法施行令1条8号が，文字，番号，記号その他の符号について個人情報保護委員会規則または総務省令で定めることとしているのは，被保険者証等の根拠規定が省令に置かれており，下記の各種保険に係る法律の施行規則における様式において，文字，番号，記号その他の符号が定められていることと平仄を合わせたからである（健康保険法施行規則47条1項，様式第9号，船員保険法施行規則35条1項，様式第1号，雇用保険法施行規則10条1項，様式第7号，国家公務員共済組合法施行規則89条，様式第11号，95条，様式第15号，127条の2，様式第39号・第40号，地方公務員等共済組合法施行規程93条2項，様式第14号，100条1項，様式第19号，100条の2第1項，様式第20号，176条2項，様式第40号・第41号）。

　出入国管理及び難民認定法19条の4第1項5号の番号が付される在留カードは，中長期在留者（同法19条の3）に対して，上陸許可，在留資格の変更許

本論　第1章　総　則

表　旅券の番号等に準ずる文字，番号，記号その他の符号

	個人情報保護法施行規則	行政機関個人情報保護法施行規則	独立行政法人等個人情報保護法施行規則
健康保険法施行規則47条1項および2項の被保険者証の記号，番号および保険者番号	4条1号	4条1号	4条1号
健康保険法施行規則52条1項の高齢受給者証の記号，番号および保険者番号	4条2号	4条2号	4条2号
船員保険法施行規則35条1項の被保険者証の記号，番号および保険者番号	4条3号	4条3号	4条3号
船員保険法施行規則41条1項の高齢受給者証の記号，番号および保険者番号	4条4号	4条4号	4条4号
出入国管理及び難民認定法2条5号に規定する旅券（日本国政府の発行したものを除く）の番号	4条5号	4条5号	4条5号
出入国管理及び難民認定法19条の4第1項5号の在留カードの番号	4条6号	4条6号	4条6号
私立学校教職員共済法施行規則1条の7の加入者証の加入者番号	4条7号	4条7号	4条7号
私立学校教職員共済法施行規則3条1項の加入者被扶養者証の加入者番号	4条8号	4条8号	4条8号
私立学校教職員共済法施行規則3条の2第1項の高齢受給者証の加入者番号	4条9号	4条9号	4条9号
国民健康保険法施行規則7条の4第1項に規定する高齢受給者証の記号，番号および保険者番号	4条10号	4条10号	4条10号
国家公務員共済組合法施行規則89条の組合員証の記号，番号および保険者番号	4条11号	4条11号	4条11号
国家公務員共済組合法施行規則95条1項の組合員被扶養者証の記号，番号および保険者番号	4条12号	4条12号	4条12号
国家公務員共済組合法施行規則95条の2第1項の高齢受給者証の記号，番号および保険者番号	4条13号	4条13号	4条13号
国家公務員共済組合法施行規則127条の2第1項の船員組合員証および船員組合員被扶養者証の記号，番号および保険者番号	4条14号	4条14号	4条14号
地方公務員等共済組合法施行規程93条2項の組合員証の記号，番号および保険者番号	4条15号	4条15号	4条15号
地方公務員等共済組合法施行規程100条1項の組合員被扶養者証の記号，番号および保険者番号	4条16号	4条16号	4条16号
地方公務員等共済組合法施行規程100条の2第1項の高齢受給者証の記号，番号および保険者番号	4条17号	4条17号	4条17号
地方公務員等共済組合法施行規程176条2項の船員組合員証および船員組合員被扶養者証の記号，番号および保険者番号	4条18号	4条18号	4条18号
雇用保険法施行規則10条1項の雇用保険被保険者証の被保険者番号	4条19号	4条19号	4条19号
日本国との平和条約に基づき日本の国籍を離脱した者等の出入国管理に関する特例法8条1項3号の特別永住者証明書の番号	4条20号	4条20号	4条20号

第2条（定義）

可，在留期間の更新許可等の在留に係る許可に伴い交付される。在留カードには，重複しないように付番されており，当該番号により在留カードの有効性を確認することが可能になっている。したがって，(i)の要件を満たすし，法人その他の団体に付されるものではないので，(ii)の要件も満たす。また，2016年末現在における中長期在留者数は200万人を超えており，在留カードは，アパートの賃貸借契約，携帯電話加入契約，預金契約等，多様な場面で提示を求められるので，(iii)の要件も満たす。さらに，在留カードの有効期限の間は，同一の番号が継続し，満了後，同一の番号が再利用されることはない。そこで，(iv)の要件も満たすとして，2号個人識別符号とされている。日本国との平和条約に基づき日本の国籍を離脱した者等の出入国管理に関する特例法8条1項3号の番号が付される特別永住者証明書は，特別永住者の法的地位等を証明するために交付されるものである。特別永住者証明書には，重複しないように付番がされており，当該番号により特別永住者証明書の有効性を確認することが可能になっている。したがって，(i)の要件を満たす。また，法人その他の団体に付されるものではないので，(ii)の要件も満たす。また，特別永住者の数は，2016年末で約34万人にのぼり，特別永住者については再入国許可制度が緩和されており，みなし再入国許可を受けるためには，旅券とともに特別永住者証明書を提示する必要があるなど（出入国管理及び難民認定法施行規則29条2項），特別永住者の身分を証明するために提示が求められるので，(iii)の要件を満たすと考えられた。さらに，特別永住者証明書の番号は長期にわたり継続するので，(iv)の要件も満たす。そこで，在留カードと同様に，2号個人識別符号とされている。雇用保険の被保険者番号は，国が管掌する雇用保険で使用されるものであり，労働者を雇用する事業には，強制加入が原則となる。したがって，(i)の要件を満たす。また，法人その他の団体に付されるものではないので，(ii)の要件も満たす。対象者は多数にのぼり，転職する場合や失業保険の給付を受ける場合等に被保険者証が必要となり，広く使用されるので，(iii)の要件も満たす。さらに，その番号は原則として変更されないので，(iv)の要件も満たす。そこで，2号個人識別符号とされている。

　法案審査段階で2号個人識別符号とするかが検討されたものの，指定されなかったものとして，以下のものがある。そこから窺えるように，個人情報保護法2条2項2号の「個人に提供される役務の利用若しくは個人に販売される商

本論　第1章　総　則

品の購入に関し割り当てられ」の部分については，現段階では政令で指定されていないことになる。

(e) 2号個人識別符号とされなかったもの

(ｱ) ICカード固有のID　PASMOやSuica等のICカード固有のIDについては，無記名式のものは，購入者以外も利用可能であり，役務の提供を受ける利用者ごとに割り当てられるものではないので，個人識別符号に当たらない。記名式の場合には，法人契約のものはないので，(ii)の要件を満たし，ICカードを利用した店舗等における支払システムが構築されており，さらに，ICカードの相互乗入れを可能にするシステムも構築されているので，(iii)の要件を満たし，また，利用者は最寄りの交通事業者が発行するICカードを通常利用するので，転居でもしない限り，同一のICカードを継続して利用すると考えられるので，(iv)の要件も満たす。しかし，氏名や住所を申告するものの事業者による本人確認は法定されていない（実際上も行われていない）ので，(i)の要件を満たさず，指定されなかった。なお，これらのICカードにクレジット機能が付いている場合には，クレジットカードと同様の判断基準で整理がされている。

(ｲ) クレジットカード番号　クレジットカード番号については，犯罪による収益の移転防止に関する法律4条1項1号，別表（4条関係）で本人確認が法定されており，(i)の要件を満たし，クレジット契約件数は，2015年12月現在，294社で約2億4000万件にのぼり，店舗，ウェブサイト等における商品や役務の購入，公共料金の支払い等，広範に利用されているので，(iii)の要件を満たし，いったんクレジット契約を締結すると，更新が行われ，長期にわたり利用されるので，(iv)の要件も満たす。しかし，法人契約もあるため，(ii)の要件を満たさないとして，指定されなかった。

(ｳ) ポイントカード　ポイントカードには多様なものがあり，氏名等の情報を取得せずにポイントを付与するのみで，それを利用する者の個性に着目しないものは，役務を利用する者毎に割り当てられるものではないので，個人識別符号に当たらない。氏名等を取得して発行されるポイントカードの中には，ドラッグストアーが単独で発行し，その店でのみ利用可能なものから，T-POINTカードのように，会員数が5000万人を超え，ID連携を行うものもある。後者のような場合には，(iii)(iv)の要件を満たすといえるし，法人契約は一般

第 2 条（定義）

的ではないため，(ii)の要件も満たすといえると思われる。しかし，氏名・住所等の情報を取得して契約がされる場合であっても，本人確認は法定されておらず（実際上も行われていない），(i)の要件を満たさないので，指定されなかった。

(エ) 銀行口座番号　銀行口座番号については，国内銀行が扱う個人の要求払預金，定期性預金等の口座数は，2016年3月末現在で約7億7400万口であり，かつ，口座が決済等で広範に使用されるから，(iii)の要件を満たし，開設した口座は，通常，無期限で継続するから，(iv)の要件も満たす。しかし，犯罪による収益の移転防止に関する法律4条1項1号，別表（4条関係）で本人確認が法定されているものの，銀行コード，店舗コードおよび預金コードが一体となって，一意性を有するため，銀行口座番号のみでは利用者ごとに割り当てられたものとはいいがたく，(i)の要件について問題がある。また，法人契約もあるため，(ii)の要件を満たさないので，指定されなかった。

(オ) 受験者番号　受験者番号については，自然人に対してのみ付番されるので，(ii)の要件は満たすが，付番に当たり本人確認が法定されているわけではないので(i)の要件は満たさない。さらに，試験事務以外に利用されず(iii)の要件を満たさず，試験事務終了後は保存されないと考えられるので(iv)の要件も満たさず，指定されなかった。

(カ) 学籍番号　学籍番号については，自然人に対してのみ付番されるので，(ii)の要件は満たすし，在籍中継続する番号であるので(iv)の要件も満たす。しかし，入学時の本人確認が法定されているわけではないので（実際上も，戸籍謄本等による本人確認が全ての学校で行われているわけではない），(i)の要件を満たさない場合がある。また，学校が学籍を管理する以外で，学籍番号が利用される実態はないので，(iii)の要件を満たさないとして，指定されなかった。

(キ) 社員番号　社員番号は，事業者が雇用する従業者を管理するために付するものであり，通常，健康保険の被保険者番号と紐づけて管理されており，間接的にではあるものの，(i)の要件を満たし，また，社員は自然人であるので，(ii)の要件も満たす。さらに，社員番号が付されるのは，比較的長期間雇用される者であるから，(iv)の要件も満たす。しかし，社員番号が社外に提供されることはないので，(iii)の要件を満たさず，指定されなかった。

(ク) 国家試験免許（登録）番号　医師国家試験等，各種の国家試験の合格者に対して交付される免許状等に付される番号は，国の行政機関が付するもの

本論 第1章 総　則

であり，(i)の要件を満たし，法人その他の団体は対象外なので，(ii)の要件も満たす。また，番号の変更も行われないので，(iv)の要件も満たす。しかし，資格取得者が限定されており，免許証番号が利用される機会はきわめて少ないので，(iii)の要件を満たさず，指定されなかった。

　(ケ)　カルテ番号　　カルテ番号は，直接的には(i)の要件を満たさないが，健康保険制度を利用した医療契約において被保険者番号とともに取り扱われることが通常であるため，間接的に(i)の要件を満たすともいいうる。また，法人その他の団体に付されるものではないので，(ii)の要件も満たす。また，カルテの保存期間中は，変更されることなく存続するので，(iv)の要件も満たす。しかし，医療機関を超えたカルテ番号の連携が行われるわけではない。将来的には，医療情報の広域連携が進むと思われるが，その場合においても，医療IDを用いることが予定されており，カルテ番号が使用されるわけではないと考えられる。したがって，(iii)の要件を満たさず，指定されなかった。

　(コ)　電子メールアドレス　　電子メールは，インターネットを介して利用されるので，わが国における電子メールアドレス数を推測するには，インターネットの利用者数が一つの手掛かりを与える。2015年の情報通信白書によると，インターネット利用者数は，1億人を超えており，わが国の総人口の約83パーセントにのぼる。また，携帯キャリアとの電気通信役務提供契約件数は，同年12月末現在，1億5000万件を超えている。このことから，日本人の大多数が，メールアドレスを保有しているものと推測される。また，電子メールは，私生活においても職務においても，簡易な連絡手段として広く利用されているので(iii)の要件を満たし，頻繁に変更されるものではないので(iv)の要件も満たす。しかし，民間で発行するメールアドレスのうち，フリーメールのアドレス（gmail, hotmail など）は本人確認なしに何人も簡単に登録可能であり，勤務先企業等で割り当てられるメールアドレス（co.jp, go.jp, ac.jp 等）やインターネットサービスプロバイダと電気通信役務提供契約を締結することにより利用可能になるメールアドレス（ドメインに docomo, ocn 等があるもの）についても本人確認は法定されておらず，本人確認が法定されているのは，携帯キャリアによるもののみであるので，(i)の要件を満たさない場合がある。また，法人その他の団体も使用するので(ii)の要件も満たさないとして，指定されなかった。

　(サ)　SNSのユーザーID　　SNSのユーザーIDは，各社が提供するサービ

第 2 条（定義）

スにおいて，本人による情報の投稿，編集等の行為を行うためのユーザー管理に利用され，サービス提供が継続する限り ID の変更はなされないので，(iv)の要素を満たすものの，登録に当たり本人確認は法定されておらず（実際上も行われていない）（LINE の場合，携帯電話番号のみ利用するので，氏名の登録も行われない），(i)の要件を満たさない。また，法人契約もあり，法人契約は別料金になっているが，サービス提供者以外には，個人契約の ID か，法人契約の ID かの区別はつかないので，(ii)の要件も満たさない。また，若年層での利用率はかなり高いものの，全体では，2015 年の情報通信白書によれば，Facebook，Twitter，LINE のいずれも，普及率は 30 パーセント台である。この利用率をいかに評価するかの判断が分かれうるが，ID が各社のサービス以外に広く使われているわけではなく，サービスを連携させる事業者間で流通しているにとどまるので，(iii)の要件を満たしているといいうるか疑問である。そこで，指定はなされなかった。

　(シ)　携帯電話番号　　携帯電話番号は，携帯音声通信事業者による契約者等の本人確認等及び携帯音声通信役務の不正な利用の防止に関する法律 3 条で契約時の本人確認が法定されており，(i)の要件を満たす。また，携帯電話の加入者数は，2015 年末現在，1 億 5000 万件を超えており，この中には，法人契約のものも含まれているが，ほとんどの日本人が携帯電話を保有しているものと考えられる。さらに，最近は，固定電話加入契約を締結していなかったり，締結していても，常時連絡可能な手段として携帯電話番号を連絡先として指定することが多く，携帯電話番号が広く社会に流通しているため，(iii)の要件も満たす。さらに，携帯電話番号は，料金プランの割引の特典を享受するため，2 年契約の締結が多く，2006 年 10 月 24 日からナンバーポータビリティ制度が導入され，携帯キャリアが変更になっても，従前の携帯電話番号を継続することも可能になっている。したがって，(iv)の要件も満たす。しかし，法人契約があるので，(ii)の要件を満たさないとして指定されなかった。

　(ス)　情報通信端末 ID　　情報通信端末 ID には，スマートフォンで使用される OS により付与されるもの（アンドロイド，iOS 等）と，携帯キャリアが付与するもの（i モード ID，ソフトバンクユーザー ID，EZ 番号等）があるが，前者については本人確認が法定されていないので，(i)の要件を満たさず，法人その他の団体か自然人かの区別なしに利用されるので，(ii)の要件も満たさない。ま

本 論　第1章 総　則

た，番号についてオプトアウト，リセットが可能であるため，(iii)(iv)の要件も満たさないと思われる。携帯キャリアが付番するものについては，携帯電話番号と同様の本人確認がなされているといえるので，(i)の要件を満たすといいうる。このIDは，利用者が送信停止設定にしない限り，ウェブサイトにアクセスする都度，サイト運営者に自動的に通知され，サイト運営者が利用者登録をさせることなく，同一人物のIDについてアクセス履歴を収集して，ターゲティング広告等に広く活用しており，各サイトでは，利用者のID入力に代えて認証手段として用いている。したがって，(iii)の要件も満たすともいえないわけではない。そして，携帯電話電気通信役務契約の期間と同じ期間継続するので，(iv)の要件も満たすといえる。しかし，法人契約も存在するので，(ii)の要件を満たさないとして，指定されなかった。

(セ)　IPアドレス　IPアドレスは，インターネットを利用する際，通信を成立させるために，その都度割り当てられるものであるが，閲覧したウェブサイトの管理者にログが残ることになる。1回の利用で多数のウェブサイトを閲覧した場合，同一人物の同一IPアドレスが広範に流通しうるので，(iii)の要件を満たす場合が皆無とはいえない。しかし，インターネットプロバイダと契約を締結するに当たり，本人確認が法定されていないので，(i)の要件を満たさないし，法人契約もあるため，(ii)の要件も満たさない。また，ブラウザがインターネットに接続する都度割り当てられるので，瞬間的に存続するのみであり，(iv)の要件も満たさないとして，指定されなかった。

(11)　「『本人』とは，医療情報によって識別される特定の個人をいう」（2項）

　個人情報について「本人」とは，個人情報によって識別される特定の個人をいう（個人情報保護法2条8項，行政機関個人情報保護法2条7項，独立行政法人等個人情報保護法2条7項）。他方，本法は，医療情報の取扱いを定めるものであるため，本人も，医療情報によって識別される特定の個人をいうと定義している。

(12)　「この法律において『匿名加工医療情報』とは，次の各号に掲げる医療情報の区分に応じて当該各号に定める措置を講じて特定の個人を識別することができないように医療情報を加工して得られる個人に関する情

第2条（定義）

報であって，当該医療情報を復元することができないようにしたものをいう」（3項柱書）

　匿名加工医療情報に求められる「特定の個人を識別することができない」という要件は，あらゆる手法によって特定することができないよう技術的側面から全ての可能性を排除することまでを求めるものではなく，少なくとも，一般人および一般的な事業者の能力，手法等を基準として当該情報を医療情報取扱事業者または匿名加工医療情報取扱事業者が通常の方法により特定できないような状態にすることを求めるものである。この場合，一般人および一般的な事業者は，一般人ならびに一般的な医療従事者（医師，看護師等）を意味する。これは，ある特定の疾患や治療法について専門性を有していない一般的な医療従事者を想定するものである。また，判断の基準となる一般人および一般的な事業者の能力，手法等については，たとえばスーパー・コンピュータのような高度な機能を有する機器や高度なハッキング・スキルを利用する等のあらゆる手法によって特定や復元を試みたとしてもできないというように，技術的側面から全ての可能性を排除することまでを求めるものではない（本法ガイドライン（匿名加工医療情報編）2〔定義〕2-2〔匿名加工医療情報〕）。死者に関する情報も含む点を除けば，個人情報保護法が定める匿名加工情報と異ならない定義になっている。

⒀　「第1項第1号に該当する医療情報　当該医療情報に含まれる記述等の一部を削除すること（当該一部の記述等を復元することのできる規則性を有しない方法により他の記述等に置き換えることを含む。）」（3項1号）

　たとえば，氏名と住所が組み合わさると，同姓同名であっても当該住所に居住する当該氏名の者は1人に限定されるのが通常であり，特定の個人が識別されるから，氏名の全部削除，住所の一部（市町村以下）削除（都道府県単位とする等）等の加工措置が必要になる。「当該一部の記述等を復元することのできる規則性を有しない方法により他の記述等に置き換えること」には，詳細な情報を抽象化すること，たとえば，生年月日の年代への置換えによる大括り化等を含む。具体的な加工方法については，「個人情報の保護に関する法律についてのガイドライン（匿名加工情報編）」（2016年11月〔2017年3月一部改正〕，個

人情報保護委員会）が参考になる。

⑭　「第1項第2号に該当する医療情報　当該医療情報に含まれる個人識別符号の全部を削除すること（当該個人識別符号を復元することのできる規則性を有しない方法により他の記述等に置き換えることを含む。）」（3項2号）

　個人識別符号は，それ単独で特定の個人を識別できるものであるので，その全部を削除することが必要になる。

⑮　「この法律において『匿名加工医療情報作成事業』とは，医療分野の研究開発に資するよう，医療情報を整理し，及び加工して匿名加工医療情報（匿名加工医療情報データベース等（匿名加工医療情報を含む情報の集合物であって，特定の匿名加工医療情報を電子計算機を用いて検索することができるように体系的に構成したものその他特定の匿名加工医療情報を容易に検索することができるように体系的に構成したものとして政令で定めるものをいう。第18条第3項において同じ。）を構成するものに限る。以下同じ。）を作成する事業をいう」（4項）

　匿名加工医療情報データベース等を構成しない散在情報である匿名加工医療情報については，ビッグデータとしての利用価値に乏しく，本法による規律の対象とする必要はないと考えられるので，匿名加工医療情報データベース等を構成する匿名加工医療情報に対象を限定している。

⑯　「この法律において『医療情報取扱事業者』とは，医療情報を含む情報の集合物であって，特定の医療情報を電子計算機を用いて検索することができるように体系的に構成したものその他特定の医療情報を容易に検索することができるように体系的に構成したものとして政令で定めるもの（第44条において「医療情報データベース等」という。）を事業の用に供している者をいう」（5項）

　法人格の有無を問わないので，個人の開業医であっても，医療情報データベース等を事業の用に供していれば，医療情報取扱事業者に該当する。個人情報取扱事業者からは，国の機関，地方公共団体，独立行政法人等および地方独立

行政法人が除外されているが（個人情報保護法2条5項），医療情報取扱事業者については，かかる除外は行われていない。健康保険組合も医療情報取扱事業者に該当する。

個人情報データベース等については，利用方法からみて個人の権利利益を害するおそれが少ないものとして政令で定めるものが除かれているが（同条4項），医療情報データベース等については，かかる除外規定はない。その理由は，医療情報については，利用方法からみて個人の権利利益を害するおそれが少ないものは存在しないからである。

医療情報取扱事業者は，認定匿名加工情報医療情報作成事業者に医療情報をオプトアウト方式で提供できるが，ビッグデータとしての医療情報の活用を目的とする本法においては，散在情報を対象とする意義に乏しいし，医療情報が体系的に構成されていなければ，本人またはその遺族の意思に沿った手続を確実に履行して，認定匿名加工医療情報作成事業者に対して大量の医療情報を提供する事務を効率的に実施することを期待しがたい。さらに，本人またはその遺族が，医療情報の提供の停止を求めた場合においても，医療情報が体系的に整備されていなければ，対象となる医療情報を特定して，認定匿名加工医療情報作成事業者への提供を確実に停止することも期待しがたい。そこで，個人情報保護法にいう個人情報データベース等，行政機関個人情報保護法，独立行政法人等個人情報保護法にいう個人情報ファイルに相当する医療情報データベース等を事業の用に供している者のみを医療情報取扱事業者として，本法の規律の対象としている。

（国の責務）
第3条　国は，健康・医療に関する先端的研究開発及び新産業創出に関する施策の一環として，医療分野の研究開発に資するための匿名加工医療情報に関し必要な施策を講ずる責務を有する。

（本条の趣旨）

本条は，本法の目的を達成するために国が負う責務を明らかにするものである。

> **本論** 第1章 総　則

　国が必要な施策を講ずる責務の対象は，匿名加工医療情報に関するものに限定されている。その理由は，医療分野の研究開発において有用性があるのは，基本的には，ビッグデータとしてデータベース化された匿名加工医療情報に限られるからである。なお，本条には，事業者の責務規定は置かれていないが，これは，認定匿名加工医療情報作成事業者，認定医療情報等取扱受託事業者，医療情報取扱事業者，匿名加工医療情報取扱事業者の義務等が具体的に定められているため，事業者の抽象的責務を規定する意義に乏しいからである。

第2章　医療分野の研究開発に資するための匿名加工医療情報に関する施策

第1節　医療分野の研究開発に資するための匿名加工医療情報に関する基本方針

> **第4条**① 政府は，医療分野の研究開発に資するための匿名加工医療情報に関する施策の総合的かつ一体的な推進を図るため，医療分野の研究開発に資するための匿名加工医療情報に関する基本方針（以下「基本方針」という。）を定めなければならない。
> ② 基本方針は，次に掲げる事項について定めるものとする。
> 1　医療分野の研究開発に資するための匿名加工医療情報に関する施策の推進に関する基本的な方向
> 2　国が講ずべき医療分野の研究開発に資するための匿名加工医療情報に関する措置に関する事項
> 3　匿名加工医療情報の作成に用いる医療情報に係る本人の病歴その他の本人の心身の状態を理由とする本人又はその子孫その他の個人に対する不当な差別，偏見その他の不利益が生じないための措置に関する事項
> 4　第8条第1項及び第28条の認定に関する基本的な事項
> 5　その他医療分野の研究開発に資するための匿名加工医療情報に関する施策の推進に関する重要事項
> ③ 内閣総理大臣は，基本方針の案を作成し，閣議の決定を求めなければならない。
> ④ 内閣総理大臣は，前項の規定による閣議の決定があったときは，遅滞なく，基本方針を公表しなければならない。
> ⑤ 前二項の規定は，基本方針の変更について準用する。

（本条の趣旨）

本条は，本法3条が定める国の責務を総合的かつ一体的に履行するために，政府が，基本方針を閣議決定すべきこと，基本方針で定めるべき事項等について規定している。

本 論　第2章　医療分野の研究開発に資するための匿名加工医療情報に関する施策

(1) 「政府は」(1項)

　本項における基本方針の策定は，本法3条が定める国の責務の一環として位置づけられる。本項では，基本方針の重要性に照らし，国の施策の具体的な実施主体を明示するために，「政府」という文言が使用されている。基本方針の策定主体を「国」とする法律も存在するが（大深度地下の公共的使用に関する特別措置法6条1項，国等による環境物品の調達の推進等に関する法律6条1項，自動車から排出される窒素酸化物及び粒子状物質の特定地域における総量の削減等に関する特別措置法6条1項，8条1項，湖沼水質保全特別措置法2条1項，自然環境保全法12条1項），本法においては，国の基本方針に基づいて地方公共団体が指針，計画等を策定することは求めておらず，地方公共団体と対比して国という文言を使用する必要性はないこと，基本方針の策定主体を具体的に示すことが望ましいことを考慮して，「政府」という文言を使用している。基本方針の策定主体を「政府」としている他の例として，個人情報保護法7条1項，自然再生推進法7条1項，行政機関が行う政策の評価に関する法律5条1項，文化芸術基本法7条1項がある。

(2) 「医療分野の研究開発に資するための匿名加工医療情報に関する施策の総合的かつ一体的な推進を図るため，医療分野の研究開発に資するための匿名加工医療情報に関する基本方針（以下「基本方針」という。）を定めなければならない」(1項)

　ここでいう匿名加工医療情報も，匿名加工医療情報データベース等を構成するものに限られている（本法2条4項）。政府が講ずる施策の総合性および一体性を確保するために，基本方針を定めることを政府に義務づける立法は稀でなく，個人情報保護法7条1項もその例である（基本方針については，小幡雅男「『基本方針』の機能──個別行政法で多用されている実態(上)(下)」自治実務セミナー 40巻9号32頁・10号28頁〔2001年〕，碓井光明「法律に基づく『基本方針』──行政計画との関係を中心とする序論的考察」明治大学法科大学院論集5号〔2008年〕1頁以下参照）。

(3) 「基本方針は，次に掲げる事項について定めるものとする」(2項柱書)

基本方針は内閣が閣議決定で定めるが（本条3項），基本方針で定めるべき事項を内閣に白紙委任することは，委任の方法として適切でなく，違憲の疑いすらあるので，法律において，基本方針で定めるべき事項を明らかにしている（個人情報保護法7条2項等参照）。本条1項が「定めなければならない」としているのに対して，本項が「定めるものとする」と規定しているのは，基本方針に定める事項として掲げられている1号から5号までの事項を定めることを原則とする趣旨であり，そのために「定めなければならない」より，若干弱めた表現としているのである。

(4) 「医療分野の研究開発に資するための匿名加工医療情報に関する施策の推進に関する基本的な方向」（2項1号）

　基本方針においては，本号に該当する内容として，(i)「新しい健康・医療・介護システム」の実現に向けたオールジャパンでのデータ利活用基盤の構築，(ii)法の理念と制度運用の基本的考え方（法の目的と制度の趣旨，制度運用の基本的考え方，オールジャパンのデータ利活用基盤における認定匿名加工医療情報作成事業者の位置付け），について定めている。

(5) 「国が講ずべき医療分野の研究開発に資するための匿名加工医療情報に関する措置に関する事項」（2項2号）

　基本方針においては，本号に該当する内容として，(i)国民の理解の増進に関する措置，(ii)匿名加工医療情報の利活用の推進に関する措置（疫学研究等の学術研究・研究開発における匿名加工医療情報の活用の推進に関する措置，産業における匿名加工医療情報の活用の推進に関する措置，行政等における匿名加工医療情報の活用の推進に関する措置），(iii)規格の整備等に関する措置，(iv)医療等分野に用いる識別子（ID）の実現，(v)情報システムの整備に関する措置，(vi)人材の育成に関する措置，(vii)地方公共団体や保険者との連携に関する措置，(viii)独立行政法人との連携に関する措置，(ix)国際的な展開に関する措置，について定められている。

(6) 「匿名加工医療情報の作成に用いる医療情報に係る本人の病歴その他の本人の心身の状態を理由とする本人又はその子孫その他の個人に対する不当な差別，偏見その他の不利益が生じないための措置に関する事

項」(2項3号)

　基本方針においては，本号に該当する内容として，(i)認定匿名加工医療情報作成事業者の適正な事業運営の確保，(ii)医療情報取扱事業者による認定匿名加工医療情報作成事業者に対する医療情報の適正な提供の確保，(iii)匿名加工医療情報の作成および提供，(iv)情報セキュリティ対策に関する措置，について定められている。衆議院内閣委員会における修正により，「本人又はその子孫以外の個人」に対する不当な差別，偏見その他の不利益が生じないための措置を講ずることが明記された。その理由について，修正案提出者は，一定の地域または団体に特定の疾患が多いことが明らかになり，当該地域や団体に対する風評被害等の不利益が生じるおそれを想定し，一定の地域や団体に属する個人を念頭に置いていると説明している（193参院内閣委会議録第7号〔2017年4月25日〕8頁〔緒方林太郎衆議院議員発言〕参照）。

(7)「第8条第1項及び第28条の認定に関する基本的な事項」(2条4号)

　本法8条1項の認定とは，認定匿名加工医療情報作成事業者の認定であり，本法28条の認定とは，認定医療情報等取扱受託事業者の認定である。基本方針においては，本号に該当する内容として，(i)認定匿名加工医療情報作成事業者の認定に関する基本的な事項，(ii)認定医療情報等取扱受託事業者の認定に関する基本的な事項，(iii)認定匿名加工医療情報作成事業者および認定医療情報等取扱受託事業者の監督等に関する考え方，について定められている。

(8)「その他医療分野の研究開発に資するための匿名加工医療情報に関する施策の推進に関する重要事項」(2条5号)

　本項1号から4号までに規定されている事項以外の重要事項を規定するためのバスケット・クローズである。基本方針においては，本号に該当する内容として，(i)認定匿名加工医療情報作成事業者の事業運営の状況，関連する施策の実施状況など，その進捗について適切に把握・管理し，着実に推進すること，(ii)認定匿名加工医療情報作成事業者の事業運営の状況や関連する施策の実施状況等を見つつ，適切な機会に基本方針の見直しを行うこと，が定められている。

(9)「内閣総理大臣は，基本方針の案を作成し」(3項)

第4条

　内閣府設置法4条3項62号の規定により，本法に基づく基本方針の案の作成は内閣府の所掌事務となり，そのため，基本方針の案の作成は，内閣府の長たる内閣総理大臣（宇賀・概説Ⅲ151頁参照）が行うことになる。

(10) 「閣議の決定を求めなければならない」（3項）

　閣議決定の形式をとることには，2つの重要な意味がある。第1に，最高の行政機関である内閣による閣議決定の方式をとれば，内閣の統轄の下にある全ての行政機関を拘束することになり，基本方針に基づく施策が国の行政機関により推進されることが法的に確保されることになる。もっとも，独立行政法人等，地方公共団体，地方独立行政法人，民間事業者等は，内閣の下級行政機関ではないので，閣議決定に法的に拘束されるものではない。これらの者にとっては，基本方針は，法的拘束力のないガイドラインとしての意味を持つにとどまるが，国の行政機関にとって，基本方針は，これらの者に対する行政指導指針（行政手続法2条8号ニ）としての意味を有する。第2に，閣議決定は全会一致で行われるのが慣例であるから，閣議決定の形式をとるということは，基本方針の案を作成する内閣府（の長）と他の行政機関との間の調整が閣議決定前に行われることを意味し，政府部内の調整を事実上義務づけ，政府が講ずる措置の総合性および一体性を確保することが可能になる。

(11) 「内閣総理大臣は，前項の規定による閣議の決定があったときは，遅滞なく，基本方針を公表しなければならない」（4項）

　法令の場合には，当然，公布されるが，閣議決定の場合には，国民の権利義務に直接に変動を及ぼすわけではないので，その全てが当然に公表されなければ違法とまでは考えられていない。しかし，本条が定める基本方針は，当然に閣議決定の内容を承知していると考えられる国の行政機関のみならず，独立行政法人等，地方公共団体，地方独立行政法人，医療情報取扱事業者等にも，実際上大きな影響を与えるものであり，また，行政の透明性の確保，説明責任の履行の観点からも，その内容を周知徹底し，国民等の理解と協力を得ることが不可欠である。そこで，基本方針を公表することを内閣総理大臣に義務づけている。公表しなければならないのは，「基本方針」であって，その概要ではないから，基本方針全体を公表する必要がある。ただし，国民等が理解しやすい

ように，その概要も公表することが望ましい。公表の方法については特段の限定はないので，官報に掲載するほか，ウェブサイトへの掲載，広報紙への掲載，報道機関への資料配布等，多様な方法を併用して，周知徹底を図ることが望ましい。

⑿　「前二項の規定は，基本方針の変更について準用する」（5項）

基本方針を変更する場合にも，閣議決定を行い，当該決定を公表する義務があることを明確にしている。

第2節　国の施策

> （国民の理解の増進）
> 第5条　国は，広報活動，啓発活動その他の活動を通じて，医療分野の研究開発に資するための匿名加工医療情報に関する国民の理解を深めるよう必要な措置を講ずるものとする。

（本条の趣旨）

本法は，医療情報に係る本人に対して，医療情報取扱事業者による医療情報の認定匿名加工医療情報作成事業者への提供に対して，オプトアウト手続により停止を求める権利を付与している。したがって，医療情報に係る本人が，本法の意義について理解して協力することが，本法の実効性を確保するために重要である。そこで，国に対し，国民の理解の増進を図る責務を課している。

本法の国民に対する便益は，治療の効果や効率性などに関する大規模な研究を通じて，医療者が個々の患者の背景や病状等を踏まえて最適な医療の提供が可能になること，データを用いた最適な医療が行われ，そこから得られたデータがさらに医療に還元されるといった好循環が生まれることで，国民全体に提供される医療の質の持続的な向上につながることである（193参院内閣委員会議録第7号〔2017年4月25日〕2頁［藤本康二政府参考人発言］参照）。このようなメリットは，直接に国民が認識できるものではないので，広報活動，啓発活動により国民の理解を深める措置を国が講ずる必要がある。参議院内閣委員会におい

第5条（国民の理解の増進）・第6条（規格の適正化）

ては，制度の運用に当たっては，広報周知を積極的に行うとともに，本人またはその遺族等からの問合せに係る窓口機能の確保に努めること，その際，障害者や高齢者等に対して十分配慮がなされるように留意することが附帯決議されている。基本方針3(2)においても，同内容が定められている。

（規格の適正化）
第6条① 国は，医療分野の研究開発に資するための匿名加工医療情報の作成に寄与するため，医療情報及び匿名加工医療情報について，適正な規格の整備，その普及及び活用の促進その他の必要な措置を講ずるものとする。
② 前項の規定による規格の整備は，これに関する国際的動向，医療分野の研究開発の進展等に応じて行うものとする。

（本条の趣旨）

本法の実効性を確保するためには，医療情報および匿名加工医療情報について，適正な規格を整備し，その普及を図ることが不可欠である。そこで，国が，そのために必要な措置を講ずる責務を負うことを明確にしている。

保健医療情報分野の標準規格については，規格作成団体（保健医療福祉情報システム工業会〔JAHIS〕，日本画像医療システム工業会〔JIRA〕等）から申請された標準案をこの分野の学会（日本医療情報学会，日本医学放射線学会，日本放射線腫瘍学会，日本放射線技術学会），事業者団体等（医療情報システム開発センター，日本HL7協会，日本IHE協会，保健医療福祉情報システム工業会，日本画像医療システム工業会，GS1ヘルスケアジャパン協議会）からなる医療情報標準化推進協議会で審査し，そこで同意を得られた医療情報標準化指針が厚生労働省政策統括官の下に設置された保健医療情報標準化会議に付議される。同会議が保健医療情報分野の標準規格として認めるべき規格として厚生労働省に提言を行い，同省は，2010年3月以降，これを受けて，厚生労働省標準規格を定め，その普及を推進している。

未来投資戦略2017（平成29年6月9日閣議決定）第2（具体的施策）Ⅰ（Society 5.0に向けた戦略分野）1（健康・医療・介護）(2)（新たに講ずべき具体的施策）

ⅰ）（技術革新を活用し，健康管理と病気・介護予防，自立支援に軸足を置いた，新しい健康・医療・介護システムの構築）①（データ利活用基盤の構築）においては，「健康・医療・介護分野のデータの徹底的なデジタル化や標準化の取組については，技術の進展を踏まえつつ，データの利活用主体がデータの共有や２次利用を円滑に行えるよう，標準化すべきデータの範囲と標準化の手法を含め，具体的な施策について，2020年度からのデータ利活用基盤の本格稼働に間に合うよう検討を加速化し実施した上で，その後も技術の進展等を踏まえて必要な施策を講じる」とされている。基本方針２(3)においても，データの１次利用の目的を損なわないことに留意しつつ，データの入力段階も含め構造化や標準化すべきデータの範囲とその手法，データの品質および信頼性の確保の方策等の具体的な進め方について，速やかに検討・整理し，実施に向けたロードマップを示すとしている。

　本条のように，規格の適正化について定める例として，消費者基本法14条があり，「国は，商品の品質の改善及び国民の消費生活の合理化に寄与するため，商品及び役務について，適正な規格を整備し，その普及を図る等必要な施策を講ずるものとする」（１項），「前項の規定による規格の整備は，技術の進歩，消費生活の向上等に応じて行なうものとする」（２項）と定めている。

> （情報システムの整備）
> 第７条　国は，医療分野の研究開発に資するための匿名加工医療情報の作成を図るため，情報システムの整備，その普及及び活用の促進その他の必要な措置を講ずるよう努めるものとする。

（本条の趣旨）

　本法が実効性を確保するためには，医療情報取扱事業者から認定匿名加工医療情報作成事業者への医療情報の提供，認定匿名加工医療情報作成事業者から匿名加工医療情報取扱事業者への匿名加工医療情報の提供が，安全で効率的に行われることが不可欠であり，そのための情報システムの整備が重要である。そこで，国が，情報システムの整備について努力義務を負うことを明確にしている。

第 7 条（情報システムの整備）

　予防医療の促進や生活習慣病対策，新たな治療法の開発や創薬，医療経済の適正化，介護負担の軽減や介護環境整備の推進における問題解決の分析や政策立案，実施を効率的に行うために，地方公共団体，保険者や医療機関などが保有する健康・医療・介護データを有機的に連結し，柔軟性があり，機能する情報システムを整備し，2020 年度から本格稼働させるために，2017 年 1 月，厚生労働省に大臣を本部長とするデータヘルス改革推進本部が設けられ検討が行われている（医療情報システムについて詳しくは，一般社団法人日本医療情報学会医療情報技師育成部会編・医療情報［第 5 版］医療情報システム編〔篠原出版新社，2016 年〕参照）。

　なお，2016 年 10 月 19 日に公表された「保健医療分野における ICT 活用推進懇談会提言書」において提言された「患者・国民を中心に保健医療情報をどこでも活用できるオープンな情報基盤（Person centered Open PLatform for well-being; PeOPLe（仮称））」は，匿名加工医療情報の作成を図るための情報システムと機能分担しつつ連携していくことが目指されている（193 参院内閣委会議録第 7 号〔2017 年 4 月 25 日〕22 頁〔大橋秀行政府参考人発言〕参照）。また，2017 年 6 月 9 日に閣議決定された未来投資戦略 2017 においては，本法が成立したことを受け，研究者・民間・保険者等が，健康・医療・介護のビッグデータを個人のヒストリーとして連結し分析するための「保健医療データプラットフォーム」との連携にも留意しつつ，本法による認定事業者を活用し，匿名加工された医療情報の医療分野の研究開発への利活用を進めること，これらを支える基盤として，医療保険のオンライン資格確認および医療等 ID 制度の導入について，2018 年度からの段階的な運用開始，2020 年からの本格運用を目指して，2017 年度から着実にシステム開発を実行することとされている。すなわち，「保健医療データプラットフォーム」は，NDB，介護保険総合データベース，DPC データベース等の既存の公的データベースについて，他のデータベースと併せて解析可能とし，悉皆的な情報を提供し，本法による認定匿名加工医療情報作成事業者は，治療の結果であるアウトカム情報を含めて医療分野の研究開発への多様なニーズに応える医療情報を任意の仕組みで取得し，匿名加工して匿名加工医療情報取扱事業者に提供するという役割分担が想定されている。

　基本方針 2 (5)においては，医療・介護事業者のネットワーク化については，

> 本論　第2章　医療分野の研究開発に資するための匿名加工医療情報に関する施策

クラウド化・双方向化等による地域の EHR の高度化を推進するとともに全国展開を進めること，一層のデジタル化に向けた機器やシステム等の研究開発の推進を含め，健康・医療・介護現場のデジタル化を推進すること，情報を単にデジタル化し，保存，共有するためだけのシステムではなく，データとしての利活用を含め，健康・医療・介護の質の向上や業務の効率化に資する次世代型のシステムの研究開発を推進することとされている（次世代保険医療システムと本法の関係については，藤田卓仙＝米村滋人「医療情報の利活用の今後──つくり，つなげ，ひらくための制度設計」論究ジュリ24号〔2018年〕136頁以下参照）。

　なお，本条と同様に，国による情報システムの整備の努力義務を規定する例として，行政手続における情報通信の技術の利用に関する法律8条がある。

第3章　認定匿名加工医療情報作成事業者

第1節　匿名加工医療情報作成事業を行う者の認定

（認定）
第8条①　匿名加工医療情報作成事業を行う者（法人に限る。）は，申請により，匿名加工医療情報作成事業を適正かつ確実に行うことができるものと認められる旨の主務大臣の認定を受けることができる。

②　前項の認定を受けようとする者は，主務省令で定めるところにより，次に掲げる事項を記載した申請書に，次項各号に掲げる認定の基準に適合していることを証する書類その他主務省令で定める書類を添えて，これを主務大臣に提出しなければならない。

1　名称及び住所
2　医療情報の整理の方法
3　医療情報の加工の方法
4　医療情報等（医療情報，匿名加工医療情報の作成に用いた医療情報から削除した記述等及び個人識別符号並びに第18条第1項（第29条において準用する場合を含む。）の規定により行った加工の方法に関する情報をいう。以下同じ。）及び匿名加工医療情報の管理の方法
5　その他主務省令で定める事項

③　主務大臣は，第1項の認定の申請が次に掲げる基準に適合すると認めるときは，同項の認定をしなければならない。

1　申請者が次のいずれにも該当しないこと。
　イ　この法律その他個人情報の適正な取扱いに関する法律で政令で定めるもの又はこれらの法律に基づく命令の規定に違反し，罰金の刑に処せられ，その執行を終わり，又は執行を受けることがなくなった日から2年を経過しない者
　ロ　第15条第1項又は第16条第1項（これらの規定を第29条において準用する場合を含む。）の規定により認定を取り消され，その取消しの日から2年を経過しない者
　ハ　匿名加工医療情報作成事業を行う役員又は主務省令で定める使用人

のうちに次のいずれかに該当する者があるもの
(1) 成年被後見人若しくは被保佐人又は外国の法令上これらに相当する者
(2) 破産手続開始の決定を受けて復権を得ない者又は外国の法令上これに相当する者
(3) この法律その他個人情報の適正な取扱いに関する法律で政令で定めるもの又はこれらの法律に基づく命令の規定に違反し、罰金以上の刑に処せられ、その執行を終わり、又は執行を受けることがなくなった日から2年を経過しない者
(4) 第1項又は第28条の認定を受けた者が第15条第1項又は第16条第1項（これらの規定を第29条において準用する場合を含む。）の規定により認定を取り消された場合において、その処分のあった日前30日以内に当該認定に係る事業を行う役員又は主務省令で定める使用人であった者で、その処分のあった日から2年を経過しないもの

2 　申請者が、医療分野の研究開発に資するよう、医療情報を取得し、並びに整理し、及び加工して匿名加工医療情報を適確に作成し、及び提供するに足りる能力を有するものとして主務省令で定める基準に適合していること。

3 　医療情報等及び匿名加工医療情報の漏えい、滅失又は毀損の防止その他の当該医療情報等及び匿名加工医療情報の安全管理のために必要かつ適切なものとして主務省令で定める措置が講じられていること。

4 　申請者が、前号に規定する医療情報等及び匿名加工医療情報の安全管理のための措置を適確に実施するに足りる能力を有すること。

④ 　主務大臣は、第1項の認定をしようとするときは、あらかじめ、個人情報保護委員会に協議しなければならない。

⑤ 　主務大臣は、第1項の認定をした場合においては、遅滞なく、その旨を申請者に通知するとともに、その旨を公示しなければならない。

（本条の趣旨）

　本法が定める匿名加工医療情報制度の中核的なステークホルダーは、医療情報取扱事業者から医療情報の提供を受けて、これを匿名加工し、匿名加工医療

情報取扱事業者に提供する事業者である。そのため，本条は，この事業者については認定制度を採用し，その要件，手続について定めている。

(1) 「匿名加工医療情報作成事業を行う者……は，申請により，匿名加工医療情報作成事業を適正かつ確実に行うことができるものと認められる旨の……の認定を受けることができる」(1項)

　本法は，医療情報の保有主体である医療情報取扱事業者および匿名加工医療情報の利用主体である匿名加工医療情報取扱事業者に対して，現状よりも厳格な規制を課すことについて謙抑的であり，医療情報取扱事業者および匿名加工医療情報取扱事業者による適切な対応についても，認定匿名加工医療情報作成事業者を通じて確保することを基本としている。そして，新たな登場主体となる認定匿名加工医療情報作成事業者について，主務大臣による認定と監督によって強力な関与を行うことにより，匿名加工医療情報制度への信頼を確保し，医療情報取扱事業者から認定匿名加工医療情報作成事業者への医療情報の提供，認定匿名加工医療情報作成事業者から匿名加工医療情報取扱事業者への匿名加工医療情報の提供が適正かつ円滑に実施されることを期している（宇賀克也＝岡本利久「［対談］次世代医療基盤法の意義と課題」行政法研究25号〔2018年〕9頁〔岡本発言〕参照）。

　日本法人に限定していないので，外国法人も認定を受けうるが，わが国にとり公益性の高い医療分野の研究開発を重視した認定が行われることになろう（193衆院内閣委議録第6号〔2017年4月12日〕19頁〔大島一博政府参考人発言〕参照）。

　認定匿名加工医療情報作成事業者として想定されるのは，株式会社または一般社団法人もしくは一般財団法人等である。

(2) 「（法人に限る。）」(1項)

　法人に限ることとしたのは，認定匿名加工医療情報作成事業者が，医療行政・医療提供，臨床研究・コホート研究および新技術・新産業の基盤として，医療等情報の管理や利活用のための収集・加工・提供を実施し，安定的にかかる基盤として機能する事業運営を行いうることが必要であるからである（認定を受ける事業者を法人に限定する例として，鳥獣の保護及び管理並びに狩猟の適正化に

関する法律18条の2がある）。

(3) 「主務大臣の」（1項）

　本法における主務大臣は，内閣総理大臣，文部科学大臣，厚生労働大臣および経済産業大臣である（本法39条1項。複数の主務大臣を規定する例として，地域における多様な主体の連携による生物の多様性の保全のための活動の促進等に関する法律15条参照）。内閣府は「研究開発の成果の実用化によるイノベーションの創出の促進を図るための環境の総合的な整備に関する施策の推進に関すること」（内閣府設置法4条3項7号の3），文部科学省は「科学技術に関する研究開発の推進のための環境の整備に関すること」（文部科学省設置法4条52号），「科学技術に関する研究開発の成果の普及及び成果の活用の促進に関すること」（同条53号），厚生労働省は「疾病の予防及び治療に関する研究その他所掌事務に関する科学技術の研究及び開発に関すること」（厚生労働省設置法4条1項3号），「医薬品，医薬部外品，医療機器その他衛生用品及び再生医療等製品の研究及び開発並びに生産，流通及び消費の増進，改善及び調整並びに化粧品の研究及び開発に関すること」（同項15号），経済産業省は「所掌に係る事業の発達，改善及び調整に関すること」（経済産業省設置法4条1項31号）の事務をつかさどるとされており，そのため主務大臣とされている。

　内閣府は，医療分野の研究開発に共通する環境整備を推進する観点から，各省が把握したニーズに共通な事項を踏まえて，基本方針案の策定，国民の理解の増進，規格の適正化，情報システムの整備，認定匿名加工医療情報作成事業者に対する指導監督等の施策を総合的かつ一体的に推進する中心的役割を担うことになる。文部科学省は，所管の大学病院，研究機関等から，医療分野の研究開発に資する医療情報に関するニーズを把握し，当該ニーズを踏まえ，医療分野の研究開発に資する医療情報の提供の意義について，国民に対する広報活動を行い，医療情報の規格化に当該ニーズを反映させ，医療情報を提供し，または医療情報を利用する大学病院において情報システムの整備を推進し，認定匿名加工医療情報作成事業者に対する指導監督を行う役割を担う。厚生労働省は，所管の研究機関，病院，薬局等の医療機関，製薬企業，医療機器メーカー等から医療分野の研究開発に資する医療情報に関するニーズを把握し，当該ニーズを医療情報の規格化に反映させ，情報システムの整備を推進し，認定匿名

第 8 条（認定）

加工医療情報作成事業者に対する指導監督を行い，医療分野の研究開発に資する医療情報の提供の意義について，国民に対する広報活動を行う等の役割を担う。経済産業省は，所管のヘルスケア産業，研究機関等から医療分野の研究開発に資する医療情報に関するニーズを把握し，当該ニーズを踏まえて，医療分野の研究開発に資する医療情報の提供の意義について，国民に対する広報活動を行い，健康の保持および増進に資する商品および役務ならびに福祉用具の開発を目的とした研究開発を推進し，医療情報の規格化を進め，認定匿名加工医療情報作成事業者に対する指導監督を行う役割を担う。

　医療分野の研究開発における基礎的な研究開発から実用化のための研究開発までの一貫した研究開発の推進およびその成果の円滑な実用化ならびに医療分野の研究開発が円滑かつ効果的に行われるための環境の整備を総合的かつ効果的に行うために日本医療研究開発機構（AMED）を設置する国立研究開発法人日本医療研究開発機構法 18 条 1 項において，同法の主務大臣は，内閣総理大臣，文部科学大臣，厚生労働大臣および経済産業大臣とされている。基礎研究を所掌する文部科学大臣，臨床研究を所掌する厚生労働大臣，研究成果の実用化，産業化を所掌する経済産業大臣，研究開発の司令塔機能を担う内閣総理大臣という複数の大臣の共管とすることにより，基礎研究から研究成果の産業化までシームレスに対応することを可能にしている。

　本法における主務大臣も，以上のような施策の実施において医療分野の研究開発に資する医療情報の適切な提供の推進のための判断を的確に行いうるものが選定されたが，本法は，医療情報を匿名加工した匿名加工医療情報の作成・提供を主眼とするものであるから，個人情報保護委員会も主務大臣として，認定匿名加工医療情報作成事業者の認定およびこれに対する監督の役割を果たさせることも考えられる。しかし，個人情報保護委員会の専門性，中立性を十全に発揮させるためには，同委員会を主務大臣に加えて，健康・医療に関する先端的な研究開発および新産業創出の要請をも踏まえた判断の責任の一端を担わせるのではなく，個人の権利利益の保護の要請について，専門的・中立的な判断を主務大臣に対して外部から示して，主務大臣の判断に反映させることが適切と考えられた。また，認定匿名加工医療情報作成事業者が個人情報取扱事業者または匿名加工情報取扱事業者に該当する場合には，個人情報保護委員会は，個人情報保護法に基づく監督権限を有することが否定されるわけではない。そ

のため，個人情報保護委員会は主務大臣とされなかったが，主務大臣の権限は，個人情報保護委員会と協議して行使することとされている。主務大臣は，個人情報の適正な取扱いを任務とする個人情報保護委員会と協力して，個人の権利利益を保護しつつ，認定匿名加工医療情報作成事業者の認定等および監督等を行う。

(4)「前項の認定を受けようとする者は，主務省令で定めるところにより，次に掲げる事項を記載した申請書に，次項各号に掲げる認定の基準に適合していることを証する書類その他主務省令で定める書類を添えて，これを主務大臣に提出しなければならない」(2項柱書)

「主務省令で定めるところにより」については，様式第1による申請書を主務大臣に提出しなければならないこととしている（本法施行規則3条1項）。「その他主務省令で定める書類」は，申請者に係る㈦定款および登記事項証明書またはこれらに準ずるもの，㈪本法8条3項1号ハの役員および使用人に係る住民票の写しまたはこれに代わる書類，申請の日の属する事業年度および翌事業年度における事業計画書および収支予算書，その他主務大臣が必要と認める書類である（本法施行規則3条2項）。

(5)「医療情報の加工の方法」(2項3号)

基本的には匿名加工情報と同様の基準によることになるが，医療分野の特性も考慮して定めることになる（193衆院内閣委議録第6号〔2017年4月12日〕7頁［藤本康二政府参考人発言］参照）。

(6)「医療情報等（医療情報，匿名加工医療情報の作成に用いた医療情報から削除した記述等及び個人識別符号並びに第18条第1項（第29条において準用する場合を含む。）の規定により行った加工の方法に関する情報をいう。以下同じ。）及び匿名加工医療情報の管理の方法」(2項4号)

本法18条1項の規定により行った加工の方法とは，認定匿名加工医療情報作成事業者が，匿名加工医療情報を作成するときに，特定の個人を識別することおよびその作成に用いる医療情報を復元することができないようにするため

第8条（認定）

に必要なものとして主務省令で定める基準に従い，当該医療情報を加工する方法である。「第29条において準用する場合」とは，認定匿名加工医療情報作成事業者に係る規定が認定医療情報等取扱受託事業者に準用される場合である。

(7)　「その他主務省令で定める事項」（2項5号）
　現時点では，この部分に係る主務省令の定めは存在しない。

(8)　「主務大臣は，第1項の認定の申請が次に掲げる基準に適合すると認めるときは，同項の認定をしなければならない」（3項柱書）
　本項各号が定める基準の全てに適合しなければ認定を受けることができない。また，本項各号に列記された要件を全て満たす場合には，認定を拒否する行政裁量が存在しないことを意味する。衛星リモートセンシング記録の適正な取扱いの確保に関する法律においては，主務大臣による認定に条件を付すことができるとされているが（同法30条1項），本法では，認定に付すべき条件が想定されなかったため，条件に関する規定は置かれていない。

(9)　「申請者が次のいずれにも該当しないこと」（3項1号柱書）
　認定匿名加工医療情報作成事業者となるのにふさわしくない者を，あらかじめ欠格事由として定めている。

(10)　「この法律その他個人情報の適正な取扱いに関する法律で政令で定めるもの又はこれらの法律に基づく命令の規定に違反し」（3項1号イ）
　「この法律」とは本法である。「個人情報の適正な取扱いに関する法律で政令で定めるもの」とは，個人情報保護法，行政機関個人情報保護法，独立行政法人等個人情報保護法，番号法である（本法施行令4条）。わが国の個人情報保護法，行政機関個人情報保護法，独立行政法人等個人情報保護法，番号法に違反したものを認定することは，本法の認定匿名加工医療情報作成事業者制度に対する信頼を損なうものであるので，欠格事由とされているのである。行政機関個人情報保護法53条，独立行政法人等個人情報保護法50条は，行政機関，独立行政法人等から委託を受けた業務に従事している者または従事していた者について罰則の対象にしているので，民間事業者の役職員または役職員であった

者が，これらの法律に違反している可能性はあることになる。他方，外国の法令に違反した者は欠格事由とされていない。既存の法制において，外国の法令に違反したことを欠格事由にしているのは，外国において国際平和を乱す行為を組織的に行った者，武器に係る規制に違反した者または金融機関の規制に違反した者等，外国における対象法律の同定が容易なものに限られている一方（外国の法令違反を欠格事由とする例として，電子署名及び認証業務に関する法律5条1号参照），本法が規定する医療情報の取扱いについては，認定匿名加工医療情報作成事業者および認定医療情報等取扱受託事業者の制度等，独自の規定が少なくなく，外国において対応する法律を明確に同定することが困難であるからである。

(11) 「罰金の刑に処せられ」（3項1号イ）

「罰金の刑」とは行政刑罰としての罰金を意味し，行政上の秩序罰に当たる過料（宇賀・概説Ⅰ250頁以下参照）は含まない。したがって，本法50条の規定に違反するとして過料を科されても，「罰金の刑に処せられ」たことにはならない。「刑に処せられ」とは，刑の言渡しを受け，裁判が確定したことを意味する。有罪判決を受けても，裁判が確定するまでは，「刑に処せられ」たことにはならない。実刑に限らず，執行猶予付きの有罪判決が確定した場合にも「刑に処せられ」たことになる。

(12) 「その執行を終わり」（3項1号イ）

刑期が終了することを意味する。

(13) 「又は執行を受けることがなくなった」（3項1号イ）

執行猶予付きで刑が言い渡され，その取消しを受けることなく猶予期間を経過し，刑の言渡しが失効するとき（刑法27条），時効の完成（同法31条），外国での刑の執行（同法5条），恩赦法8条等の規定により刑の執行の免除を受けたとき，大赦または特赦により有罪の言渡しの効力が失われたとき（恩赦法2条～5条）を意味する。

(14) 「2年を経過しない者」（3項1号イ）

第 8 条（認定）

刑に処せられた者を永久に欠格者として取り扱うことは過酷にすぎるため，2 年を経過した場合には，欠格事由としていない。

⒂ 「第 15 条第 1 項又は第 16 条第 1 項（これらの規定を第 29 条において準用する場合を含む。）の規定により認定を取り消され，その取消しの日から 2 年を経過しない者」（3 項 1 号ロ）

本法 15 条 1 項の規定による取消しとは，主務大臣による認定匿名加工医療情報作成事業者（国内に主たる事務所を有しない法人であって，外国において医療情報等または匿名加工医療情報を取り扱う者〔以下「外国取扱者」という〕を除く）の認定の取消しである。本法 16 条 1 項の規定による取消しとは，主務大臣による認定匿名加工医療情報作成事業者（外国取扱者に限る）の認定の取消しである。本法 29 条において準用する場合とは，これらの規定が，認定医療情報等取扱受託事業者に準用される場合を意味する。認定を取り消された者を永久に欠格者として取り扱うことは過酷にすぎるため，2 年を経過した場合には，欠格事由としていない。

⒃ 「匿名加工医療情報作成事業を行う役員又は主務省令で定める使用人のうちに次のいずれかに該当する者があるもの」（3 項 1 号ハ）

認定を受ける法人の役員は，当該法人の信用に大きな影響を与えるため，欠格事由を定めている。認定匿名加工医療情報作成事業者は，認定に係る業務のみを行うことが義務づけられているわけではなく，それ以外の業務を兼ねることができるため，認定に係る業務以外の業務のみを担当する役員が存在する可能性がある。かかる役員は，認定に係る業務の信頼性に重要な影響を与えるものではないので，「匿名加工医療情報作成事業を行う役員」に限定して，欠格事由を定めている。主務省令で定める使用人は，申請者の使用人であって，当該申請者の匿名加工医療情報作成事業に関する権限および責任を有する者である（本法施行規則 4 条）。

⒄ 「成年被後見人若しくは被保佐人」（3 項 1 号ハ⑴）

成年被後見人とは，精神上の障害により事理を弁識する能力を欠く常況にある者であって，家庭裁判所により後見開始の審判を受けた者である（民法 7 条，

8条)。被保佐人とは，精神上の障害により事理を弁識する能力が著しく不十分である者であって，家庭裁判所により保佐開始の審判を受けた者である（同法11条，12条)。これらの者は，制限能力者であるため，欠格事由とされているが，制限能力者であっても，被補助人（同法15条，16条）は，本号の欠格事由とはされていない。

　成年被後見人については，当初，欠格事由として規定しないことも検討された。その理由は，認定匿名加工医療情報作成事業者は法人に限定されており，株式会社の取締役（会社法331条1項2号），一般社団法人・一般財団法人の役員（一般社団法人及び一般財団法人に関する法律65条1項2号），特定非営利活動法人の役員（特定非営利活動促進法20条1号）については，成年被後見人は欠格事由とされているため，認定匿名加工医療情報作成事業者の役員または使用人について成年被後見人でないことと規定する必要性に乏しいと考えられたこと，法律に基づく認定制度において，成年被後見人を欠格事由として定める例は，衛星リモートセンシング記録の適正な取扱いの確保に関する法律21条3項1号等，少数にとどまることによる。しかし，認定匿名加工医療情報作成事業者に対する国民の信頼を確保する観点から，欠格事由として明記することとされた。

⒅　「又は外国の法令上これらに相当する者」（3項1号ハ⑴）

　外国法人が認定匿名加工医療情報作成事業者となることは法制上否定されていないため，外国の法令上これらと同様に取り扱われている者も，欠格事由として明記している。

⒆　「破産手続開始の決定を受けて復権を得ない者」（3項1号ハ⑵）

　裁判所は，破産手続開始の申立てがあった場合において，破産手続開始の原因となる事実があると認めるときは，(i)破産手続の費用の予納がないとき（破産法23条1項前段の規定によりその費用を仮に国庫から支弁する場合を除く），(ii)不当な目的で破産手続開始の申立てがされたとき，その他申立てが誠実にされたものでないときのいずれかに該当する場合を除き，破産手続開始の決定をする（破産法30条1項）。この決定は，その決定の時から，効力を生ずる（同条2項）。

　破産者は，①免責許可の決定が確定したとき，②同法218条1項の規定によ

第8条（認定）

る破産手続廃止の決定が確定したとき，③再生計画認可の決定が確定したとき，④破産者が，破産手続開始の決定後，同法265条の罪について有罪の確定判決を受けることなく10年を経過したときのいずれかに該当する場合には，復権する。破産者が弁済その他の方法により破産債権者に対する債務の全部についてその責任を免れたときに，破産裁判所が，破産者の申立てにより行った復権の決定が確定したときも，同様である（同法255条1項，256条1項）。

⑳　「又は外国の法令上これに相当する者」（3項1号ハ⑵）

　外国法人が認定匿名加工医療情報作成事業者となることは法制上否定されていないため，外国の法令上これらと同様に取り扱われている者も，欠格事由として明記している。

㉑　「この法律その他個人情報の適正な取扱いに関する法律で政令で定めるもの又はこれらの法律に基づく命令の規定に違反し，罰金以上の刑に処せられ，その執行を終わり，又は執行を受けることがなくなった日から2年を経過しない者」（3項1号ハ⑶）

　「個人情報の適正な取扱いに関する法律で政令で定めるもの」とは，個人情報保護法，行政機関個人情報保護法，独立行政法人等個人情報保護法，番号法を意味する（本法施行令4条）。

㉒　「申請者が，医療分野の研究開発に資するよう，医療情報を取得し，並びに整理し，及び加工して匿名加工医療情報を適確に作成し，及び提供するに足りる能力を有するものとして主務省令で定める基準に適合していること」（3項2号）

　この要件については，衆議院で修正が行われている。すなわち，国民や医療機関等が医療情報を安心して提供できるようにするため，医療情報の取得，匿名加工医療情報の提供についても，適確に行う能力を有することが追加されたのである。これにより，認定匿名加工医療情報作成事業者を中心とした一連の流れの全体が適正に行われることを期待した修正である（193参院内閣委員会議録第7号〔2017年4月25日〕10頁〔緒方林太郎衆議院議員発言〕参照）。この点について，衆参両院の内閣委員会において（衆議院では4月12日，参議院では同月25

本論 第3章 認定匿名加工医療情報作成事業者

日），「認定匿名加工医療情報作成事業者に対する医療情報取扱事業者からの医療情報の提供や，認定匿名加工医療情報作成事業者が利活用者に対し匿名加工医療情報の適正な利活用を求めることを含め，認定匿名加工医療情報作成事業者から匿名加工医療情報の利活用者への提供が適正に行われるよう，認定匿名加工医療情報作成事業者に対して適切な措置を講ずること」が附帯決議されている。安全管理措置と異なり，「医療分野の研究開発に資するよう」医療情報を取得し，ならびに整理し，および加工して匿名加工医療情報を適確に作成し，および提供するに足りる能力とされているのは，医療情報の取得，整理，加工については，多様な研究開発のニーズに応じて柔軟に行う必要があり，定型的に定めることは困難であるからである。

　ここでいう「整理」として，次のことが重要である。医療情報には，精密検査の結果と簡易的な検査の結果の相違，検査機器の相違等により，その信頼性・精度に差異が生じうる。そこで，認定匿名加工医療情報作成事業者は，標準的な規格を用いて，医療情報の信頼性・精度を適切に評価し，検査結果等の客観的事実にその評価を付記することにより，データベースの有用性を向上させることが期待されているのである。個人情報取扱事業者は，利用目的の達成に必要な範囲内において，個人データを正確かつ最新の内容に保つよう努める義務を負うが（個人情報保護法19条），同条が念頭に置いているのは事実であって評価ではないから，認定匿名加工医療情報作成事業者が，事実については訂正，追加，削除を行うことなく，当該事実の評価を付記することは，同条に反するものではない。

　主務省令で定める本号に係る適格者の基準は，以下の11である（本法施行規則5条）。

　(i)日本の医療分野の研究開発に資する匿名加工医療情報の作成に関する相当の経験および識見を有する者であって，匿名加工医療情報作成事業を統括管理し，責任を有するものがいることである（同条1号）。診療行為の実施結果（アウトカム）を含む医療情報を整理し，加工し，匿名加工医療情報を作成する一連の活動を統括管理する実務経験をそれぞれ一定程度有し，それらに相応する知見を有する者など高い専門性を有する者を意味する。

　(ii)匿名加工医療情報作成事業を適正かつ確実に行うに足りる経験および識見を有する者として(ア)日本の医療分野の研究開発に資する匿名加工医療情報を作

第8条（認定）

成するための大規模な医療情報の加工に関する相当の経験および識見を有する者，(イ)匿名加工医療情報を用いた日本の医療分野の研究開発の推進に関する相当の経験および識見を有する者，(ウ)日本の医療分野の研究開発に資する匿名加工医療情報の作成に用いる医療情報の取得および整理に関する相当の経験および識見を有する者のいずれも確保していることである（同条2号）。匿名加工医療情報作成事業を適正かつ確実に行うに足りる能力とは，複数の医療情報取扱事業者から収集した医療情報について，同一の患者に係る情報の突合を行う能力，匿名加工医療情報取扱事業者からの要請（〇病の研究に有用な情報の提供の依頼等）に応じて，有用な情報（△機器を用いた×項目の検査結果等）を選定して，当該情報を抽出する能力，カルテの自由記述等の非定形的な情報を的確に解釈し，匿名加工医療情報取扱事業者からの要請に応じて提供する能力，匿名加工医療情報の有用性を失わず，かつ，特定の個人が識別されないように匿名加工の程度を的確に判断する能力等である。

　(ア)は，日本の医療情報取扱事業者における診療行為の実施結果（アウトカム）を含む大規模な医療情報について，利用用途等に応じた特定個人識別性のリスク評価により匿名加工の程度を調整する等，安全性と有用性の両立を確保した匿名加工を行うことに関する一定の実務経験を有し，それに相応する知見を有するなど高い専門性を有する者を意味する。基本方針3(3)では，認定匿名加工医療情報作成事業者は，医療情報の性質のほか，匿名加工医療情報としての利活用の用途や形態等を踏まえて匿名加工の程度を調整することが必要である旨が明記されている。

　(イ)は，大学や企業等において一定の総括的な権限を有する者として，日本の医療情報取扱事業者における診療行為の実施結果（アウトカム）を含む大規模な匿名加工医療情報を用いた医療分野の研究開発を一貫して行うなどの実務経験を5年以上有し，それに相応する知見を有するなど，利活用者の研究開発に関するニーズを的確に理解し，ニーズを開発することについて高い専門性を有する者を意味する。

　(ウ)は，日本の医療情報取扱事業者における医療情報管理部門（例：医療機関の医療情報部）において一定の権限を有する者として診療行為の実施結果（アウトカム）を含む大規模な医療情報を管理するなどの実務経験を5年以上有し，医療情報取扱事業者における医療情報の種類，形式等の実態を踏まえ適切に医

療情報を取得するとともに，利活用者のニーズに応じて必要な情報を選定し抽出することについて高い専門性を有する者を意味する。

(ⅲ)医療情報検索システムその他の匿名加工医療情報作成事業の実施に必要な設備を備えていることである（同条3号）。具体的には，大規模な医療情報を適切に格納し，検索し，および保管することができる医療情報検索システム，大規模な医療情報を円滑かつ適正に取得することができる設備，匿名加工医療情報を円滑かつ適正に提供することができる設備を意味する。

(ⅳ)匿名加工医療情報作成事業を適正かつ確実に行うための内部規則等を定め，これに基づく事業の運営の検証がされる等，法令等を遵守した運営を確保していることである（同条4号）。内部規則には，(ｱ)内部管理体制の整備に関する事項として，法令等を遵守した運営を行うための内部管理に関する業務の具体的な運営方法および内部における責任体制，法令等の遵守状況について適切に検証する方法等，医療情報等または匿名加工医療情報の取扱いの全部または一部を認定医療情報等取扱受託事業者に委託する場合にあっては，当該認定受託者を含めた組織体制，(ｲ)医療情報の取得に関する事項として，医療情報の取得に際しての医療情報取扱事業者との契約に関する基本的事項（排他的・恣意的契約を締結しないこと等），(ｳ)匿名加工医療情報の提供に関する事項として，匿名加工医療情報の提供に際しての匿名加工医療情報取扱事業者との契約に関する基本的事項（匿名加工医療情報の提供に係る安全管理措置，金銭その他の利益の収受およびその管理の方法等），(ｴ)内部規則等の周知方法に関する事項として，内部規則等の内容を匿名加工医療情報作成事業に従事する全役職員に周知徹底することを含んでいることが必要である。

(ⅴ)匿名加工医療情報作成事業を適正かつ確実に，かつ継続して行うに足りる経理的基礎を有することであり（同条5号），当該事業の開始および継続に必要な資金等を確保可能であることを意味する。認定匿名加工医療情報作成事業者として安定的に経営を継続するためには，財政基盤が安定している必要がある。認定匿名加工医療情報作成事業者は，匿名加工医療情報取扱事業者が支払う利用料により自律的運営を行うことが基本になる。匿名加工医療情報利用事業者が支払う利用料の総額は，認定匿名加工医療情報作成事業者の事業運営の継続を確保できるように，情報の収集，加工，提供に要するコストを基本に適度のマージンを上乗せしたものとすることが想定されている（193衆院内閣委議録第

第 8 条（認定）

6 号〔2017 年 4 月 12 日〕14 頁〔武村展英内閣府大臣政務官発言〕，193 参院内閣委会議録第 7 号〔2017 年 4 月 25 日〕16 頁〔武村展英内閣府大臣政務官発言〕参照）。他方，医療情報取扱事業者に対して，医療情報の収集に要する費用を超えた情報の対価となるような支払を行わないようにしなければならない。医療情報取扱事業者が患者等の医療情報を販売して利益を得るという構図は避けなければならず，もし，そのような状況になれば，医療情報取扱事業者が患者等に医療情報の認定匿名加工医療情報作成事業者への提供の停止を求めないように圧力をかけることも懸念されるからである。ただし，健康・医療・介護現場の ICT 化の現状を踏まえ，質の高い医療情報を収集するための情報システムの整備等の基盤の拡大に資する費用については，情報の収集・加工・提供に要する費用として位置づけ，かかる基盤の拡充に積極的に取り組むべきことが基本方針 4(1)に規定されている。認定匿名加工医療情報作成事業者の事業開始後の収支については，本法 35 条の規定に基づく報告を求め，対価が適正と認められない場合には，本法 36 条の規定に基づく助言，指導により是正を図ることになる（193 参院内閣委会議録第 7 号〔2017 年 4 月 25 日〕16 頁〔武村展英大臣政務官発言〕参照）。

　(ⅵ)医療分野の研究開発に資するための匿名加工医療情報に関する基本方針に照らし適切なものであると認められる匿名加工医療情報作成事業に関する中期的な計画を有することであり（同条 6 号），「中期的」とは，5 年間を基本とし，当該計画には，事業運営方針（計画期間を含む），医療情報を提供する医療情報取扱事業者，自ら取得する医療情報の内容および規模，提供する匿名加工医療情報の内容および提供先，匿名加工医療情報作成事業に係る収支を記載する。

　なお，認定匿名加工医療情報作成事業者は，毎事業年度開始前に，認定事業に関し事業計画書および収支予算書を作成し，主務大臣に提出するとともに，公表しなければならない。これを変更しようとするときも，同様である（本法施行規則 13 条 1 項）。認定匿名加工医療情報作成事業者は，毎事業年度終了後 3 月以内に，認定事業に関し事業報告書および収支決算書を作成し，主務大臣に提出するとともに，公表しなければならない（同条 2 項）。認定匿名加工医療情報作成事業者は，匿名加工医療情報取扱事業者による匿名加工医療情報の利用目的を確認する必要があるが，事業報告書の公表に当たっては，匿名加工医療情報取扱事業者の利用目的のうち，営業上の秘密に当たるものを公表しないよう，適切な配慮が必要になる。

本論 第3章 認定匿名加工医療情報作成事業者

(vii)匿名加工医療情報の提供の是非の判断に際して，基本方針に照らし，匿名加工医療情報が医療分野の研究開発に資するために適切に取り扱われることについて適切に審査するための体制を整備していることである（本法施行規則5条7号）。本法においては，匿名加工医療情報利用事業者については認定制がとられていない。したがって，認定匿名加工医療情報作成事業者は，匿名加工医療情報の提供を求める者が，匿名加工医療情報を医療分野の研究開発に資するために適切に取り扱う能力を有するかについて適正な審査を行う責任を有する。そこで，医学・医療の専門家等，自然科学の有識者が含まれていること，倫理学・法律学の専門家等，人文・社会科学の有識者が含まれていること，本人の観点も含めて一般の立場から意見を述べることのできる者が含まれていること，認定事業者に所属しない者が複数含まれていること，男女両性で構成されていること，5名以上であることという要件を満たす委員会を設置して，委員会の審査を経て，匿名加工医療情報取扱事業者に対して匿名加工医療情報を提供するものとされている。

(viii)広報および啓発ならびに本人，医療情報取扱事業者または匿名加工医療情報取扱事業者からの相談に応ずるための体制を整備していることである（同条8号）。医療情報を提供する国民や医療情報取扱事業者，医療分野の研究開発を行う者の信頼を得ていくためには，事業運営の状況の開示など事業運営の透明性の確保が必要であり，匿名加工医療情報作成事業の実施状況について公表することが必要である。匿名加工医療情報の提供を受ける者が，認定匿名加工医療情報作成事業者を選択する際に必要な情報（利用可能なデータ項目，データ形式，マッピング等のコード化の手法，データの品質確保策，データの最新化の頻度等）も公表すべきであろう。また，匿名加工医療情報作成事業に関する広報および啓発に関する活動を行う体制であること，匿名加工医療情報作成事業の実施に関し，本人，医療情報取扱事業者または匿名加工医療情報取扱事業者からの相談に適切に応じる体制であることが必要である。

(ix)その取り扱う医療情報の規模および内容が，匿名加工医療情報作成事業を適正かつ確実に行うに足りるものであることであり（同条9号），医療情報の規模については，認定事業開始時点において年間100万人以上であり，かつ，事業開始後3年間において年間200万人以上に達することを基本とし，レセプト情報や健診情報の収集規模は，規模要件を満たすか否かの判断に際して考慮し

第 8 条（認定）

ないこととされている。その理由は，レセプト情報や健診情報については，NDB 等の公的データベースを基礎として，すでにその収集や利活用が行われており，本法において，認定匿名加工医療情報作成事業者は，診療行為のアウトカムに関する情報を中心として，医療分野の多様なニーズに柔軟に対応可能な医療データベース等を構築することが期待されているからである。

(x)医療分野の標準的な規格に対応した医療情報を円滑に取り扱うことができることである（同条10号）。精密検査の有無により病名の精度に差異が生じうるし，検査キットや検査施設等の検査体制の差異により検査の基準値が異なる場合がある。そのため，ある病名が記録されていても，当該疾病の診断を客観的に表示する検査結果等と比較することにより，記録された病名の信憑性に疑問が生じうる。また，病院により同一の検査の基準値の範囲に差異がある場合には，これらの値を相互に変換するための調整が必要になりうる。そこで，医療情報について，標準的な規格を用いた上で補正を行い，その質を明示する能力を有することを認定基準の一つとしている。具体的には，厚生労働省における保健医療分野の標準規格（「保健医療分野の標準規格として認めるべき規格について（平成22年3月31日医政発0331第1号厚生労働省医政局通知）」で医療情報取扱事業者から医療情報の提供を受けることが可能な体制を整備している必要がある。なお，厚生労働省における保健医療分野の標準規格と異なる国際規格（ISO13606等）に準拠したデータを医療情報取扱事業者から受けることが妨げられるわけではない。

(xi)認定匿名加工医療情報作成事業者は医療情報取扱事業者と排他的契約を締結するのではなく，医療情報取扱事業者は複数の認定匿名加工医療情報作成事業者と契約を締結することが可能であるが，申請者が行う匿名加工医療情報作成事業において，特定の匿名加工医療情報取扱事業者に対して不当な差別的取扱いをするものでないことが認定基準になっている（同条11号）。当該基準に適合することを証する書類として，利用料等の匿名加工医療情報の提供の条件について，匿名加工医療情報取扱事業者間で不当な差別的取扱いをするものでないことを明確に定めている内部規則等を添付することとされている（本法ガイドライン（認定事業者編）2〔匿名加工医療情報作成事業を行う者の認定〕2-2〔認定の基準〕2-2-2〔申請者の能力に関する基準〕参照）。

本論 第3章 認定匿名加工医療情報作成事業者

⑳ 「医療情報等及び匿名加工医療情報の漏えい，滅失又は毀損の防止その他の当該医療情報等及び匿名加工医療情報の安全管理のために必要かつ適切なものとして主務省令で定める措置が講じられていること」（3項3号）

匿名加工医療情報の作成に用いた医療情報から削除した記述等および個人識別符号ならびに加工の方法については，その漏えいが発生した場合の本人の権利利益を害するおそれが，匿名加工医療情報に比して大きいため，より厳格な管理が必要になる。そこで，(i)医療情報と(ii)匿名加工医療情報の作成に用いた医療情報から削除した記述等および個人識別符号ならびに加工の方法を「医療情報等」と総称し，安全管理措置の対象を「医療情報等」としている。これらの情報は，医療情報の復元を防止するために安全が確保される必要があるからである。安全管理措置は，特定個人情報保護評価に係る個人情報保護委員会の指針を参考にして定められたものである。ただし，特定個人情報保護評価の全項目評価と異なり，主務大臣による認定・監督により国民の信頼を確保できるという前提に立ち，国民の意見を求める手続は不要とされている。

主務省令（本法施行規則6条）で定める措置は，①組織的安全管理措置，②人的安全管理措置，③物理的安全管理措置，④技術的安全管理措置，⑤その他の措置からなる。

①の組織的安全管理措置は，(イ)認定事業に関し管理する医療情報等および匿名加工医療情報（以下「認定事業医療情報等」という）の安全管理に係る基本方針を定めていること，(ロ)認定事業医療情報等の安全管理に関する相当の経験および識見を有する責任者を配置していること，(ハ)認定事業医療情報等を取り扱う者の権限および責務ならびに業務を明確にしていること，(ニ)認定事業医療情報等の漏えい，滅失または毀損の発生時における事務処理体制が整備されていること，(ホ)安全管理措置に関する規程の策定および実施ならびにその運用の評価および改善を行っていること，(ヘ)外部の専門家による情報セキュリティ監査の受検または第三者認証の取得により，安全管理に係る措置の継続的な確保を図っていることである。

②の人的安全管理措置は，(イ)認定事業医療情報等を取り扱う者が，本法8条3項1号ハが定める欠格事由のいずれにも該当しない者であることを確認していること，(ロ)認定事業医療情報等を取り扱う者が，認定事業の目的の達成に必

第8条（認定）

要な範囲を超えて，認定事業医療情報等を取り扱うことがないことを確保するための措置を講じていること，㈥認定事業医療情報等を取り扱う者に対する必要な教育および訓練を行っていること，㈡認定事業医療情報等を取り扱う権限を有しない者による認定事業医療情報等の取扱いを防止する措置を講じていることである。

　③の物理的安全管理措置は，㈤認定事業医療情報等を取り扱う施設設備を他の施設設備と区分していること，㈠認定事業医療情報等を取り扱う施設設備への立入りおよび機器の持込みを制限する措置を講じているとともに，監視カメラの設置その他の当該施設設備の内部を常時監視するための装置を備えていること，㈥認定事業に関し管理する医療情報等の取扱いに係る端末装置は，原則として，補助記憶装置および可搬記録媒体（電子計算機またはその周辺機器に挿入し，または接続して情報を保存することができる媒体または機器のうち，可搬型のものをいう）への記録機能を有しないものとすること，㈡認定事業医療情報等を削除し，または認定事業医療情報等が記録された機器，電子媒体等を廃棄する場合には，復元不可能な手段で行うことである。物理的安全管理措置の実施状況等を把握するため，必要に応じて現地調査による確認も行われる（本法ガイドライン（認定事業者編）2〔匿名加工医療情報作成事業を行う者の認定〕2-1〔匿名加工医療情報作成事業を行う者の認定の申請〕2-1-1〔認定の申請の流れ〕参照）。

　④の技術的安全管理措置は，㈤認定事業医療情報等を取り扱う施設設備に，不正アクセス行為（不正アクセス行為の禁止等に関する法律2条4項に規定する不正アクセス行為をいう）を防止するため，適切な措置を講じていること，㈠認定事業医療情報等の取扱いに係る電子計算機および端末装置の動作を記録するとともに，通常想定されない当該電子計算機および端末装置の操作を検知し，当該操作が行われた電子計算機および端末装置を制御する措置を講じていること，㈥認定事業医療情報等の取扱いに係る電子計算機または端末装置において，第三者が当該電子計算機または端末装置に使用目的に反する動作をさせる機能が具備されていないことを確認していること，㈡認定事業医療情報等を電気通信により送受信するとき，または移送し，もしくは移送を受けるときは，(a)外部の者との送受信の用に供する電気通信回線として，専用線等（IP-VPNサービス〔電気通信事業報告規則1条2項15号に掲げるIP-VPNサービスをいう〕に用いられる仮想専用線その他のこれと同等の安全性が確保されると認められる仮想専用線を含

む）を用いること，(b)前記(a)に規定する電気通信回線に接続されるサーバ用の電子計算機のうち，医療情報取扱事業者からの医療情報の受信に用いるものについては，外部への送信機能を具備させないこと，(c)前記(a)に規定する電気通信回線に接続されるサーバ用の電子計算機のうち，匿名加工医療情報取扱事業者への匿名加工医療情報の送信に用いるものについては，外部からの受信機能を具備させず，また，前記(b)または後記(ホ)に規定する電子計算機以外のサーバ用の電子計算機を用いること，(d)前記(a)から(c)までに掲げるもののほか，認定事業医療情報等を適切に移送し，または移送を受けるために，暗号化等必要な措置を講じていること，(ホ)匿名加工医療情報の作成の用に供する医療情報の管理は，(二)(b)および(c)の電子計算機以外のサーバ用の電子計算機を用いることとし，(二)(b)および(c)に規定する電子計算機を経由する以外の方法による外部へのネットワーク接続を行わないこと，また，(二)(b)および(c)に規定する電子計算機との接続においては，専用線を用いることである。

⑤のその他の措置は，(イ)認定事業医療情報等の漏えいその他の事故が生じた場合における被害の補償のための措置を講じていること，(ロ)認定事業医療情報等を取り扱う施設設備の障害の発生の防止に努めるとともに，これらの障害の発生を検知し，およびこれらの障害が発生した場合の対策を行うため，事業継続計画の策定，その機能を代替することができる予備の機器の設置その他の適切な措置を講じていること，(ハ)医療情報の提供を受ける際に，医療情報取扱事業者による当該医療情報の提供の方法およびこれに係る安全管理措置が適正である旨を確認していること，(二)匿名加工医療情報の提供の契約において，匿名加工医療情報取扱事業者による当該匿名加工医療情報の利用の態様およびこれに係る安全管理措置が匿名加工の程度に応じて適正であることを確保していることである。匿名加工医療情報取扱事業者が提供を受けた匿名加工医療情報をもはや使用する必要がなくなった場合には，確実に消去する義務も契約に明記すべきである。また，認定匿名加工医療情報作成事業者は，匿名加工医療情報取扱事業者との契約において，情報の共有範囲を明確に定めておくべきである（193 参院内閣委員会議録第 7 号〔2017 年 4 月 25 日〕16 頁［藤本康二.政府参考人発言］参照）。

⑭ 「申請者が，前号に規定する医療情報等及び匿名加工医療情報の安全

第8条（認定）

管理のための措置を適確に実施するに足りる能力を有すること」（3項4号）

　本法8条3項3号の措置が講じられていることと，能力を有することを区別し，後者については，本号で独立に規定している。措置が講じられていることと，措置を適確に実施する能力を有することを区別して規定している例として，衛星リモートセンシング記録の適正な取扱いの確保に関する法律6条1号〜3号がある。

㉕　「主務大臣は，第1項の認定をしようとするときは，あらかじめ，個人情報保護委員会に協議しなければならない」（4項）

　個人情報保護委員会は主務大臣とはされていないが，個人情報および匿名加工情報に関する個人情報保護委員会の専門的知見を認定匿名加工医療情報作成事業者の認定に反映する必要があるので，個人情報保護委員会との事前協議を主務大臣に義務づけている。

㉖　「主務大臣は，第1項の認定をした場合においては，遅滞なく，その旨を申請者に通知するとともに，その旨を公示しなければならない」（5項）

　衛星リモートセンシング記録の適正な取扱いの確保に関する法律においては，内閣総理大臣による認定がなされた場合には申請者に認定証を交付することとし（同法21条4項），認定の取消しまたは効力の停止がなされた場合に認定証の返納が義務づけられる（同法24条，25条2項）。他方，本法においては，医療情報取扱事業者は，医療情報を提供できる認定匿名加工医療情報作成事業者を選択することができるし，また，認定匿名加工医療情報作成事業者から他の認定匿名加工医療情報作成事業者に医療情報が提供される可能性があるため，医療情報取扱事業者や患者に対しても，当該患者の医療情報を取り扱う可能性のある全ての認定匿名加工医療情報作成事業者を広く周知する必要がある。そこで，認定匿名加工医療情報取扱事業者が誰であるかを主務大臣が公示することとしている。認定を受けた事業者を公示する例としては，鳥獣の保護及び管理並びに狩猟の適正化に関する法律18条の5第2項，電子署名及び認証業務に関する法律4条3項，特定外来生物による生態系等に係る被害の防止に関する

本論　第3章　認定匿名加工医療情報作成事業者

法律18条3項があり，登録を受けた事業者を公示する例としては，合法伐採木材等の流通及び利用の促進に関する法律10条2項がある。

> （変更の認定等）
> 第9条①　前条第1項の認定を受けた者（以下「認定匿名加工医療情報作成事業者」という。）は，同条第2項第2号から第5号までに掲げる事項を変更しようとするときは，主務省令で定めるところにより，主務大臣の認定を受けなければならない。ただし，主務省令で定める軽微な変更については，この限りでない。
> ②　認定匿名加工医療情報作成事業者は，前条第2項第1号に掲げる事項に変更があったとき又は前項ただし書の主務省令で定める軽微な変更をしたときは，遅滞なく，その旨を主務大臣に届け出なければならない。
> ③　主務大臣は，前項の規定による届出（前条第2項第1号に掲げる事項の変更に係るものに限る。）があったときは，遅滞なく，その旨を公示しなければならない。
> ④　前条第3項（第1号を除く。）及び第4項の規定は，第1項の変更の認定について準用する。

（本条の趣旨）
本条は，認定匿名加工医療情報作成事業者が，認定に係る事項を変更する場合の手続について定めている。

(1)　「前条第1項の認定を受けた者（以下「認定匿名加工医療情報作成事業者」という。）は，同条第2項第2号から第5号までに掲げる事項を変更しようとするときは，主務省令で定めるところにより，主務大臣の認定を受けなければならない」（1項本文）

「同条第2項第2号から第5号までに掲げる事項」とは，(i)医療情報の整理の方法，(ii)医療情報の加工の方法，(iii)医療情報等および匿名加工医療情報の管理の方法，(iv)その他主務省令で定める事項である。認定匿名加工医療情報作成事業者が申請書の記載事項（名称および住所を除く）を変更しようとするときは，

第9条（変更の認定等）

認定基準への適合性が維持されているかを主務大臣が改めて審査する必要があるので，主務大臣の認定を受けなければならないこととしているのである。認定を受ける手続は，様式第3による申請書に①本法8条3項各号に掲げる認定の基準に適合していることを証する書類および②申請者に係る定款および登記事項証明書またはこれらに準ずるもの，本法8条3項1号ハの役員および使用人に係る住民票の写しまたはこれに代わる書類，申請の日の属する事業年度および翌事業年度における事業計画書および収支予算書，その他主務大臣が必要と認める書類のうち，当該変更事項に係る書類，③認定証の写しを添えて，主務大臣に提出することである（本法施行規則8条1項）。

(2) 「ただし，主務省令で定める軽微な変更については，この限りでない」（1項ただし書）

①匿名加工医療情報作成事業を行う役員または使用人の氏名の変更であって，役員または使用人の変更を伴わないもの，または②前記①のほか，(i)医療情報の整理の方法，(ii)医療情報の加工の方法，(iii)医療情報等および匿名加工医療情報の管理の方法，(iv)その他主務省令で定める事項の実質的な変更を伴わないもの，のいずれかに該当する場合である（本法施行規則8条2項）。

(3) 「認定匿名加工医療情報作成事業者は，前条第2項第1号に掲げる事項に変更があったとき又は前項ただし書の主務省令で定める軽微な変更をしたときは，遅滞なく，その旨を主務大臣に届け出なければならない」（2項）

「前条第2項第1号に掲げる事項」とは，「名称及び住所」である。本項で定める変更は，認定に係る事項の実質的変更ではないので，改めて認定を得る必要はなく，事後の届出で足りることとしている。

(4) 「主務大臣は，前項の規定による届出（前条第2項第1号に掲げる事項の変更に係るものに限る。）があったときは，遅滞なく，その旨を公示しなければならない」（3項）

「前条第2項第1号に掲げる事項」とは，「名称及び住所」であるから，その変更があったときは，遅滞なく公示することを主務大臣に義務づけている。認

本論　第3章　認定匿名加工医療情報作成事業者

定匿名加工医療情報作成事業者の名称および住所は，医療情報取扱事業者や匿名加工医療情報取扱事業者に周知させる必要があるし，医療情報に係る本人にとっても，認定匿名加工医療情報作成事業者の名称は，医療情報の提供の停止の求めをするか否かを判断するに当たり，有益な情報となる場合がありうるからである。

(5)　「前条第3項（第1号を除く。）及び第4項の規定は，第1項の変更の認定について準用する」（4項）

　前条3項の規定は，新規に認定匿名加工医療情報作成事業者の認定を申請する際の認定基準を定めるものである。「第1号を除く」とは，欠格事由に係る規定を除くことである。本項が，本法8条3項1号の欠格事由の規定を準用していないのは，新たに選任された役員または使用人が，欠格事由に該当するような変更認定の申請は，取消事由に該当するので，認定に際して審査する必要はないからである。前条4項の規定は，医療情報等または匿名加工医療情報の適正な取扱いを確保するため，個人情報保護委員会との事前協議を義務づける規定である。

（承継）

第10条①　認定匿名加工医療情報作成事業者である法人が他の認定匿名加工医療情報作成事業者である法人に第8条第1項の認定に係る匿名加工医療情報作成事業（以下「認定事業」という。）の全部の譲渡を行ったときは，譲受人は，譲渡人のこの法律の規定による認定匿名加工医療情報作成事業者としての地位を承継する。

②　認定匿名加工医療情報作成事業者である法人が他の認定匿名加工医療情報作成事業者である法人と合併をしたときは，合併後存続する法人又は合併により設立された法人は，合併により消滅した法人のこの法律の規定による認定匿名加工医療情報作成事業者としての地位を承継する。

③　前二項の規定により認定匿名加工医療情報作成事業者としての地位を承継した法人は，主務省令で定めるところにより，遅滞なく，その旨を主務大臣に届け出なければならない。

④　認定匿名加工医療情報作成事業者である法人が認定匿名加工医療情報作

第10条（承継）

成事業者でない法人に認定事業の全部の譲渡を行う場合において、譲渡人及び譲受人があらかじめ当該譲渡及び譲受けについて主務省令で定めるところにより主務大臣の認可を受けたときは、譲受人は、譲渡人のこの法律の規定による認定匿名加工医療情報作成事業者としての地位を承継する。
⑤　認定匿名加工医療情報作成事業者である法人が認定匿名加工医療情報作成事業者でない法人との合併により消滅することとなる場合において、あらかじめ当該合併について主務省令で定めるところにより主務大臣の認可を受けたときは、合併後存続する法人又は合併により設立された法人は、合併により消滅した法人のこの法律の規定による認定匿名加工医療情報作成事業者としての地位を承継する。
⑥　認定匿名加工医療情報作成事業者である法人が分割により認定事業の全部を承継させる場合において、あらかじめ当該分割について主務省令で定めるところにより主務大臣の認可を受けたときは、分割により認定事業の全部を承継した法人は、分割をした法人のこの法律の規定による認定匿名加工医療情報作成事業者としての地位を承継する。
⑦　第8条第3項から第5項までの規定は、前三項の認可について準用する。
⑧　認定匿名加工医療情報作成事業者である法人は、認定匿名加工医療情報作成事業者でない者に認定事業の全部の譲渡を行い、認定匿名加工医療情報作成事業者でない法人と合併をし、又は分割により認定事業の全部を承継させる場合において、第4項から第6項までの認可の申請をしないときは、主務省令で定めるところにより、その認定事業の全部の譲渡、合併又は分割の日までに、その旨を主務大臣に届け出なければならない。
⑨　認定匿名加工医療情報作成事業者である法人が認定匿名加工医療情報作成事業者でない者に認定事業の全部の譲渡を行い、認定匿名加工医療情報作成事業者でない法人との合併により消滅することとなり、又は分割により認定事業の全部を承継させる場合において、第4項から第6項までの認可をしない旨の処分があったとき（これらの認可の申請がない場合にあっては、当該認定事業の全部の譲渡、合併又は分割があったとき）は、第8条第1項の認定は、その効力を失うものとし、その譲受人、合併後存続する法人若しくは合併により設立された法人又は分割により認定事業の全部を承継した法人は、遅滞なく、当該認定事業に関し管理する医療情報等及び匿名加工医療情報を消去しなければならない。

> ⑩ 主務大臣は，第３項若しくは第８項の規定による届出があったとき又は第４項から第６項までの認可をしない旨の処分をしたときは，遅滞なく，その旨を公示しなければならない。

（本条の趣旨）

　本条は，認定匿名加工医療情報作成事業者である者および認定匿名加工医療情報作成事業者でない者への認定匿名加工医療情報作成事業者としての地位の承継が行われる場合の要件，手続について定めるとともに，承継されなかった場合における手続およびその場合における認定事業に関し管理する医療情報等および匿名加工医療情報の消去についても定めるものである。

⑴　「認定匿名加工医療情報作成事業者である法人が他の認定匿名加工医療情報作成事業者である法人に第８条第１項の認定に係る匿名加工医療情報作成事業（以下「認定事業」という。）の全部の譲渡を行ったときは，譲受人は，譲渡人のこの法律の規定による認定匿名加工医療情報作成事業者としての地位を承継する」（１項）

　同様の規定例として，消費者の財産的被害の集団的な回復のための民事の裁判手続の特例に関する法律72条１項がある。

⑵　「認定匿名加工医療情報作成事業者である法人が他の認定匿名加工医療情報作成事業者である法人と合併をしたときは，合併後存続する法人又は合併により設立された法人は，合併により消滅した法人のこの法律の規定による認定匿名加工医療情報作成事業者としての地位を承継する」（２項）

　同様の規定例として，消費者の財産的被害の集団的な回復のための民事の裁判手続の特例に関する法律71条１項がある。

⑶　「前二項の規定により認定匿名加工医療情報作成事業者としての地位を承継した法人は，主務省令で定めるところにより，遅滞なく，その旨を主務大臣に届け出なければならない」（３項）

第 10 条（承継）

　このような届出の規定が置かれているのは，事業の全部譲渡や合併により，認定匿名加工医療情報作成事業者としての地位が変動する場合，そのことを主務大臣が確実に把握する必要があるからである。主務大臣への届出は，様式第 5 による届出書に，(i)本条 1 項の規定により認定事業の全部を譲り受けて認定匿名加工医療情報作成事業者の地位を承継した法人にあっては，様式第 6 による事業譲渡証明書および認定事業の全部の譲渡が行われたことを証する書面ならびに承継者に係る認定証の写し，(ii)本条 2 項の規定による合併後存続する法人であって，認定匿名加工医療情報作成事業者の地位を承継した法人にあっては，その法人の登記事項証明書および認定証の写し，(iii)本条 2 項の規定による合併により設立された法人であって，認定匿名加工医療情報作成事業者の地位を承継した法人にあっては，その法人の登記事項証明書，および被承継者に係る認定証を添えて，主務大臣に提出することにより行う（本法施行規則 9 条 1 項）。法律上の地位の承継に係る届出義務の例として，消費者の財産的被害の集団的な回復のための民事の裁判手続の特例に関する法律 71 条 2 項，72 条 2 項がある。

⑷　「認定匿名加工医療情報作成事業者である法人が認定匿名加工医療情報作成事業者でない法人に認定事業の全部の譲渡を行う場合において，譲渡人及び譲受人があらかじめ当該譲渡及び譲受けについて主務省令で定めるところにより主務大臣の認可を受けたときは，譲受人は，譲渡人のこの法律の規定による認定匿名加工医療情報作成事業者としての地位を承継する」（4 項）

　認定匿名加工医療情報作成事業者である法人が認定匿名加工医療情報作成事業者でない法人に認定事業の全部の譲渡を行う場合においては，譲渡人は認定事業を継続しないため，事業譲渡後に，当該譲渡人に医療情報を提供することはできない。認定匿名加工医療情報作成事業者の認定が失効した場合には，医療情報等および匿名加工医療情報の漏えい等を防止するため，これらの情報が確実に消去されなければならないが（本法 10 条 9 項，11 条 2 項，12 条 2 項，15 条 2 項），認定匿名加工医療情報作成事業者でない法人に認定事業の全部の譲渡がなされる場合，大量の医療情報等および匿名加工医療情報が消去されることになり，医療分野の研究開発に大きな支障となる。そこで，認定匿名加工医療情

本論 第3章 認定匿名加工医療情報作成事業者

報作成事業者でない法人に認定事業の全部を譲渡することとなる場合にも，主務大臣の認可を条件として，認定匿名加工医療情報作成事業者としての地位の承継を可能にしている。

認可を受けようとする者は，様式第7による申請書に，株式第8による事業譲渡証明書および事業の全部の譲渡しがあったことを証する書面，譲受人が本法8条3項各号に掲げる認定の基準に適合していることを証する書類，譲受人に係る定款および登記事項証明書またはこれらに準ずるもの，匿名加工医療情報作成事業を行う役員および使用人に係る住民票の写しまたはこれに代わる書類，申請の日の属する事業年度および翌事業年度における事業計画書および収支予算書，その他主務大臣が必要と認める書類ならびに譲渡人に係る認定証を添えて申請を行う必要がある（本法施行規則9条2項）。

本項の規定が適用されるのは，認定事業の全部が承継される場合である。認定匿名加工医療情報作成事業者が他の認定匿名加工医療情報作成事業者でない法人に認定事業の一部を譲渡する場合には，譲渡人は認定事業を継続することになるため，公示制度は設けられていない。この場合には，譲受人は，認定匿名加工医療情報作成事業者でないため，譲渡人から譲受人への医療情報の提供は，本法26条1項の規定により，原則として禁止される。

(5) 「認定匿名加工医療情報作成事業者である法人が認定匿名加工医療情報作成事業者でない法人との合併により消滅することとなる場合において，あらかじめ当該合併について主務省令で定めるところにより主務大臣の認可を受けたときは，合併後存続する法人又は合併により設立された法人は，合併により消滅した法人のこの法律の規定による認定匿名加工医療情報作成事業者としての地位を承継する」（5項）

認定匿名加工医療情報作成事業者である法人が認定匿名加工医療情報作成事業者でない法人との合併により消滅することとなる場合，大量の医療情報等および匿名加工医療情報が消去されることになり，医療分野の研究開発に大きな支障となる。そこで，認定匿名加工医療情報作成事業者である法人が認定匿名加工医療情報作成事業者でない法人との合併により消滅することとなる場合にも，主務大臣の認可を条件として，認定匿名加工医療情報作成事業者としての地位の承継を可能にしている（許認可等を受けた者の地位の承継を行政庁の許認可

第10条（承継）

等にかからしめる例として，消費者の財産的被害の集団的な回復のための民事の裁判手続の特例に関する法律71条3項，72条3項，衛星リモートセンシング記録の適正な取扱いの確保に関する法律13条参照）。

　本項の認可を受けようとする者は，様式第9による申請書に，(i)合併が行われることを証する書面，(ii)合併後存続する法人または合併により設立される法人が本法8条3項各号に掲げる認定の基準に適合していることを証する書類，(iii)合併後存続する法人または合併により設立された法人に係る定款および登記事項証明書またはこれらに準ずるもの，匿名加工医療情報作成事業を行う役員および使用人に係る住民票の写しまたはこれに代わる書類，申請の日の属する事業年度および翌事業年度における事業計画書および収支予算書，その他主務大臣が必要と認める書類および(iv)被承継者に係る認定証を添えて，主務大臣に提出しなければならない（本法施行規則9条3項）。

(6)　「認定匿名加工医療情報作成事業者である法人が分割により認定事業の全部を承継させる場合において，あらかじめ当該分割について主務省令で定めるところにより主務大臣の認可を受けたときは，分割により認定事業の全部を承継した法人は，分割をした法人のこの法律の規定による認定匿名加工医療情報作成事業者としての地位を承継する」(6項)

　この認可を受けようとする者は，様式第10による申請書に，(i)様式第11による事業承継証明書および分割により認定事業の全部の承継が行われることを証する書面，(ii)分割により認定事業の全部を承継する法人が本法8条3項各号に掲げる認定の基準に適合していることを証する書類，(iii)分割により認定事業の全部を承継する法人に係る定款および登記事項証明書またはこれらに準ずるもの，匿名加工医療情報作成事業を行う役員および使用人に係る住民票の写しまたはこれに代わる書類，申請の日の属する事業年度および翌事業年度における事業計画書および収支予算書，その他主務大臣が必要と認める書類および(iv)被承継者に係る認定証を添えて，主務大臣に提出しなければならない（本法施行規則9条4項）。

　本項の規定が適用されるのは，分割により事業の全部が承継される場合である。分割により事業の一部が承継される場合，分割を行った法人は，認定事業を継続するため，公示制度は設けられていない。また，分割により認定事業の

本論 第3章 認定匿名加工医療情報作成事業者

一部を承継する法人は，認定匿名加工医療情報作成事業者の地位を承継するわけではないので，本法26条1項の規定により，医療情報の提供を受けることは原則としてできない。

(7)　「第8条第3項から第5項までの規定は，前三項の認可について準用する」（7項）

「第8条第3項から第5項までの規定」とは，認定の申請が列記された基準に適合すると認めるときは，認定をしなければならないこと（本法8条3項），認定をしようとするときは，あらかじめ，個人情報保護委員会に協議しなければならないこと（同条4項），主務大臣は，認定をした場合においては，遅滞なく，その旨を申請者に通知するとともに，その旨を公示しなければならないこと（同条5項）である。認定匿名加工医療情報作成事業者でない法人への認定匿名加工医療情報作成事業者の地位の承継に係る認可の基準は，匿名加工医療情報作成事業者の認定基準と同一であり，認定匿名加工医療情報作成事業者としての地位が変動し，譲渡人等は認定匿名加工医療情報作成事業者としての地位を喪失することになるため，公示が義務づけられているのである。

「前三項の認可」とは，(i)認定匿名加工医療情報作成事業者である法人が認定匿名加工医療情報作成事業者でない法人に認定事業の全部の譲渡を行う場合における当該譲渡および譲受の認可（本条4項），(ii)認定匿名加工医療情報作成事業者である法人が認定匿名加工医療情報作成事業者でない法人との合併により消滅することとなる場合における当該合併の認可（本条5項），(iii)認定匿名加工医療情報作成事業者である法人が分割により認定事業の全部を承継させる場合における当該分割の認可（本条6項）である。

(8)　「認定匿名加工医療情報作成事業者である法人は，認定匿名加工医療情報作成事業者でない者に認定事業の全部の譲渡を行い，認定匿名加工医療情報作成事業者でない法人と合併をし，又は分割により認定事業の全部を承継させる場合において，第4項から第6項までの認可の申請をしないときは，主務省令で定めるところにより，その認定事業の全部の譲渡，合併又は分割の日までに，その旨を主務大臣に届け出なければならない」（8項）

第10条（承継）

　この届出をしようとする者は，様式第12による届出書に，被承継者に係る認定証を添えて，主務大臣に提出しなければならない（本法施行規則9条5項）。かかる届出の手続を定める主務省令の制定に際しても，個人情報保護委員会と事前に協議しなければならないが（本法39条3項），それは，医療情報等および匿名加工医療情報の消去義務の適正かつ確実な履行を確保する上で重要な手続であるので，個人情報保護委員会の個人情報保護に関する専門的知見を反映させる必要があるからである。

　同様の届出義務を課す例として，消費者の財産的被害の集団的な回復のための民事の裁判手続の特例に関する法律71条7項，72条7項がある。内閣総理大臣は，この届出を受けることにより，特定適格消費者団体であった法人を当事者とする被害回復裁判手続が現に係属しているときは，その被害回復裁判手続が係属している裁判所に対し，その特定認定が失効した旨を書面により通知し（同法74条2項），当該被害回復裁判手続を受け継ぐべき特定適格消費者団体として他の特定適格消費者団体を指定することになる（同法87条1項）。なお，衛星リモートセンシング記録の適正な取扱いの確保に関する法律においては，内閣総理大臣の認可を受けずに衛星リモートセンシング装置の使用に係る事業の譲渡等を受けた者が当該装置を使用した場合，罰則（同法33条1号）を設けることにより，当該装置の不適切な使用を抑止することとしているため，内閣総理大臣への届出義務が課されていない。

(9)　「認定匿名加工医療情報作成事業者である法人が認定匿名加工医療情報作成事業者でない者に認定事業の全部の譲渡を行い，認定匿名加工医療情報作成事業者でない法人との合併により消滅することとなり，又は分割により認定事業の全部を承継させる場合において，第4項から第6項までの認可をしない旨の処分があったとき（これらの認可の申請がない場合にあっては，当該認定事業の全部の譲渡，合併又は分割があったとき）は，第8条第1項の認定は，その効力を失うものとし，その譲受人，合併後存続する法人若しくは合併により設立された法人又は分割により認定事業の全部を承継した法人は，遅滞なく，……消去しなければならない」(9項)

　認定匿名加工医療情報作成事業者の地位の承継のために主務大臣の認可が必

要であるにもかかわらず、認可の申請がなかったり、申請が認可されなかった場合には、認定は失効することになる。本法8条1項の認定を受けていない法人は、医療情報等および匿名加工医療情報を適切に取り扱うことが期待できず、さらに、本法3章2節の規制もかからないため、引き続き、当該情報を取り扱うことを認めれば、当該情報が漏えいする等の事態が発生するおそれがある。そこで、セキュリティの観点から、認定事業の譲受人、合併後存続する法人もしくは合併により設立された法人または分割により認定事業の全部を承継した法人は、遅滞なくこれらの情報を消去する義務を負わされている。

(10) 「当該認定事業に関し管理する医療情報等及び匿名加工医療情報を」(9項)

「認定事業に関し管理する医療情報」の中には、(i)本法30条1項の規定に基づき、医療情報取扱事業者から提供を受けたもの、(ii)本法25条1項の規定に基づき、他の認定匿名加工医療情報作成事業者から提供を受けたもの、(iii)個人情報保護法23条1項柱書の規定に基づき、本人の同意を得て提供されたものがありうる。(i)(ii)のみならず(iii)についても、漏えい等が発生すれば、当該認定匿名加工医療情報作成事業者のみならず、本法の制度全体に対する信用が失墜し、認定匿名加工医療情報作成事業者に対する医療情報の提供が滞ることになろう。そこで、本法は、認定事業に関し管理する医療情報等および匿名加工医療情報全部について、認定失効時の消去義務を規定している。「認定事業に関し管理する」という限定を付しているため、他事業に関し管理する医療情報は、本法の規制の対象外となる。

(11) 「主務大臣は、第3項若しくは第8項の規定による届出があったとき又は第4項から第6項までの認可をしない旨の処分をしたときは、遅滞なく、その旨を公示しなければならない」(10項)

認定が失効しても、許可制と異なり、認定を受けずに匿名加工医療情報を作成することは禁止されていないため、事業の譲受人、合併後存続する法人もしくは合併によって新設された法人または分割により認定事業の全部を承継した法人が認定匿名加工医療情報作成事業者であると誤解して、医療情報取扱事業者がオプトアウト手続により医療情報の提供を行うおそれがある。そこで、認

定匿名加工医療情報作成事業者への事業の譲渡または認定匿名加工医療情報作成事業者との合併の場合を除き，認定事業の全部の譲渡，合併または分割を行う認定匿名加工医療情報作成事業者が，主務大臣の認可を申請しない場合には，主務大臣への届出を義務づけ，主務大臣は，この届出があった場合には，遅滞なく，その旨を公示しなければならないと定めることにより，認定が失効したことを周知することとしている。認可の申請をしたが，拒否処分がされた場合にも，同様に公示が義務づけられている。

　他方，認定匿名加工医療情報作成事業者が他の認定匿名加工医療情報作成事業者に認定事業の一部を譲渡した場合，譲渡人は認定事業を継続するため，届出や公示の規定は設けられていない。この場合，譲渡人は，本法25条の規定に基づき，他の認定匿名加工医療情報作成事業者に医療情報を提供することができる。同様の公示の例として，消費者の財産的被害の集団的な回復のための民事の裁判手続の特例に関する法律71条8項がある。

（廃止の届出等）
第11条① 認定匿名加工医療情報作成事業者は，認定事業を廃止しようとするときは，主務省令で定めるところにより，あらかじめ，その旨を主務大臣に届け出なければならない。
② 前項の規定による届出があったときは，第8条第1項の認定は，その効力を失うものとし，認定匿名加工医療情報作成事業者であった法人は，遅滞なく，当該認定事業に関し管理する医療情報等及び匿名加工医療情報を消去しなければならない。
③ 主務大臣は，第1項の規定による届出があったときは，遅滞なく，その旨を公示しなければならない。

（本条の趣旨）
　本条は，認定事業を廃止する場合の手続およびその場合における認定事業に関し管理する医療情報等および匿名加工医療情報の消去義務について定めるものである。

本論　第3章　認定匿名加工医療情報作成事業者

(1)「認定匿名加工医療情報作成事業者は，認定事業を廃止しようとするときは，主務省令で定めるところにより，あらかじめ，その旨を主務大臣に届け出なければならない」（1項）

　認定業務の廃止について届出制をとり，許可制をとらなかったのは，認定業務が民間の自主的活動として位置づけられている以上，その廃止も当該団体の自由な意思で行えるようにすべきだからである。認定事業が廃止されると，医療情報取扱事業者からオプトアウト手続により医療情報を取得しうること等，認定匿名加工医療情報作成事業者としての地位を喪失することになるので，主務大臣が，認定事業の廃止に係る情報を適確に把握する必要がある。そこで，認定事業の廃止については，主務大臣への事前届出制を設けている（廃止の届出の例として，個人情報保護法50条参照）。この届出をしようとするときは，様式第13による届出書に認定証を添えて主務大臣に提出しなければならない（本法施行規則10条）。

(2)「前項の規定による届出があったときは，第8条第1項の認定は，その効力を失うものとし，認定匿名加工医療情報作成事業者であった法人は，遅滞なく，当該認定事業に関し管理する医療情報等及び匿名加工医療情報を消去しなければならない」（2項）

　認定事業の廃止の届出があった時点で，認定匿名加工医療情報作成事業者に係る認定は失効するが（許認可等を受けた事業を廃止した場合に当該許認可等を失効させる例として，警備業法10条2項参照），それ以前に当該認定事業に関し管理する医療情報等および匿名加工医療情報を全て消去することが困難な場合もありうるので，認定失効後，遅滞なく当該情報を消去する義務を「認定匿名加工医療情報作成事業者であった法人」に課している。

(3)「主務大臣は，第1項の規定による届出があったときは，遅滞なく，その旨を公示しなければならない」（3項）

　認定事業の廃止の届出があった時点で，認定は失効することになるが，そのことが周知されていないと，なお認定匿名加工医療情報作成事業者であると誤信して，医療情報取扱事業者が医療情報をオプトアウト手続により当該事業者に提供してしまう事態が生じかねない。そこで，主務大臣に対して，廃止の届

第12条(解散の届出等)

出があったことを公示する義務を課している。

> (解散の届出等)
> 第12条① 認定匿名加工医療情報作成事業者である法人が合併以外の事由により解散したときは、その清算人若しくは破産管財人又は外国の法令上これらに相当する者は、主務省令で定めるところにより、遅滞なく、その旨を主務大臣に届け出なければならない。
> ② 認定匿名加工医療情報作成事業者である法人が合併以外の事由により解散したときは、第8条第1項の認定は、その効力を失うものとし、その清算中若しくは特別清算中の法人若しくは破産手続開始後の法人又は外国の法令上これらに相当する法人は、遅滞なく、当該認定事業に関し管理する医療情報等及び匿名加工医療情報を消去しなければならない。
> ③ 主務大臣は、第1項の規定による届出があったときは、遅滞なく、その旨を公示しなければならない。

(本条の趣旨)
　本条は、認定匿名加工医療情報作成事業者である法人が合併以外の事由により解散したときの届出義務、当該認定事業に関し管理する医療情報等および匿名加工医療情報の消去義務、廃止の届出の公示義務について定めるものである。

(1)　「認定匿名加工医療情報作成事業者である法人が合併以外の事由により解散したときは、その清算人若しくは破産管財人又は外国の法令上これらに相当する者は、主務省令で定めるところにより、遅滞なく、その旨を主務大臣に届け出なければならない」(1項)
　この届出をするときは、様式第14による届出書に認定証を添えて主務大臣に提出しなければならない(本法施行規則11条)。

(2)　「認定匿名加工医療情報作成事業者である法人が合併以外の事由により解散したときは、第8条第1項の認定は、その効力を失うものとし、その清算中若しくは特別清算中の法人若しくは破産手続開始後の法人又

本論　第3章　認定匿名加工医療情報作成事業者

は外国の法令上これらに相当する法人は，遅滞なく，当該認定事業に関し管理する医療情報等及び匿名加工医療情報を消去しなければならない」（2項）

　認定匿名加工医療情報作成事業者である法人は解散により認定は失効するが（同様の例として，衛星リモートセンシングの記録の適正な取扱いの確保に関する法律16条2項参照），当該法人は消滅しているので，当該認定事業に関し管理する医療情報等および匿名加工医療情報を消去する義務を負う主体を明確にしている。

(3)　「主務大臣は，第1項の規定による届出があったときは，遅滞なく，その旨を公示しなければならない」（3項）

　認定匿名加工医療情報作成事業者である法人が合併以外の事由により解散したときは，認定匿名加工医療情報作成事業者に係る認定は失効するが，そのことが周知されていないと，なお認定匿名加工医療情報作成事業者であると誤信して，医療情報取扱事業者が医療情報をオプトアウト手続により当該法人に提供してしまう事態が生じかねない。そこで，主務大臣に対して，解散の届出があったことを公示する義務を課している。

（帳簿）
第13条　認定匿名加工医療情報作成事業者は，主務省令で定めるところにより，帳簿（その作成に代えて電磁的記録の作成がされている場合における当該電磁的記録を含む。以下同じ。）を備え，その業務に関し主務省令で定める事項を記載し，これを保存しなければならない。

（本条の趣旨）

　本条は，帳簿を作成し保存する認定匿名加工医療情報作成事業者の義務について定めるものである。

(1)　「認定匿名加工医療情報作成事業者は，主務省令で定めるところにより，帳簿（その作成に代えて電磁的記録の作成がされている場合における当該電磁的記録を含む。以下同じ。）を備え……これを保存しなけれ

ばならない」

　個人情報保護法25条においては，個人情報取扱事業者による個人データの第三者提供に係る記録の作成義務が規定されている。これは，個人データが漏えいした場合等において，個人データのトレーサビリティを確保するためである。また，番号法23条1項においては，情報提供ネットワークシステムを使用して特定個人情報の提供を求める情報照会者または情報の提供を行う情報提供者について，相手方の名称，提供の求めの日時および提供があったときはその日時，特定個人情報の項目等を記録し保存することが義務づけられている（宇賀克也・番号法の逐条解説［第2版］〔有斐閣，2016年〕134頁以下参照）。これに対し，行政機関個人情報保護法，独立行政法人等個人情報保護法においては，トレーサビリティ確保のための帳簿作成・保存義務を課す規定は設けられていない。本法においては，認定匿名加工医療情報作成事業者のコンプライアンスを主務大臣が監督するための前提として，第三者提供に係る記録を含む帳簿の作成が，認定匿名加工医療情報作成事業者に義務づけられている。

　帳簿は，文書，電磁的記録またはマイクロフィルムを用いて作成しなければならない（本法施行規則12条2項）。認定匿名加工医療情報作成事業者は，その都度，遅滞なく，本法施行規則12条1項各号に掲げる事項を帳簿に記載し，その記載の日から3年間保存しなければならない（同条3項）。

(2)　「その業務に関し主務省令で定める事項を記載し」

　帳簿に記載する事項は，第1に，認定匿名加工医療情報作成事業者が匿名加工医療情報取扱事業者に対する匿名加工医療情報の提供を行った場合には，(イ)当該匿名加工医療情報取扱事業者の名称および住所その他の当該匿名加工医療情報取扱事業者を特定するに足りる事項，(ロ)当該匿名加工医療情報の提供を行った年月日，(ハ)当該匿名加工医療情報の項目である。第2に，匿名加工医療情報取扱事業者が他の匿名加工医療情報取扱事業者に対する匿名加工医療情報の提供を行った場合には，(イ)提供元の匿名加工医療情報取扱事業者の名称および住所その他の当該匿名加工医療情報取扱事業者を特定するに足りる事項，(ロ)提供先の匿名加工医療情報取扱事業者の名称および住所その他の当該匿名加工医療情報取扱事業者を特定するに足りる事項，(ハ)当該匿名加工医療情報の提供を行った年月日，(ニ)当該匿名加工医療情報の項目である。第3に，本法19条の

規定により匿名加工医療情報の消去を行った場合には，(イ)当該匿名加工医療情報の消去を行った年月日，(ロ)当該匿名加工医療情報の項目である。第4に，本法25条の規定により他の認定匿名加工医療情報作成事業者に対して医療情報の提供を行った場合には，(イ)当該他の認定匿名加工医療情報作成事業者の名称および住所その他の当該他の認定匿名加工医療情報作成事業者を特定するに足りる事項，(ロ)当該医療情報の提供を行った年月日，(ハ)当該医療情報の項目である。第5に，本法25条の規定により他の認定匿名加工医療情報作成事業者から医療情報の提供を受けた場合には，(イ)当該他の認定匿名加工医療情報作成事業者の名称および住所その他の当該他の認定匿名加工医療情報作成事業者を特定するに足りる事項，(ロ)当該医療情報の提供を受けた年月日，(ハ)当該医療情報の項目である（本法施行規則12条1項）。

> **（名称の使用制限）**
> **第14条** 認定匿名加工医療情報作成事業者でない者は，認定匿名加工医療情報作成事業者という名称又はこれと紛らわしい名称を用いてはならない。

（本条の趣旨）

　本条は，認定匿名加工医療情報作成事業者という名称の使用制限を定めるものである。

(1) **「認定匿名加工医療情報作成事業者でない者は，認定匿名加工医療情報作成事業者という名称……を用いてはならない」**

　認定を得ずに医療情報を匿名加工して，匿名加工医療情報取扱事業者に対する規律を遵守して第三者に提供することは可能であるが，医療情報取扱事業者は，認定匿名加工医療情報作成事業者に対してのみ，要配慮個人情報に当たる医療情報であっても，例外的にオプトアウト手続により提供することができる。医療情報取扱事業者は，「認定匿名加工医療情報作成事業者」という名称に依拠して，本法30条1項の規定に基づき医療情報を提供することが可能な相手方を識別することになるので，認定匿名加工医療情報作成事業者でない者が，「認定匿名加工医療情報作成事業者」という名称またはこれと紛らわしい名称

を使用することを禁止しているのである。認定匿名加工医療情報作成事業者という名称は，認定鳥獣捕獲等事業者（鳥獣の保護及び管理並びに狩猟の適正化に関する法律18条の5第2項1号）等の名称を参考にして定められた。認定業務に係る名称使用制限の例として，個人情報保護法55条，鳥獣の保護及び管理並びに狩猟の適正化に関する法律18条の9，金融商品取引法79条の15，道路交通法108条の32の2第3項などがある。また，認定認証事業者にのみ，認定に係る業務の用に供する電子証明書等に，当該業務が認定を受けている旨の表示を付すことを認め，それ以外の場合には，電子証明書等に，当該業務が認定を受けている旨の表示またはこれと紛らわしい表示を付すことを禁止するものとして，電子署名及び認証業務に関する法律13条がある。

他方，認定匿名加工医療情報作成事業者にこの名称を使用することを義務づけているわけではない。これは，認定制度が任意のものであること，認定匿名加工医療情報作成事業者は公示されること（本法8条5項）を考慮したからである。

(2) 「又はこれと紛らわしい名称」

「認証匿名加工医療情報作成事業者」，「認可匿名加工医療情報作成事業者」，「指定匿名加工医療情報作成事業者」，「認定匿名加工情報作成事業者」，「認定匿名加工医療情報作成事業協会」等が考えられる。

（認定の取消し等）
第15条① 主務大臣は，認定匿名加工医療情報作成事業者（国内に主たる事務所を有しない法人であって，外国において医療情報等又は匿名加工医療情報を取り扱う者（以下「外国取扱者」という。）を除く。次項において同じ。）が次の各号のいずれかに該当するときは，第8条第1項の認定を取り消すことができる。
1 偽りその他不正の手段により第8条第1項若しくは第9条第1項の認定又は第10条第4項から第6項までの認可を受けたとき。
2 第8条第3項各号のいずれかに掲げる基準に適合しなくなったとき。
3 第9条第1項の規定により認定を受けなければならない事項を同項の認定を受けないで変更したとき。

本論 第3章 認定匿名加工医療情報作成事業者

> 　　4　第26条第1項の規定に違反して医療情報を提供したとき。
> 　　5　第37条第1項の規定による命令に違反したとき。
> ②　認定匿名加工医療情報作成事業者が前項の規定により第8条第1項の認定を取り消されたときは，遅滞なく，当該認定事業に関し管理する医療情報等及び匿名加工医療情報を消去しなければならない。
> ③　主務大臣は，第1項の規定により第8条第1項の認定を取り消そうとするときは，あらかじめ，個人情報保護委員会に協議しなければならない。
> ④　主務大臣は，第1項の規定により第8条第1項の認定を取り消したときは，遅滞なく，その旨を公示しなければならない。

（本条の趣旨）
　本条は，外国取扱者を除く認定匿名加工医療情報作成事業者の認定の取消しの実体的・手続的要件，取消し後に必要な対応について定めるものである。

(1)　「主務大臣は，認定匿名加工医療情報作成事業者……が次の各号のいずれかに該当するときは，第8条第1項の認定を取り消すことができる」（1項柱書）

　衛星リモートセンシング記録の適正な取扱いの確保に関する法律25条1項においては，認定の効力の停止についても定められているが，本法においては，本項各号のいずれかに該当する場合には認定を取り消すこととし，効力停止についての規定は置かれていない。本項にいう「取り消す」とは，認定時に認定に瑕疵があったために認定の効力を失わせる講学上の「取消し」と，認定時には認定に瑕疵はなかったが，その後の事情により，認定の効力を失わせる講学上の「撤回」の双方を含む（両者の相違について，宇賀・概説Ⅰ 367頁以下参照）。

(2)　「（国内に主たる事務所を有しない法人であって，外国において医療情報等又は匿名加工医療情報を取り扱う者（以下「外国取扱者」という。）を除く。次項において同じ。）」（1項柱書）

　外国取扱者である認定匿名加工医療情報作成事業者の認定の取消しについては，本法16条で規定されているので，本条では，外国取扱者を除いている。

第 15 条（認定の取消し等）

(3)　「偽りその他不正の手段により第 8 条第 1 項若しくは第 9 条第 1 項の認定又は第 10 条第 4 項から第 6 項までの認可を受けたとき」（1 項 1 号）

「第 8 条第 1 項」の認定は，認定匿名加工医療情報作成事業者の認定，「第 9 条第 1 項」の認定は認定匿名加工医療情報作成事業者の認定に係る事項の変更の認定である。「第 10 条第 4 項から第 6 項までの認可」とは，(i)認定匿名加工医療情報作成事業者である法人が認定匿名加工医療情報作成事業者でない法人に認定事業の全部の譲渡を行う場合における当該譲渡および譲受けの認可（本法 10 条 4 項），(ii)認定匿名加工医療情報作成事業者である法人が認定匿名加工医療情報作成事業者でない法人との合併により消滅することとなる場合における当該合併の認可（同条 5 項），(iii)認定匿名加工医療情報作成事業者である法人が分割により認定事業の全部を承継させる場合における当該分割の認可（同条 6 項）である。この場合には，認定または認可の当初から瑕疵があったことになるので，講学上の「取消し」に当たる。

(4)　「第 8 条第 3 項各号のいずれかに掲げる基準に適合しなくなったとき」（1 項 2 号）

認定匿名加工医療情報作成事業者の認定の基準を認定当時は充足していたが，その後の事情の変化で充足しなくなった場合であるので，講学上の「撤回」に当たる。

(5)　「第 9 条第 1 項の規定により認定を受けなければならない事項を同項の認定を受けないで変更したとき」（1 項 3 号）

変更認定を受ける義務を懈怠したことを理由として，本法 8 条 1 項の規定に基づく認定の効果を失わせるものであるので，講学上の「撤回」に当たる。

(6)　「第 26 条第 1 項の規定に違反して医療情報を提供したとき」（1 項 4 号）

本法 26 条 1 項は，医療情報の第三者提供を制限する規定である。認定後の違反行為を理由として認定の効果を失わせるものであるので，講学上の「撤回」に当たる。

(7)「第37条第1項の規定による命令に違反したとき」(1項5号)

主務大臣による是正命令違反を理由として認定の効果を失わせるものであるので，講学上の「撤回」に当たる。

(8)「認定匿名加工医療情報作成事業者が前項の規定により第8条第1項の認定を取り消されたときは，遅滞なく，当該認定事業に関し管理する医療情報等及び匿名加工医療情報を消去しなければならない」(2項)

認定匿名加工医療情報作成事業者の認定を取り消された者が，当該認定事業に関し管理する医療情報等および匿名加工医療情報を保有し続けることは，当該情報の漏えい等の危険を高めることになるので，遅滞なく消去する義務を課している。

(9)「主務大臣は，第1項の規定により第8条第1項の認定を取り消そうとするときは，あらかじめ，個人情報保護委員会に協議しなければならない」(3項)

個人情報保護委員会は主務大臣ではないが，認定匿名加工医療情報作成事業者の認定の取消しに当たっては，個人情報および匿名加工情報についての専門的知見を有する個人情報保護委員会の意見を反映させる必要がある。そこで，個人情報保護委員会との事前協議を義務づけている。

(10)「主務大臣は，第1項の規定により第8条第1項の認定を取り消したときは，遅滞なく，その旨を公示しなければならない」(4項)

認定が取り消されたことが周知されていないと，なお認定匿名加工医療情報作成事業者であると誤信して，医療情報取扱事業者が医療情報をオプトアウト手続により当該法人に提供してしまう事態が生じかねない。そこで，主務大臣に対して，認定の取消しがあったことを公示する義務を課している。

第16条① 主務大臣は，認定匿名加工医療情報作成事業者（外国取扱者に限る。第3号及び第3項において同じ。）が次の各号のいずれかに該当するときは，第8条第1項の認定を取り消すことができる。

> 1　前条第1項第1号から第4号までのいずれかに該当するとき。
> 2　第37条第3項において読み替えて準用する同条第1項の規定による請求に応じなかったとき。
> 3　主務大臣が，この法律の施行に必要な限度において，認定匿名加工医療情報作成事業者に対し必要な報告を求め，又はその職員に，その者の事務所その他の事業所に立ち入り，その者の帳簿，書類その他の物件を検査させ，若しくは関係者に質問させようとした場合において，その報告がされず，若しくは虚偽の報告がされ，又はその検査が拒まれ，妨げられ，若しくは忌避され，若しくはその質問に対して答弁がされず，若しくは虚偽の答弁がされたとき。
> 4　第3項の規定による費用の負担をしないとき。
> ②　前条第2項から第4項までの規定は，前項の規定による認定の取消しについて準用する。
> ③　第1項第3号の規定による検査に要する費用（政令で定めるものに限る。）は，当該検査を受ける認定匿名加工医療情報作成事業者の負担とする。

（本条の趣旨）
　本条は，外国取扱者である認定匿名加工医療情報作成事業者の認定の取消しの実体的・手続的要件，取消し後に必要な対応について定めるものである。

(1)　「主務大臣は，認定匿名加工医療情報作成事業者……が次の各号のいずれかに該当するときは，第8条第1項の認定を取り消すことができる」（1項柱書）
　本法においては，本項各号のいずれかに該当する場合には認定を取り消すこととし，効力停止についての規定は置かれていない。本項にいう「取り消す」とは，認定時に認定に瑕疵があったために認定の効力を失わせる講学上の「取消し」と，認定時には認定に瑕疵はなかったが，その後の事情により，認定の効力を失わせる講学上の「撤回」の双方を含む。

(2)　「（外国取扱者に限る。第3号及び第3項において同じ。）」（1項柱書）

本論 第3章 認定匿名加工医療情報作成事業者

外国取扱者を除く認定匿名加工医療情報作成事業者の認定の取消しについては，本法15条で規定されているので，本条では，外国取扱者のみを対象としている。

(3) 「前条第1項第1号から第4号までのいずれかに該当するとき」(1項1号)

前条1項5号が含まれていないのは，本法37条1項の是正命令の対象から外国取扱者が除外されているからである。この除外の理由は，外国取扱者に対して公権力の行使としての性格を有する是正命令を出すことが，主権侵害となるおそれがあるからである。

(4) 「第37条第3項において読み替えて準用する同条第1項の規定による請求に応じなかったとき」(1項2号)

外国取扱者に対して公権力の行使としての性格を有する是正命令を出すことは，主権侵害となるおそれがあるので，本法37条3項は，「命ずる」を「請求する」に読み替えている。是正の請求は法的拘束力を有しないが，その請求に応じないことを認定の取消事由とすることにより，是正の請求の実効性を確保している。

(5) 「主務大臣が，この法律の施行に必要な限度において，認定匿名加工医療情報作成事業者に対し必要な報告を求め，又はその職員に，その者の事務所その他の事業所に立ち入り，その者の帳簿，書類その他の物件を検査させ，若しくは関係者に質問させようとした場合において，その報告がされず，若しくは虚偽の報告がされ，又はその検査が拒まれ，妨げられ，若しくは忌避され，若しくはその質問に対して答弁がされず，若しくは虚偽の答弁がされたとき」(1項3号)

行政調査に誠実に協力する義務に違反することは，認定匿名加工医療情報作成事業者としての適格性を失わせるものといえるので，認定の取消事由としている。

(6) 「第3項の規定による費用の負担をしないとき」(1項4号)

外国に所在する事業者等に対する立入検査を行うに当たり，当該検査に要する費用を当該事業者等の負担とするとともに，当該費用負担に応じないことを許可等の取消事由としている立法例は少なくない（船舶安全法25条の58第2項7号，3項，船員法100条の26第2項7号，3項，工業標準化法42条1項9号，3項，日本農林規格等に関する法律35条の2第2項7号，4項，建築基準法68条の23第2項6号，4項，飼料の安全性の確保及び品質の改善に関する法律22条1項7号，2項，ガス事業法156条1項9号，2項，電気用品安全法42条の4第1項9号，2項，液化石油ガスの保安の確保及び取引の適正化に関する法律64条1項9号，2項，労働安全衛生法53条2項6号，3項，消費生活用製品安全法31条1項9号，2項，住宅の品質確保の促進等に関する法律55条5項，65条3項6号，5項参照）。もっとも，かかる場合に，外国事業者等の費用負担について定めていない例もある（肥料取締法33条の5，高圧ガス保安法49条の32，56条の6の23，電子署名及び認証業務に関する法律16条，衛星リモートセンシング記録の適正な取扱いの確保に関する法律26条参照）。

(7) 「前条第2項から第4項までの規定は，前項の規定による認定の取消しについて準用する」（2項）

　認定匿名加工医療情報作成事業者が認定を取り消されたときに，遅滞なく，当該認定事業に関し管理する医療情報等および匿名加工医療情報を消去する義務（本法15条2項），認定を取り消そうとするときに個人情報保護委員会と事前協議する義務（同条3項），主務大臣が認定を取り消したときに，遅滞なく，その旨を公示する義務（同条4項）に係る規定が準用されている。

(8) 「第1項第3号の規定による検査に要する費用（政令で定めるものに限る。）は，当該検査を受ける認定匿名加工医療情報作成事業者の負担とする」（3項）

　「第1項第3号の規定による検査に要する費用（政令で定めるものに限る。）」とは，検査のため職員がその検査に係る事務所その他の事業所（外国にあるものに限る）の所在地に出張をするのに要する旅費の額に相当するものでる（本法施行令5条）。これは，外国に出張して検査を行う場合，渡航費のみでも高額になるからである。その旅費の額の計算に関し必要な細目は，主務省令で定められており，国家公務員等の旅費に関する法律の規定により支給すべきことと

なる旅費の額とする。この場合において，当該検査のためその地に出張する職員は，一般職の職員の給与に関する法律6条1項1号イに規定する行政職俸給表(一)による職務の級が4級である者であるものとしてその旅費の額を計算するものとされている（本法施行規則15条）。

第2節　医療情報等及び匿名加工医療情報の取扱いに関する規制

（利用目的による制限）
第17条①　認定匿名加工医療情報作成事業者は，第25条又は第30条第1項の規定により医療情報の提供を受けた場合は，当該医療情報が医療分野の研究開発に資するために提供されたものであるという趣旨に反することのないよう，認定事業の目的の達成に必要な範囲を超えて当該医療情報を取り扱ってはならない。
②　前項の規定は，次に掲げる場合については，適用しない。
1　法令に基づく場合
2　人命の救助，災害の救援その他非常の事態への対応のため緊急の必要がある場合

（本条の趣旨）
本条は，認定匿名加工医療情報作成事業者が医療分野の研究開発に資するために，特別の手続で医療情報を取得することを認められている趣旨に反しないように，特別の手続で取得した医療情報の利用目的を厳格に制限するものである。

(1)　「認定匿名加工医療情報作成事業者は，……認定事業の目的の達成に必要な範囲を超えて当該医療情報を取り扱ってはならない」（1項）

認定匿名加工医療情報作成事業者は，匿名加工医療情報を作成し，匿名加工医療情報取扱事業者に提供することにより，健康・医療に関する先端的研究開発および新産業創出を促進し，もって健康長寿社会の形成に資することを期待されている。そのために，一般的には，オプトアウト手続による第三者提供が禁止されている医療情報を例外的にオプトアウト手続により取得することが認

第17条（利用目的による制限）

められている。そこで，目的外利用を原則として禁止している。

　個人情報保護法は，個人情報取扱事業者が合併その他の事由により他の個人情報取扱事業者から事業を承継することに伴って個人情報を取得した場合は，あらかじめ本人の同意を得ないで，承継前における当該個人情報の利用目的の達成に必要な範囲を超えて，当該個人情報を取り扱うことを禁止している（同法16条2項）。これに対して，本法には，これに相当する規定は置かれていない。その理由は，本法により認定匿名加工医療情報作成事業者の事業の承継を受けた者は，認定匿名加工医療情報作成事業者としての地位を有することになり，本条の規定による利用目的の制限を受けることになるからである。認定匿名加工医療情報作成事業者は，匿名加工医療情報の作成・提供のために，医療情報取扱事業者から医療情報を取得するので，この仕組みの下で医療情報取扱事業者から提供された個人情報を加工せずに自ら利用することは，個人情報の目的外利用になり，原則として禁止される。

　認定匿名加工医療情報作成事業者の名称は，本法8条5項の規定に基づき，主務大臣が公示しており，認定匿名加工医療情報作成事業者による医療情報の利用目的は，本項の規定に基づき制限されているので，医療情報について，個人情報保護法27条が定める保有個人データに関する事項の公表等に係る規定は設けられていない。

(2) 「第25条又は第30条第1項の規定により医療情報の提供を受けた場合は」（1項）

　本法25条1項の規定により医療情報の提供を受けた場合とは，他の認定匿名加工医療情報作成事業者から提供を受けた場合である。本法30条1項の規定により医療情報の提供を受けた場合とは，医療情報取扱事業者からオプトアウト手続により医療情報の提供を受けた場合である。

(3) 「当該医療情報が医療分野の研究開発に資するために提供されたものであるという趣旨に反することのないよう」（1項）

　個人情報保護法では，個人情報取扱事業者は個人情報の利用目的をできる限り特定しなければならないが（同法15条1項），目的の設定についての制約は緩く，かつ，変更前の利用目的と関連性を有すると合理的に認められる範囲で

の目的の変更も認められるが（同条2項），本法においては，認定匿名加工医療情報作成事業者が本法25条1項または30条1項の規定に基づき提供された医療情報が医療分野の研究開発に資するために提供されたものであるという趣旨に反することのないよう，認定事業の目的の達成に必要な範囲を超えて当該医療情報を取り扱ってはならないとされており，目的の変更を認める規定はない。医療分野の研究開発に資するために提供されたものであるという趣旨に反することのないよう取り扱うべき旨を明記する修正は，衆議院内閣委員会で行われた。医療分野の研究開発は，学術研究機関において行われる場合に限らず，行政機関や製薬企業を始めとする民間事業者において行われる場合を含む（193衆院内閣委議録第6号〔2017年4月12日〕3頁［越智隆雄内閣府副大臣発言］参照）。国と並んで地方公共団体も，各種行政施策（公衆衛生，医療提供体制，医療保険等）の立案や実施に際して，匿名加工医療情報を利活用することが考えられる。基本方針2(2)③では，国は，地方公共団体や保険者における各種行政施策等の立案や実施に際しての匿名加工医療情報の利活用について，助言・情報提供を行うことが定められている。

　医療分野の研究開発に資するという目的のための利用は，(i)提供を受けた医療情報から匿名加工医療情報を作成して，匿名加工医療情報利用事業者に提供すること，(ii)自ら匿名加工医療情報を利用して研究開発を行うこと，(iii)提供を受けた医療情報を他の認定匿名加工医療情報作成事業者に提供することに限定される。前記(i)について，「人を対象とする医学系研究に関する倫理指針（平成26年文部科学省・厚生労働省告示第3号）」，「ヒトゲノム・遺伝子解析研究に関する倫理指針（平成25年文部科学省・厚生労働省・経済産業省告示第1号）」および「遺伝子治療等臨床研究に関する指針（平成27年厚生労働省告示第344号）」の適用対象とならないので，匿名加工医療情報取扱事業者が匿名加工医療情報の提供を受けるに当たって倫理審査委員会の承認を得る必要はない。

　認定匿名加工医療情報作成事業者が，本法25条1項または30条1項の規定に基づき提供を受けた医療情報をEHR事業に用いることは，本項の規定に違反するためできないが，認定匿名加工医療情報作成事業者は認定事業以外の事業を兼営することを禁じられているわけではないので，認定事業と別にEHR事業を行うことは妨げられない（193衆院内閣委議録第6号〔2017年4月12日〕7

第17条（利用目的による制限）

頁〔大島一博政府参考人答弁〕参照）。なお，政府は，本法25条1項または30条1項の規定に基づき提供を受けた医療情報から統計情報を作成して，これを第三者に提供することは可能という立場をとっている（193衆院内閣委議録第6号〔2017年4月12日〕7頁〔大島一博政府参考人答弁〕参照）。

　前記(i)の違反にならないようにするためには，匿名加工医療情報取扱事業者でない者に匿名加工医療情報を提供しないように留意しなければならないが，匿名加工医療情報取扱事業者については，認定制はとられていない。その理由は，匿名加工医療情報は，照合により特定の個人が識別されない限り，個人の権利利益を侵害するおそれはなく，照合のために悪用されうる情報（匿名加工医療情報の作成のために医療情報から削除された記述等）については認定匿名加工医療情報作成事業者および認定医療情報等受託事業者により安全管理措置が講じられること（本法8条3項3号，20条，29条），匿名加工医療情報は，医療分野の研究開発を実施する者以外には有用性がないと考えられる情報であり，医療分野の研究開発を実施する者以外がその提供を受けることは想定しにくいと考えられたこと，認定匿名加工医療情報作成事業者に中立公正な委員会を設置して，個別の匿名加工医療情報取扱事業者に対する匿名加工医療情報の提供の是非を審査する体制を整備することを認定匿名加工医療情報作成事業者の認定基準とし，認定匿名加工医療情報作成事業者が匿名加工医療情報取扱事業者との契約において，利用目的の制限や第三者提供の制限について定め，違反に対する制裁も明記することにより足りると考えられたことによる。

　本法の目的の一つが，医療分野の研究開発におけるわが国の国際競争力を強化することにあることに鑑みると，匿名加工医療情報利用事業者に外国企業等がなりうることが問題になる。しかし，わが国がこの分野でキャッチアップすべき欧米先進国の企業等は，すでに汎用性の高い匿名加工医療情報データベースを利用しているのに対して，わが国の企業等にとっては，研究開発拠点が存在し，最重要の市場である自国を対象とした汎用性の高い匿名加工医療情報データベースを利用できるようになるので，その持つ意味は大きく異なる。したがって，たとえ外国企業等も匿名加工医療情報利用事業者になりうるとしても，本法は，わが国の医療分野の研究開発を促進し，国際競争力を向上させることが期待しうるといえよう。

　個人情報保護法18条4項4号は，取得の状況からみて利用目的が明らかで

あると認められる場合には，取得に際しての利用目的の通知等を行う必要はないとしている。認定匿名加工医療情報作成事業者による医療情報の利用目的は，本項の規定により明確に制限されているので，取得に際して利用目的を通知または公表する義務を課す必要はない。

(4) 「前項の規定は，次に掲げる場合については，適用しない」(2項柱書)

本条1項が定める目的外利用禁止原則の例外を定めるものである。認定匿名加工医療情報作成事業者になるためには法人でなければならないが，国，独立行政法人等，地方公共団体，地方独立行政法人は，いずれも法人であり，認定匿名加工医療情報作成事業者の欠格事由になっていないので，制度上は，これらの者が認定匿名加工医療情報作成事業者になる可能性は否定されない。しかし，実際は，かかる場合は想定されていないので，民間事業者が認定匿名加工医療情報作成事業者になる場合について述べると，認定匿名加工医療情報作成事業者は個人情報取扱事業者になり，個人情報保護法が一般法として適用されることになる。個人情報保護法では，個人情報取扱事業者があらかじめ本人の同意を得ないで個人情報を目的外利用できるのは，(ア)法令に基づく場合，(イ)人の生命，身体または財産の保護のために必要がある場合であって，本人の同意を得ることが困難であるとき，(ウ)公衆衛生の向上または児童の健全な育成の推進のために特に必要がある場合であって，本人の同意を得ることが困難であるとき，(エ)国の機関もしくは地方公共団体またはその委託を受けた者が法令の定める事務を遂行することに対して協力する必要がある場合であって，本人の同意を得ることにより当該事務の遂行に支障を及ぼすおそれがあるときとされている（同法16条3項）。本法においても，目的外利用は原則として認められず，その例外が認められるのは，(i)法令に基づく場合，(ii)人命の救助，災害の救援その他非常の事態への対応のため緊急の必要がある場合に限られている（本条2項）。本法の(i)は(ア)に対応するが，(ii)は(イ)よりも必要性，緊急性が高い場合に限定されており，(ウ)(エ)に相当するものは，本法にはない。また，個人情報保護法は本人の事前同意に基づく目的外利用を認めているのに対し（同法16条1項），本法には，事前の本人同意に基づく目的外利用を認める規定もない（事前の本人同意があれば，目的外利用を認める解釈をすべきとするものとして，吉峯耕平

「次世代医療基盤法の構造と解釈問題」論究ジュリ24号〔2018年〕134頁参照)。このように、認定匿名加工医療情報作成事業者については、目的外利用が、一般の個人情報取扱事業者よりも厳格に制限されている。その理由は、要配慮個人情報である病歴等を含む医療情報の目的外利用を必要最小限にすることにより、本法に対する国民の信頼を確保することにある。

　本項が定める利用目的による制限の例外は、本法26条1項が定める第三者提供の制限の例外と同じである。目的外利用の大半は第三者提供と考えられるが、それ以外の例としては、医療機関を兼営する認定匿名加工医療情報作成事業者が、意識不明の重病人を治療するため、当該重病人を治療するために医療情報を利用する場合が想定される。

(5) 「法令に基づく場合」(2項1号)

　個人情報保護法16条3項1号の「法令に基づく場合」と同じであり、法律、法律に基づく命令または条例に基づく場合である。訓令・通達等の行政規則は含まない。法令に第三者提供の根拠があれば、第三者提供によりもたらされる利益が不利益に優越することが、国会または地方議会により承認されており、目的外利用禁止原則の例外を認める合理性があるといえる。

　「法令に基づく場合」とは、法令上義務づけられている場合に限らない(「法令に基づく場合」の具体例について詳しくは、宇賀・個人情報逐条165頁以下参照)。ただし、法令に基づく照会に対して正当な理由がない限り照会に応ずる義務がある場合(弁護士法23条の2の規定に基づく照会について、最判平成28・10・18民集70巻7号1725頁参照)、認定匿名加工医療情報作成事業者には、大量の要配慮個人情報が集中することに鑑みると、正当な理由の有無について、慎重な手続で判断すべきであろう。医師等の医療職従事者、個人情報保護を専門とする学者・弁護士、消費者団体の代表者等からなる第三者機関を設置し、その審査を得ることを検討すべきであろう。

(6) 「人命の救助、災害の救援その他非常の事態への対応のため緊急の必要がある場合」(2項2号)

　個人情報保護法16条3項2号では、「人の生命、身体または財産の保護のために必要がある場合であって、本人の同意を得ることが困難であるとき」に個

人情報の目的外利用を認めているが，本号では，「緊急の必要がある場合」であることが要件とされており，目的外利用の要件が厳格になっている。

（匿名加工医療情報の作成等）

第18条① 認定匿名加工医療情報作成事業者は，匿名加工医療情報を作成するときは，特定の個人を識別すること及びその作成に用いる医療情報を復元することができないようにするために必要なものとして主務省令で定める基準に従い，当該医療情報を加工しなければならない。

② 認定匿名加工医療情報作成事業者は，匿名加工医療情報を作成して自ら当該匿名加工医療情報を取り扱うに当たっては，当該匿名加工医療情報の作成に用いられた医療情報に係る本人を識別するために，当該匿名加工医療情報を他の情報と照合してはならない。

③ 匿名加工医療情報取扱事業者（匿名加工医療情報データベース等を事業の用に供している者をいう。以下同じ。）は，第1項（第29条において準用する場合を含む。）の規定により作成された匿名加工医療情報（自ら医療情報を加工して作成したものを除く。）を取り扱うに当たっては，当該匿名加工医療情報の作成に用いられた医療情報に係る本人を識別するために，当該医療情報から削除された記述等若しくは個人識別符号若しくは同項（同条において準用する場合を含む。）の規定により行われた加工の方法に関する情報を取得し，又は当該匿名加工医療情報を他の情報と照合してはならない。

④ 個人情報の保護に関する法律第36条の規定は認定匿名加工医療情報作成事業者又は第28条の認定を受けた者（以下「認定医療情報等取扱受託事業者」という。）が第1項（第29条において準用する場合を含む。）の規定により匿名加工医療情報を作成する場合について，同法第37条から第39条までの規定は匿名加工医療情報取扱事業者が前項に規定する匿名加工医療情報を取り扱う場合については，適用しない。

（本条の趣旨）

本条は，認定匿名加工医療情報作成事業者が匿名加工医療情報を作成する際の加工方法，匿名加工医療情報と他の情報との照合禁止義務等について定める

第18条（匿名加工医療情報の作成等）

ものである。

(1) 「認定匿名加工医療情報作成事業者は，匿名加工医療情報を作成するときは，特定の個人を識別すること及びその作成に用いる医療情報を復元することができないように……当該医療情報を加工しなければならない」（1項）

安全管理措置の一環として氏名等の一部の個人情報を削除したり他の記述等に置き換えたりした上で，引き続き医療情報として取り扱うこと，統計情報を作成するために医療情報を加工することは，匿名加工医療情報を作成することには当たらない。

医療情報には死者の情報も含まれるので，死者の情報についても，主務省令で定める加工基準に従って加工を行う必要がある。主務省令を定めるのは主務大臣であり，医療分野の研究開発に関する知見を反映させることができるようにしているが，同時に，個人情報保護委員会の個人情報保護に関する専門的知見を反映させることも重要であるので，主務省令を定めたり，変更したりする場合には，事前に個人情報保護委員会との協議を義務づけている（本法39条3項）。

(2) 「主務省令で定める基準に従い」（1項）

本法施行規則18条で定める基準は，(i)医療情報に含まれる特定の個人を識別することができる記述等の全部または一部を削除すること（当該全部または一部の記述等を復元することのできる規則性を有しない方法により他の記述等に置き換えることを含む），(ii)医療情報に含まれる個人識別符号の全部を削除すること（当該個人識別符号を復元することのできる規則性を有しない方法により他の記述等に置き換えることを含む），(iii)医療情報と当該医療情報に措置を講じて得られる情報とを連結する符号（現に認定匿名加工医療情報作成事業者において取り扱う情報を相互に連結する符号に限る）を削除すること（当該符号を復元することのできる規則性を有しない方法により当該医療情報と当該医療情報に措置を講じて得られる情報を連結することができない符号に置き換えることを含む），(iv)特異な記述等を削除すること（当該特異な記述等を復元することのできる規則性を有しない方法により他の記述等に置き換えることを含む），(v)前記(i)から(iv)までに掲げる措置のほか，医療情報に

含まれる記述等と当該医療情報を含む医療情報データベース等を構成する他の医療情報に含まれる記述等との差異その他の当該医療情報データベース等の性質を勘案し、その結果を踏まえて適切な措置を講ずることとされている。

(ⅱ)に関して、個人情報保護法施行令1条1号イ、同法施行規則2条は、「細胞から採取されたデオキシリボ核酸（別名DNA）を構成する塩基の配列」を電子計算機の用に供するために変換した文字、番号、記号その他の符号であって、特定の個人を識別することができる水準が確保されるよう、適切な範囲を適切な手法により電子計算機の用に供するために変換したものを個人識別符号としている。そして、「個人情報の保護に関する法律についてのガイドライン（通則編）」2-2（個人識別符号）においても、「ゲノムデータ（細胞から採取されたデオキシリボ核酸（別名DNA）を構成する塩基の配列を文字列で表記したもの）のうち、全核ゲノムシークエンスデータ、全エクソームシークエンスデータ、全ゲノム一塩基多型（single nucleotide polymorphism、以下「SNP」という）データ、互いに独立な40箇所以上のSNPから構成されるシークエンスデータ、9座位以上の4塩基単位の繰り返し配列（short tandem repeat, STR）等の遺伝型情報により本人を認証することができるようにしたもの」を個人識別符号としている。したがって、個人識別符号に当たる一定以上の長さのゲノムデータが含まれている場合には、一般の匿名加工の基準に従う限り、その全部を削除する必要があることになる（黒田祐輝「匿名加工医療情報を用いた医学研究の可能性」論究ジュリ24号〔2018年〕126頁参照）。したがって、匿名加工医療情報として匿名加工医療情報取扱事業者に提供できるゲノムデータの利活用については、個人情報保護法と同様の範囲でスタートし、個人識別符号に該当するゲノムデータの利活用については、本法の施行状況も踏まえて、継続的に検討していく方針がとられた。

(ⅲ)は、患者の情報について、氏名等の基本的な情報と診療情報を分散管理し、それらに管理用IDを付すことにより連結している場合、その管理用IDを削除すること、認定医療情報等取扱受託事業者に対して医療情報の管理業務の一部を委託する際に利用するために、管理用IDを付すことにより元の医療情報と委託用に作成した情報を連結している場合、当該管理用IDを仮IDに置き換えること等を意味する。

(ⅳ)に関して、「個人情報の保護に関する法律についてのガイドライン（匿名

加工情報編)」3-2-4(特異な記述等の削除)では,その事例として,「症例数の極めて少ない病歴を削除する」ことを挙げている。しかし,本法ガイドライン(匿名加工医療情報編)4-1-4(特異な記述等の削除)においては,「症例数の極めて少ない病歴」とは,具体的には有病率のきわめて低い疾患名,きわめて頻度の低い検査結果,実施数がきわめて少ない治療およびその結果等が考えられるとしつつ,こうした症例数のきわめて少ない病歴等の記述等で他の個人と異なるものであっても,特定の個人の識別につながりえないものは「特異な記述等」には該当しないとし,実際にどのような記述等が特異であるかどうかは情報の性質等を勘案して,個別の事例ごとに客観的に判断する必要があると述べられている。そして,2015年に発生したエボラ出血熱感染症疑似症患者であることは,①報道等により国内で稀な感染症であることが公知であるため,特異であると認められるとともに,②厚生労働省が当該患者の年代,性別,国籍,滞在国,症状,居住都道府県,入院先医療機関の所在都道府県等を公表していることから,具体的な人物と情報の間に同一性を認めるに至ることができる可能性が高いので,「特異な記述等」に該当するとする。他方,拘束型心筋症罹患者であることは,①難病法に基づく指定難病であるとともに,有病者が国内に数十人であることも公表されているため,特異であると認められるものの,②患者の具体的な属性が広く報道・公表されている状況にはなく,社会通念上特異であると認められるわけではないので,「特異な記述等」に該当しないとしている。すなわち,本法の運用に当たっては,「特異な記述等」は,疾病自体が特異であることのみならず,疾病が特異であることにより,一般人または一般の事業者が特定個人を識別しうる場合と解する方針がとられているので,「特異な記述等」であるとして削除が必要になる場合は相当限定されることになろう。

　なお,同一の匿名加工医療情報取扱事業者に対して継続的に匿名加工医療情報を提供する場合,過去に提供した匿名加工医療情報との照合により,特定の個人が識別されるおそれがあるので,その点に配慮する必要がある。

(3) 「認定匿名加工医療情報作成事業者は,匿名加工医療情報を作成して自ら当該匿名加工医療情報を取り扱うに当たっては,当該匿名加工医療情報の作成に用いられた医療情報に係る本人を識別するために,当該匿

本論　第3章　認定匿名加工医療情報作成事業者

名加工医療情報を他の情報と照合してはならない」（2項）
　複数の匿名加工医療情報を組み合わせて統計情報を作成すること，匿名加工医療情報を個人と関係のない情報（気象情報，休日等のカレンダー情報）とともに傾向を分析することは，識別行為に当たらない。他方，保有する医療情報と匿名加工医療情報について，共通する記述等を選別してこれらを照合すること，自ら作成した匿名加工医療情報を，当該匿名加工医療情報の作成の元となった医療情報と照合することは，識別行為に当たる（本法ガイドライン（匿名加工情報編）6〔識別行為の禁止〕）。

(4)　「匿名加工医療情報取扱事業者（匿名加工医療情報データベース等を事業の用に供している者をいう。以下同じ。）は，第1項（第29条において準用する場合を含む。）の規定により作成された匿名加工医療情報（自ら医療情報を加工して作成したものを除く。）を取り扱うに当たっては，当該匿名加工医療情報の作成に用いられた医療情報に係る本人を識別するために，当該医療情報から削除された記述等若しくは個人識別符号若しくは同項（同条において準用する場合を含む。）の規定により行われた加工の方法に関する情報を取得し，又は当該匿名加工医療情報を他の情報と照合してはならない」（3項）
　本条4項により個人情報保護法38条の規定の適用が除外されているが，識別行為の禁止規定がないと，医療情報に係る本人またはその遺族に不安を与える可能性があるので，本法自体において，匿名加工医療情報取扱事業者にも識別禁止規定を置くこととしている。また，匿名加工医療情報の利活用に際して一定の地域や団体に属する者等の本人やその子孫以外の者にも不利益が生じることのないよう，利活用の結果を一般市民に提供する際には，その方法や表現ぶりを十分に事前に検討するなど適切な措置を講じること，国は，匿名加工医療情報の適正な取扱いが確保されるよう，認定匿名加工医療情報作成事業者および匿名加工医療情報取扱事業者を適切に監督することが，基本方針3(3)に定められている。

(5)　「個人情報の保護に関する法律第36条の規定は認定匿名加工医療情報作成事業者又は第28条の認定を受けた者（以下「認定医療情報等取扱

第18条（匿名加工医療情報の作成等）

受託事業者」という。）が第1項（第29条において準用する場合を含む。）の規定により匿名加工医療情報を作成する場合について……適用しない」（4項）

　認定匿名加工医療情報作成事業者には個人情報取扱事業者がなることが想定されている。その場合，本法に特段の規定がなければ，個人情報取扱事業者は，特定の個人を識別すること，およびその作成に用いる個人情報を復元することができないようにするために必要なものとして個人情報保護委員会規則で定める基準に従い，当該個人情報を匿名加工しなければならないこと（個人情報保護法36条1項），個人情報取扱事業者は，匿名加工情報を作成したときは，その作成に用いた個人情報から削除した記述等および個人識別符号ならびに加工の方法に関する情報の漏えいを防止するために必要なものとして個人情報保護委員会規則で定める基準に従い，これらの情報の安全管理のための措置を講じなければならないこと（同条2項），個人情報取扱事業者は，匿名加工情報を作成したときは，個人情報保護委員会規則で定めるところにより，当該匿名加工情報に含まれる個人に関する情報の項目を公表しなければならないこと（同条3項），個人情報取扱事業者は，匿名加工情報を作成して当該匿名加工情報を第三者に提供するときは，個人情報保護委員会規則で定めるところにより，あらかじめ，第三者に提供される匿名加工情報に含まれる個人に関する情報の項目およびその提供の方法について公表するとともに，当該第三者に対して，当該提供に係る情報が匿名加工情報である旨を明示しなければならないこと（同条4項），個人情報取扱事業者は，匿名加工情報を作成して自ら当該匿名加工情報を取り扱うに当たっては，当該匿名加工情報の作成に用いられた個人情報に係る本人を識別するために，当該匿名加工情報を他の情報と照合してはならないこと（同条5項），個人情報取扱事業者は，匿名加工情報を作成したときは，当該匿名加工情報の安全管理のために必要かつ適切な措置，当該匿名加工情報の作成その他の取扱いに関する苦情の処理その他の当該匿名加工情報の適正な取扱いを確保するために必要な措置を自ら講じ，かつ，当該措置の内容を公表するよう努めなければならないこと（同条6項）という規律がかかることになる。しかし，死者に係る匿名加工医療情報の作成には，個人情報保護法の規定は適用されない。そこで，本法は，個人情報保護法36条1項の規定の適用を除外した上で，匿名加工医療情報の作成に係る独自の規定を設けている。

本論　第3章　認定匿名加工医療情報作成事業者

(6)「同法第37条から第39条までの規定は匿名加工医療情報取扱事業者が前項に規定する匿名加工医療情報を取り扱う場合については，適用しない」(4項)

　匿名加工医療情報取扱事業者は，個人情報保護法上の匿名加工情報取扱事業者に当たる。しかし，同法37条（匿名加工情報の提供），38条（識別行為の禁止），39条（安全管理措置等）の規定は匿名加工医療情報取扱事業者が匿名加工医療情報を取り扱う場合については，適用しないこととされている。その理由は，本法30条1項2号の規定に基づき，認定匿名加工医療情報作成事業者に提供される医療情報の項目については本人への通知と主務大臣への届出がされており，かつ，同条3項の規定に基づき公表されているので，個人情報保護法37条の規定を適用して情報の項目の公表を義務づける意義に乏しいこと，識別行為の禁止については，本条3項に規定されていること，匿名加工医療情報は，特定の個人が識別できず，かつ，医療情報を復元できないように加工したものであるので，漏えいした場合のリスクが小さいこと，匿名加工医療情報から医療情報を復元するために用いられる削除された記述等もしくは個人識別符号ならびに加工方法については認定匿名加工医療情報作成事業者に厳格な安全管理措置を講ずることを義務づけているので，匿名加工医療情報が漏えいしても医療情報が復元されるリスクは小さいこと，認定匿名加工医療情報作成事業者が匿名加工医療情報取扱事業者に匿名加工医療情報を提供するに当たり，外部の有識者を加えた委員会で審査する体制がとられること，認定匿名加工医療情報作成事業者と匿名加工医療情報取扱事業者との契約において，匿名加工医療情報取扱事業者がとるべき安全管理措置や利用目的の制限，それに違反した場合の制裁を規定することを担保することとされていること，匿名加工医療情報の漏えいに不安を覚える本人またはその遺族は，医療情報の認定匿名加工医療情報作成事業者への提供を停止しうることである。

（消去）
第19条　認定匿名加工医療情報作成事業者は，認定事業に関し管理する医療情報等又は匿名加工医療情報を利用する必要がなくなったときは，遅滞なく，当該医療情報等又は匿名加工医療情報を消去しなければならない。

第 19 条（消去）

（本条の趣旨）
　本条は，認定匿名加工医療情報作成事業者に対して，認定事業に関し管理する医療情報等または匿名加工医療情報が不要になったときの消去義務を課すものである。

　個人情報保護法 19 条は，「個人情報取扱事業者は，利用目的の達成に必要な範囲内において，個人データを正確かつ最新の内容に保つとともに，利用する必要がなくなったときは，当該個人データを遅滞なく消去するよう努めなければならない」と定め，不要になった個人データを遅滞なく消去する努力義務を個人情報取扱事業者に課しているが，本条は，不要になった医療情報等または匿名加工医療情報について遅滞なく消去する義務を認定匿名加工医療情報作成事業者に課している。本条と類似する例としては，火薬類の製造業者もしくは販売業者が，許可の取消しその他の事由により営業を廃止した場合，火薬類を消費する目的で火薬類の譲受けもしくは輸入の許可を受けた者が，その火薬類を消費し，もしくは消費することを要しなくなった場合または火薬類の消費の許可を受けた者がその許可を取り消された場合において，なお火薬類の残量があるときは，遅滞なくその火薬類を譲り渡し，または廃棄する義務を負うとされていることがある（火薬類取締法 22 条）。その違反に対しては 30 万円以下の罰則（同法 60 条 1 号）が定められている。
　衛星リモートセンシング記録の適正な取扱いの確保に関する法律においては，衛星リモートセンシング装置使用者が許可を取り消された場合，当該取消しの日から 120 日以内に当該装置の不正利用を防止するための終了措置を講ずる義務を課すとともに，当該措置が終了するまでの間，当該者を許可を受けた衛星リモートセンシング装置使用者とみなしている（同法 17 条 2 項）。また，仮想通貨交換業者の登録が失効した後，当該業に関し管理する利用者の財産を返還し，または利用者に移転する目的の範囲内においてのみ，なお仮想通貨交換業者とみなされる（資金決済に関する法律 63 条の 21 参照）。しかし，本法に基づく消去は，比較的短時間で終了しうるため，認定匿名加工医療情報作成事業者であった法人を認定匿名加工医療情報作成事業者とみなす必要はないため，みなし規定は置かれていない。

本論　第3章　認定匿名加工医療情報作成事業者

（安全管理措置）
第20条　認定匿名加工医療情報作成事業者は，認定事業に関し管理する医療情報等又は匿名加工医療情報の漏えい，滅失又は毀損の防止その他の当該医療情報等又は匿名加工医療情報の安全管理のために必要かつ適切なものとして主務省令で定める措置を講じなければならない。

（本条の趣旨）
　本条は，医療情報等または匿名加工医療情報に係る安全管理措置を講ずる認定匿名加工医療情報作成事業者の義務について定めるものである。

(1)　「認定匿名加工医療情報作成事業者は……医療情報等又は匿名加工医療情報の漏えい，滅失又は毀損の防止その他の当該医療情報等又は匿名加工医療情報の安全管理のために必要かつ適切なものとして……定める措置を講じなければならない」
　個人情報保護法20条は，個人情報取扱事業者に個人データの安全管理措置を講ずる義務を課している。しかし，本法の医療情報には個人データに含まれない散在情報も包含されているのに対し，個人情報保護法20条は，安全管理措置の対象を個人データに限定している。その理由は，他のデータとの照合や結合が容易な個人データの取扱いに不備があった場合，漏えい等によって個人の権利利益を害するおそれが大きいこと，散在情報についても厳格な取扱いを義務づけることは，個人情報取扱事業者に過大な負担を課すおそれがあることに配慮したからである。しかし，本法では，散在情報であっても，医療情報が漏えいすれば，本人またはその遺族の権利利益に重大な損害を与えるおそれがあり，また，認定匿名加工医療情報作成事業者制度への国民の信頼を喪失するおそれがあるので，安全管理措置等の対象に散在情報も含めている。
　また，個人情報保護法20条，39条は，安全管理措置の具体的内容について定めているわけではない（その点では，行政機関個人情報保護法6条1項，独立行政法人等個人情報保護法7条1項も同じである）。他方，本条は，医療情報等および匿名加工医療情報について，法令のレベルで，いかなる安全管理措置を講ずべきかを明確にすることにより，医療情報の本人の権利利益の侵害を防止すると

第 20 条（安全管理措置）

ともに，医療情報の本人および医療情報取扱事業者の本法の制度に対する信頼を確保するため，認定匿名加工医療情報作成事業者に対して，散在する医療情報等も含めて，安全管理措置を講ずる義務を課すとともに，具体的な安全管理措置を主務省令で定めることとしている。具体的な安全管理措置を主務省令で定める例として，資金決済に関する法律 21 条，衛星リモートセンシング記録の適正な取扱いの確保に関する法律 20 条，統計法 39 条 1 項がある（他方，主務省令に委任していない例として，がん登録等の推進に関する法律 25 条 1 項，消費生活用製品安全法 32 条の 13 第 2 項参照）。

このほか，本条の規定に基づく安全管理措置の対象になる医療情報等または匿名加工医療情報には，死亡した本人の個人に関する情報も含まれる（本法 2 条 1 項・3 項）。

なお，本法には，正確性の確保についての規定は置かれていないが，個人情報保護法は，個人情報取扱事業者に正確性を確保する努力義務を課している（同法 19 条）。認定匿名加工医療情報作成事業者として実際に認定されるのは，個人情報取扱事業者であると考えられるため，個人データである医療情報については，かかる努力義務を負う。他方，死者に係る医療情報は，個人データに当たらず，同法 19 条の規定の適用を受けないが，本人が死亡しており，時の経過とともに関連資料も散逸し，正確性の確認を行うことは困難と考えられるため，本法では，正確性の確保の（努力）義務は課されていない。

(2) 「認定事業に関し管理する」

本条の規定に基づく安全管理措置の対象になるのは，「認定事業に関し管理する」医療情報等または匿名加工医療情報である。「認定事業に関し管理する」医療情報には，(i)本法 25 条 1 項の規定に基づき，他の認定匿名加工医療情報作成事業者から提供されたもの，(ii)本法 30 条 1 項の規定に基づき医療情報取扱事業者から提供されたもの，(iii)個人情報保護法 23 条 1 項の規定に基づき，本人の同意を得て提供されたものが含まれる。

認定匿名加工医療情報作成事業者である法人は，他の事業を兼営することは可能であるから，医療機関の委託を受けてカルテを電子化する等，兼営する事業において，医療情報を取り扱う可能性がある。しかし，「認定事業に関し管理する」ものでない医療情報の取扱いについては，一般法である個人情報保護

法が規制しており，本法の規制の対象外である。

(3) 「主務省令」

　主務省令で定める措置は，本法8条3項3号の委任を受けて主務省令で定める基準と同一である（本法施行規則6条）。

　医療情報の安全管理措置に特化したガイドラインとしては，すでに医療機関に関するものとして，厚生労働省の「医療情報システムの安全管理に関するガイドライン［第5版］」(2017年5月)，医療情報の処理をASP（Application Service Provider）・SaaS（Software as a Service）で提供する事業者および団体に関するものとして，総務省の「ASP・SaaSにおける情報セキュリティ対策ガイドライン」，「ASP・SaaS事業者が医療情報を取り扱う際の安全管理に関するガイドライン［第1.1版］」(2010年12月)，医療情報の外部保存を受託する情報処理事業者に関するものとして，経済産業省の「医療情報を受託管理する情報処理事業者向けガイドライン［第2版］」(2012年10月)が存在する。

　「医療情報匿名加工・提供機関（仮称）のセキュリティ等に関する検討サブワーキンググループ報告書」で述べられているように，認定匿名加工医療情報作成事業者が講ずべき安全管理措置は，前記の3省4ガイドラインにおいて，「推奨」とされている水準を踏まえて，多層防御（入口，内部，出口対策）の対策を講ずるべきである。同報告書では，(i)認定匿名加工医療情報作成事業者による医療情報取扱事業者からの医療情報の収集については，医療情報取扱事業者によるセキュリティ水準の相違の影響を受けないように，医療情報取扱事業者のネットワークとの切分けを行い，医療情報取扱事業者からの侵入を防止すること，認定匿名加工医療情報作成事業者と医療情報取扱事業者の間に必要なセキュリティ対策を講ずる際には，情報提供者となる医療情報取扱事業者に対策の責任を求めるのではなく，認定匿名加工医療情報作成事業者の責任においてセキュリティ対策を実施することが適当であること，(ii)認定匿名加工医療情報作成事業者内部における情報の取扱い（認定医療情報等取扱受託事業者へ委託する場合を含む）については，認定匿名加工医療情報作成事業者内の基幹システムとインターネットを利用する情報系ネットワークの分離を行うことや認定匿名加工医療情報作成事業者における内部不正の防止（認定匿名加工医療情報作成事業者が企業である場合には，それが取り扱う医療情報および匿名加工医療情報は不正

第20条（安全管理措置）

競争防止法上の「営業秘密」として「営業秘密管理指針」〔2003年1月30日（全面改訂：2015年1月28日），経済産業省〕を参照することも考えられるとする）のため，組織的安全対策（運用責任者の設置，管理規程の策定等），物理的安全対策（入退出記録の作成・保存，入退出管理における個人認証システムの導入，監視，施錠等），技術的安全対策（利用者認証における複数要素認証方式の採用等），人的安全管理対策（秘密保持義務，罰則等）を組み合わせること，行政庁による監督権限を適切に及ぼす観点からサーバは国内に設置すべきこと，(ⅲ)認定匿名加工医療情報作成事業者による匿名加工医療情報取扱事業者への匿名加工医療情報の提供については，匿名加工医療情報取扱事業者へのトレーサビリティの確保が重要であること，「医療情報システムの安全管理に関するガイドライン」の「外部と個人情報を含む医療情報を交換する場合の安全管理」と同等のセキュリティ水準の担保されたネットワークによる提供や電子媒体による提供，対面で匿名加工医療情報の取扱状況を確認し，その後のトレーサビリティ確保を要しないオンサイトセンターでの画面表示による提供の方法によって行うべきことが述べられている。また，「医療情報システムの安全管理に関するガイドライン」の「医療機関における情報セキュリティマネジメントシステム（ISMS）の実践」を踏まえ，ISMSの構築など，確実なPDCAサイクルを実現し，継続的なセキュリティ水準の確保を図っていくことが重要であることが指摘されている。取り扱うデータおよび関与する人数を最小限にすること等の「データの最小化」を考慮するとともに，最近のセキュリティ・インシデントの状況，金融機関・重要インフラ事業者の対策の状況等も踏まえ，サイバー攻撃にも耐えうるよう，多層（入口・内部・出口）防御やネットワーク分離を行うべきであることも指摘されている。また，認定匿名加工医療情報作成事業者は，匿名加工医療情報取扱事業者が利活用の条件を遵守しているかを適確に確認する必要があること，安全管理措置には万全の策はないので，インシデントの発生を不可避と認識して，緊急時対応計画を策定し，外部から不正侵入されてしまう場合に被害を最小限に抑える対策（データの暗号化，アクセスログの解析等）を講ずるべきことも指摘されている。

　なお，参議院内閣委員会においては，医療情報等が機微性の高い情報であることから，情報漏えい等が生じないように万全を期すること，特に，認定匿名加工医療情報作成事業者の認定に当たっては，厳格なセキュリティ基準を設定

本 論 第 3 章　認定匿名加工医療情報作成事業者

するとともに，主務大臣の監督が行き届くように配慮することが附帯決議された。前記の主務省令が定める基準は，前記報告書や附帯決議を踏まえて作成されたものである。

　匿名加工情報については，それが特定の個人が識別されず，また，個人情報が復元されないように加工されたものであることから，匿名加工情報取扱事業者による安全管理措置は努力義務にとどめられているが（個人情報保護法 39 条），匿名加工医療情報は，要配慮個人情報を匿名加工したものであり，万一特定の個人が識別されたり，個人情報が復元された場合には，当該個人またはその遺族等に対する不当な差別，偏見その他の不利益が生ずるおそれがあるので，個人情報に準じた安全管理措置を講ずるべきと思われる。そこで，本法は，安全管理措置について，医療情報のみならず匿名加工医療情報についても，主務省令で安全管理措置を定めている（本法 19 条〔消去〕，21 条〔従業者の監督〕，22 条〔従業者等の義務〕，23 条〔委託〕，24 条〔委託先の監督〕，27 条〔苦情の処理〕についても，医療情報のみならず匿名加工医療情報も対象とされている）。

　なお，認定匿名加工医療情報作成事業者から匿名加工医療情報の提供を受けた匿名加工医療情報取扱事業者は，個人情報保護法上の匿名加工情報取扱事業者に当たり，第三者に匿名加工医療情報を提供することができる。しかし，当該匿名加工医療情報は，要配慮個人情報を特例によりオプトアウト方式で入手した認定匿名加工医療情報作成事業者が医療分野の研究の推進のために作成したものであることに鑑みると，それが無限定に流通することが妥当かという問題がある。したがって，認定匿名加工医療情報作成事業者は，匿名加工医療情報取扱事業者との契約において，情報の共有範囲を明確にして，その流通について制約を行い，利活用者が不適切に取り扱った場合には，適切に是正を図ることが想定されている（193 参院内閣委会議録第 7 号〔2017 年 4 月 25 日〕16 頁〔藤本康二政府参考人発言〕，本法ガイドライン（安全管理措置編）2〔具体的な措置〕2-5〔その他の措置〕参照）。

　本法ガイドライン（安全管理措置編）2（具体的な措置）2-1（組織的安全管理措置）においては，医療情報取扱事業者から医療情報を受け取る際および匿名加工医療情報を匿名加工医療情報取扱事業者に提供する際の情報のやりとりについては，ログの収集・監視・分析を行う体制が必要であり，たとえば，CSIRT（Computer Security Incident Response Team）を設けたり，外部委託に

第20条（安全管理措置）

よりSOC（Security Operation Center）を整備したりするなど，情報システムへの脅威に対する備えや監視・分析に取り組み，危機管理体制の充実に取り組むものとされ，事案発生時には，内閣府日本医療研究開発機構・医療情報基盤担当室に報告することとされている。また，認定事業者等は，個人情報保護法2条5項に規定する個人情報取扱事業者であるため，個人情報の漏えい等事案が発覚した場合は，その事実関係および再発防止策等について，本法の主務省庁への報告とは別に，個人情報保護委員会等に対し，速やかに報告するよう努めなければならないことに留意すべきとする。

本法施行規則6条1号ロでは，認定医療情報等の安全管理に関する相当の経験および識見を有する責任者を配置していることとしている。情報処理安全確保支援士の資格を有することは，情報セキュリティに関する相当の専門性を有する徴憑にはなるが，そのことを要件とするものではない。

本法施行規則6条1号へでは，「外部の専門家による情報セキュリティ監査の受検又は第三者認証の取得により，安全管理に係る措置の継続的な確保を図っていること」が定められているが，同ガイドラインでは，具体的には，外部からの情報セキュリティ監査を毎年度受けること，あるいは，国際標準化機構（ISO）が定めた規格第27001号（情報セキュリティマネジメント，ISMS），プライバシーマーク（保健医療福祉分野）等に適合し，その認証を受けるなど情報管理について相当程度の知見・識見を有する第三者による評価，意見等を定期的・継続的に受けること等が考えられるとする。

本法施行規則6条2号では，認定事業医療情報等を取り扱う権限を有しない者による認定事業医療情報等の取扱いを防止する措置を講じていることとしているが，同ガイドライン2-2（人的安全管理措置）では，認定事業医療情報等の送信等に当たっては，2人以上の担当者による相互確認を行う等の措置を講ずるものとすること等が定められている。同ガイドライン2-3（物理的安全管理措置）では，扱う情報として，本法を含む法令により作成や保存が定められている文書を含む場合には，医療情報システムおよび医療情報が国内法の執行が及ぶ範囲にあることを確実とすることが必要となること（「医療情報を受託管理する情報処理事業者向けガイドライン［第2版］」〔2012年10月，経済産業省〕16頁），USBやCD-Rなど可搬記録媒体への記録機能を有しないシンクライアント端末を用いることが望ましいことが定められている。

本 論 第3章 認定匿名加工医療情報作成事業者

　同ガイドライン2-4（技術的安全管理措置）としては，不正アクセスを防止するため，パスワードを設定する場合には，ユーザIDとまったく同じパスワードを禁止し，同一または類似パスワードの再利用の制限，最低パスワード文字数の設定，一定回数以上ログインに失敗したIDを停止する等の対策を講ずること，情報システムの動作の記録を適切に保存（1年以上保存）するとともに，当該記録が改ざんされないように適切に保全される環境に置くこと，認定事業医療情報等を取り扱う電子計算機または端末装置については，第三者により，端末内のデータ破壊・変更，情報漏えい等につながる不正な機能が具備されていないことを確認することが重要であり，そのためには，サプライチェーンを通じて組み合わされたソフトウェア，ハードウェア製品および部品要素等に意図せざる変更を加えられていないことを担保することができる製造事業者による機器等を用いることが望ましいこと，事後にその調達履歴を確認できる方法により導入するとともに，認定事業医療情報等管理・取扱区域において，通信監視を徹底することが必要となること，電気通信回線を用いずに，郵送等により医療情報を受け取る（物理的な受け渡し）場合には，暗号化による保護措置を講じた上で，書留等を用いることにより配達の記録を保管するとともに，配達状況を追跡しうる措置（トレーサビリティの確保）を講ずることが必要であること等が定められている。

　同ガイドライン2-5（その他の措置）としては，医療情報の漏えい等により患者や医療機関に損害を与えてしまった際に，損害の賠償を要することとなる事態に備え，サイバーセキュリティ保険への加入等，一定の措置を講じておくことが必要であること，認定匿名加工医療情報作成事業者が匿名加工医療情報取扱事業者に対し匿名加工医療情報の提供（閲覧させることを含む。以下同じ）を行う場合および匿名加工医療情報取扱事業者が他の匿名加工医療情報取扱事業者に対し匿名加工医療情報の提供を行う場合において，認定匿名加工医療情報作成事業者が匿名加工医療情報取扱事業者（匿名加工医療情報取扱事業者が他の匿名加工医療情報取扱事業者に対し匿名加工医療情報の提供を行う場合は，当該他の匿名加工医療情報取扱事業者を含む）との間であらかじめ契約により，提供する匿名加工医療情報の利用目的，利用形態，利用範囲等の利用条件を明確に設定するとともに，匿名加工医療情報であることを明示すること，またその上で匿名加工医療情報取扱事業者において安全管理措置を適切に講ずることを確保しなけ

第20条（安全管理措置）

ればならないこと，当該契約において，認定匿名加工医療情報作成事業者が匿名加工医療情報取扱事業者に対して契約遵守状況を確認すること，匿名加工医療情報取扱事業者が他の匿名加工医療情報取扱事業者に対し匿名加工医療情報を提供する際にはその利用条件を含め事前に認定匿名加工医療情報作成事業者の許可を得るとともに契約を結ぶこと，および利活用条件に反する匿名加工医療情報の取扱いを行った場合は契約違反であることに加えて，利用の停止や公表等の適切な制裁措置の対象となることを含め明記し，契約が適正に履行されるよう担保する必要があること，認定匿名加工医療情報作成事業者においては当該許可を行う際にも，提供する匿名加工医療情報の利用目的，利用形態，利用範囲等の利用条件を確認し，提供の是非を判断しなければならないこと，認定匿名加工医療情報作成事業者は，本法13条の規定に基づき，認定匿名加工医療情報作成事業者が直接匿名加工医療情報を提供した匿名加工医療情報取扱事業者のみならず，当該匿名加工医療情報取扱事業者が匿名加工医療情報を提供した相手方についても，帳簿に記載しなければならないこととされており，これにより，認定匿名加工医療情報作成事業者は，自身の作成した匿名加工医療情報を取得した者をあらかじめ確実に把握しておくことが求められること，匿名加工医療情報については，以上のように認定匿名加工医療情報作成事業者との間の契約により匿名加工医療情報としての適切な安全管理措置が確保される範囲内における利活用を想定しており，一般に公表することは原則として想定していないことが定められている。契約において設定した利用目的，利用範囲等の利用条件を匿名加工医療情報取扱事業者が変更したい場合には，認定匿名加工医療情報作成事業者と協議し，契約を変更する必要がある。

　認定匿名加工医療情報作成事業者と直接に接続する医療情報取扱事業者および両者間のネットワークの安全管理措置については，認定匿名加工医療情報作成事業者が責任を負うことが原則であり，両者の間に地域の病院や診療所等をネットワークで結合して患者等の情報を共有し活用するEHRを管理する中核病院等が介在する場合には，当該中核病院等と医療情報取扱事業者の間のネットワークの安全管理措置については，当該中核病院等が負うべきであろう。

本論　第3章　認定匿名加工医療情報作成事業者

（従業者の監督）
第21条　認定匿名加工医療情報作成事業者は，その従業者に認定事業に関し管理する医療情報等又は匿名加工医療情報を取り扱わせるに当たっては，当該医療情報等又は匿名加工医療情報の安全管理が図られるよう，主務省令で定めるところにより，当該従業者に対する必要かつ適切な監督を行わなければならない。

（本条の趣旨）
　本条は，認定匿名加工医療情報作成事業者が認定事業に関し管理する医療情報等または匿名加工医療情報に係る安全管理措置の一環としての従業者の監督について特に定めるものである。

　個人情報保護法21条においては，個人データの取扱いについて，従業者の監督が個人情報取扱事業者に義務づけられているが，監督措置の詳細は法定されていない。行政機関個人情報保護法6条，独立行政法人等個人情報保護法7条，番号法12条においては安全確保措置が定められており，この中に従業者の監督も含まれるが，従業者の監督が明示的に定められているわけではない。しかし，本条では，認定匿名加工医療情報作成事業者が，その従業者に認定事業に関し管理する医療情報等または匿名加工医療情報を取り扱わせるに当たっては，当該医療情報等または匿名加工医療情報の安全管理が図られるよう，主務省令で定める安全管理措置の基準に従って業務を行っていることの確認等，当該従業者に対する必要かつ適切な監督を行う義務を負うことを明記している。なお，番号法29条の2においては，従業者に対する研修について定められているが，本法では，安全管理措置の一環として，認定基準に研修実施に係る事項を盛り込み，認定匿名加工医療情報作成事業者による研修の実施を担保することとしている（本法施行規則6条2号ハ）。

（従業者等の義務）
第22条　認定匿名加工医療情報作成事業者の役員若しくは従業者又はこれ

> らであった者は，認定事業に関して知り得た医療情報等又は匿名加工医療情報の内容をみだりに他人に知らせ，又は不当な目的に利用してはならない。

（本条の趣旨）

　本条は，認定匿名加工医療情報作成事業者の従業者等の認定事業に関して知り得た情報に係る秘密保持義務および不当な目的での利用禁止義務について定めるものである。

　本条で禁止される行為は，不正な利益を得る目的の有無を問わない。行政機関個人情報保護法7条，独立行政法人等個人情報保護法8条においても，個人情報の取扱いに従事する行政機関の職員もしくは職員であった者または受託業務に従事している者もしくは従事していた者に，同様の義務が課されている。また，番号法25条は，情報提供等事務または情報提供ネットワークシステムの運営に関する事務に従事する者または従事していた者に，秘密保持義務を課している。他方，個人情報保護法は，個人データの種類によって個人の権利利益を侵害するおそれが異なることから，従業者等の義務は定めておらず，同法83条において，個人情報データベース等の不正提供または盗用に対する刑事罰を定めるにとどまっている。しかし，本法は，要配慮個人情報の特例的な取扱いを定めるものであるので，医療情報等および匿名加工医療情報の取扱いの適正を確保するため，従業者等に秘密保持および目的外利用禁止に係る義務を課しているのである。

> ### （委託）
> **第23条①**　認定匿名加工医療情報作成事業者は，認定医療情報等取扱受託事業者に対してする場合に限り，認定事業に関し管理する医療情報等又は匿名加工医療情報の取扱いの全部又は一部を委託することができる。
> ②　前項の規定により医療情報等又は匿名加工医療情報の取扱いの全部又は一部の委託を受けた認定医療情報等取扱受託事業者は，当該医療情報等又

> は匿名加工医療情報の取扱いの委託をした認定匿名加工医療情報作成事業者の許諾を得た場合であって，かつ，認定医療情報等取扱受託事業者に対してするときに限り，その全部又は一部の再委託をすることができる。
> ③　前項の規定により医療情報等又は匿名加工医療情報の取扱いの全部又は一部の再委託を受けた認定医療情報等取扱受託事業者は，当該医療情報等又は匿名加工医療情報の取扱いの全部又は一部の委託を受けた認定医療情報等取扱受託事業者とみなして，同項の規定を適用する。

（本条の趣旨）

　本条は，認定事業に関し管理する医療情報等または匿名加工医療情報の取扱いの委託および再委託に係る規律について定めるものである。

(1)　「認定匿名加工医療情報作成事業者は，認定医療情報等取扱受託事業者に対してする場合に限り……全部又は一部を委託することができる」（1項）

　個人情報取扱事業者が個人データの取扱いを委託する場合には，委託先についての限定はない（個人情報保護法22条）のに対して，認定匿名加工医療情報作成事業者は，認定医療情報等取扱受託事業者に対してする場合に限り，認定事業に関し管理する医療情報等または匿名加工医療情報の取扱いの全部または一部を委託することができる（委託先を限定している例として，揮発油等の品質の確保等に関する法律16条の2があり，経済産業大臣の登録を受けた者に対してのみ，揮発油の分析を委託することが認められている。なお，衛星リモートセンシング記録の適正な取扱いの確保に関する法律18条3項では，内閣総理大臣の認定を受けた者に限り，衛星リモートセンシング記録を提供することが認められている）。

(2)　「認定事業に関し管理する医療情報等又は匿名加工医療情報の取扱い」（1項）

　委託先が認定医療情報等取扱受託事業者に限定されるのは，「認定事業に関し管理する医療情報等又は匿名加工医療情報の取扱い」のみであるから，それ以外の業務（匿名加工医療情報作成事業に係る広告，事務所の清掃等）の委託につい

第23条（委託）

ては，本法では規制していない。「認定事業に関し管理する医療情報等又は匿名加工医療情報の取扱い」には，かかる情報の保存や整理は含まれるが，管理権限を伴う保有や匿名加工医療情報の匿名加工医療情報取扱事業者に対する提供は含まれない。

(3) 「前項の規定により医療情報等又は匿名加工医療情報の取扱いの全部又は一部の委託を受けた認定医療情報等取扱受託事業者は，当該医療情報等又は匿名加工医療情報の取扱いの委託をした認定匿名加工医療情報作成事業者の許諾を得た場合であって，かつ，認定医療情報等取扱受託事業者に対してするときに限り，その全部又は一部の再委託をすることができる」（2項）

個人情報保護法22条においては，個人データの取扱いについて，個人情報取扱事業者による委託先の監督義務が定められているが，受託者が再委託することについて，最初の委託元の許諾を得ることが明示的に義務づけられているわけではない。行政機関個人情報保護法，独立行政法人等個人情報保護法においても，安全管理措置の一環として，再委託を行うことについて，最初の委託元である行政機関または独立行政法人等の許諾を得ることが明示的に定められているわけではない。しかし，本項においては，委託先における医療情報の慎重な取扱いを確保するため，医療情報等または匿名加工医療情報の取扱いの全部または一部の委託を受けた認定医療情報等取扱受託事業者は，当該医療情報等または匿名加工医療情報の取扱いの委託をした認定匿名加工医療情報作成事業者の許諾を得た場合であって，かつ，認定医療情報等取扱受託事業者に対してするときに限り，その全部または一部の再委託をすることができることとされている。すなわち，番号法10条と同様，再委託については，最初の委託元の許諾を必要としているのである。

(4) 「前項の規定により医療情報等又は匿名加工医療情報の取扱いの全部又は一部の再委託を受けた認定医療情報等取扱受託事業者は，当該医療情報等又は匿名加工医療情報の取扱いの全部又は一部の委託を受けた認定医療情報等取扱受託事業者とみなして，同項の規定を適用する」（3項）

本論 第3章 認定匿名加工医療情報作成事業者

　医療情報等または匿名加工医療情報の取扱いの全部または一部の再委託を受けた認定医療情報等取扱受託事業者は，当該医療情報等または匿名加工医療情報の取扱いの委託をした認定匿名加工医療情報作成事業者の許諾を得た場合であって，かつ，認定医療情報等取扱受託事業者に対してするときに限り，その全部または一部の再々委託をすることができることになる。

> （委託先の監督）
> 第 24 条　認定匿名加工医療情報作成事業者は，認定事業に関し管理する医療情報等又は匿名加工医療情報の取扱いの全部又は一部を委託する場合は，その取扱いを委託した医療情報等又は匿名加工医療情報の安全管理が図られるよう，主務省令で定めるところにより，委託を受けた者に対する必要かつ適切な監督を行わなければならない。

（本条の趣旨）
　本条は，認定匿名加工医療情報作成事業者が委託先の監督義務を負うことを明確にするものである。

(1)　「認定匿名加工医療情報作成事業者は，認定事業に関し管理する医療情報等又は匿名加工医療情報の取扱いの全部又は一部を委託する場合は，その取扱いを委託した医療情報等又は匿名加工医療情報の安全管理が図られるよう……委託を受けた者に対する必要かつ適切な監督を行わなければならない」

　個人情報保護法22条は，個人情報取扱事業者に委託先の監督を義務づけているが，その対象は個人データに限定されており，散在情報は含まれていない。また，行政機関個人情報保護法6条1項，独立行政法人等個人情報保護法7条1項が定める安全管理措置には，委託先の監督義務も含まれると解されるが，それが明記されているわけではない。そこで，本法においては，散在する医療情報等も含めて，認定匿名加工医療情報作成事業者による委託先の監督義務を明記し，かつ，具体的な監督措置を主務省令で定めることとしている。　本条の規定は，番号法11条の規定を参考にしたものである。認定医療情報等取扱

第24条（委託先の監督）・第25条（他の認定匿名加工医療情報作成事業者に対する医療情報の提供）

受託事業者も，他の認定匿名医療情報等取扱受託事業者に対して再委託を行った場合，再委託先に対する監督義務を負う（本法29条において準用する本法24条）。しかしながら，認定匿名加工医療情報作成事業者は，再委託先，再々委託先等に対しては，直接的な監督義務を負わない。その理由は，認定匿名加工医療情報作成事業者Aから認定医療情報等取扱受託事業者Bに委託がなされ，認定医療情報等取扱受託事業者Bから認定医療情報等取扱受託事業者Cに再委託がなされた場合を例にとって説明すれば，(i) BがCに対して監督義務を負うこと，(ii) Cによる医療情報等および匿名加工医療情報の取扱いについて，より的確に把握できる立場にあるのはAではなくBであること，(iii) AにCに対する直接的な監督義務を課した場合，Bの責任が不明確になり，Bによる監督が適切に行われなくなるおそれがあること，(iv) AのBに対する監督義務には，BがCに対する適切な監督を行っているかを監督する義務も含まれ，また，Cに再委託するには，Aの許諾が必要であるので，AのCに対する直接的な監督義務を認めなくても，Cによる医療情報等および匿名加工医療情報の取扱いについて，Aが責任を免れることにはならないことである。個人情報保護法22条や番号法11条においても，再委託等の2段階以上にわたる委託が行われた場合，直接の委託元が直接の監督義務を負うこととしている。

(2)　「主務省令で定めるところにより」

本条の規定により認定匿名加工医療情報作成事業者が行わなければならない委託を受けた者に対する監督は，医療情報等または匿名加工医療情報の安全管理が適正に図られるよう，安全管理の業務に関する監査その他必要な措置を講ずることにより行うものとされている（本法施行規則22条）。

> （他の認定匿名加工医療情報作成事業者に対する医療情報の提供）
> **第25条①**　第30条第1項の規定により医療情報の提供を受けた認定匿名加工医療情報作成事業者は，主務省令で定めるところにより，他の認定匿名加工医療情報作成事業者からの求めに応じ，匿名加工医療情報の作成のために必要な限度において，当該他の認定匿名加工医療情報作成事業者に対し，同項の規定により提供された医療情報を提供することができる。

本論 第3章 認定匿名加工医療情報作成事業者

② 前項の規定により医療情報の提供を受けた認定匿名加工医療情報作成事業者は，第30条第1項の規定により医療情報の提供を受けた認定匿名加工医療情報作成事業者とみなして，前項の規定を適用する。

（本条の趣旨）
　本条は，認定匿名加工医療情報作成事業者間での医療情報の提供を認めるものである。

(1)　「第30条第1項の規定により医療情報の提供を受けた認定匿名加工医療情報作成事業者は」（1項）
　医療情報取扱事業者からオプトアウト手続により医療情報の提供を受けた認定匿名加工医療情報作成事業者である。

(2)　「主務省令で定めるところにより」（1項）
　認定匿名加工医療情報作成事業者は，本項の規定による医療情報の授受においては，(i)本項の規定により医療情報の提供を行う認定匿名加工医療情報作成事業者の名称，住所および代表者の氏名，(ii)提供を受ける認定匿名加工医療情報作成事業者の名称，住所および代表者の氏名，(iii)提供を行う医療情報の項目，(iv)医療情報の提供の方法を記載した文書により授受に係る他の認定匿名加工医療情報作成事業者との契約を締結し，その契約書を保存しなければならない（本法施行規則23条）。

(3)　「他の認定匿名加工医療情報作成事業者からの求めに応じ，匿名加工医療情報の作成のために必要な限度において，当該他の認定匿名加工医療情報作成事業者に対し，同項の規定により提供された医療情報を提供することができる」（1項）
　医療分野においては，特定の患者が複数の医療機関等で治療を受けた履歴を追跡し，長期にわたる治療経過を分析・研究することが必要である（個人単位での情報の円滑な突合に資するため，医療等分野におけるIDを2020年から本格運用する予定になっている）。しかし，本法においては，医療情報取扱事業者は，複数

第 25 条（他の認定匿名加工医療情報作成事業者に対する医療情報の提供）

の認定匿名加工医療情報作成事業者に対して，任意に医療情報を提供することができるため，特定の患者に係る医療情報を複数の認定匿名加工医療情報作成事業者が保有する可能性がある。かかる場合，研究機関等の匿名加工医療情報取扱事業者からの依頼を受けた認定匿名加工医療情報作成事業者は，自己が保有するデータベースに含まれない医療情報について，他の認定匿名加工医療情報作成事業者から取得し，自己が保有する医療情報と突合して整理し，匿名加工を行った上で，当該匿名加工医療情報取扱事業者に提供する必要がある。そこで，医療情報取扱事業者から医療情報の提供を受けた認定匿名加工医療情報作成事業者は，他の認定匿名加工医療情報作成事業者からの求めに応じ，匿名加工医療情報の作成のために必要な限度において，当該他の認定匿名加工医療情報作成事業者に対し，医療情報取扱事業者から提供された医療情報を提供することができることとしているのである。

　要配慮個人情報に該当する個人データについては，本人同意なしの第三者提供は原則として禁止されているところ（個人情報保護法 23 条 1 項），他の認定匿名加工医療情報作成事業者への医療情報への提供が本人同意なしに可能であることを明確にするため，第三者提供の制限の原則とその例外を規定する本法 26 条とは別に，本条の規定が設けられている。この規定に基づく提供は，個人情報保護法 23 条 1 項の「法令に基づく場合」に該当し，事後的にも本人同意を得ることは求められていない。違法行為をなんら行っていない認定匿名加工医療情報作成事業者に対して他の認定匿名加工医療情報作成事業者が医療情報を提供することについて，当該医療情報の本人が提供の停止を求めることができるとすることは，認定匿名加工医療情報作成事業者に過度な負担を課すものと考えられたのである。

　もっとも，認定匿名加工医療情報作成事業者は，自己が必要とする医療情報に係る患者の医療情報を他の認定匿名医療情報作成事業者が保有しているかを認識しているわけではない。移植に用いる造血幹細胞の適切な提供の推進に関する法律においては，厚生労働大臣が指定する造血幹細胞提供支援機関が（同法 44 条 1 項），移植に用いる骨髄または移植に用いる末梢血幹細胞を提供する意思がある者（以下「ドナー」という）の登録を行い，当該ドナーに係る移植に用いる骨髄および移植に用いる末梢血幹細胞に関する情報を一元的に管理し，これらの情報を造血幹細胞移植を行おうとする医師その他の移植に用いる造血

本論　第3章　認定匿名加工医療情報作成事業者

幹細胞を必要とする者に提供することとされている（同法45条3号）。本法においても、これを参考にして、特定の個人の医療情報を保有する他の認定匿名加工医療情報作成事業者を把握することができるようにするため、各認定匿名加工医療情報作成事業者が保有する医療情報について、特定の個人を識別することができる情報を一元的に管理する支援機関を設けて、当該情報を必要とする認定匿名加工医療情報作成事業者に提供する仕組みを設けることが当初想定されていた。すなわち、医療情報取扱制度調整ワーキンググループとりまとめにおいては、(i)利活用者のニーズに応じたビッグデータとしてのデータの統合、(ii)医療機関における診療情報の共有等のための個人単位でのデータの統合を行う支援機関の設置を提言していた。しかし、同時に、支援機関の機能が徒に肥大化することのないよう、医療情報の突合や収集困難情報の取得については、可能な限り認定匿名加工医療情報作成事業者自身の取組を促すこと、支援機関による支援の機能については、認定匿名加工医療情報作成事業者の規模、支援機関による統合に対するニーズの状況を踏まえ検討することとされた。本法は、認定匿名加工医療情報作成事業者相互間で医療情報の突合による医療情報の提供が可能という判断に立って、支援機関についての規定は設けていない（193衆院内閣委議録第6号〔2017年4月12日〕10頁［大島一博政府参考人答弁］参照）。

　医療情報取扱事業者から提供された医療情報の提供を他の認定匿名加工医療情報作成事業者から求められた場合、これに応ずる義務はないものの、当該他の認定匿名加工医療情報作成事業者が保有する医療情報と突合して匿名加工医療情報を作成し、匿名加工医療情報取扱事業者に提供することには意義があるので、拒否する正当な理由がない限り、求めに応ずるべきである。匿名加工医療情報の提供に関して、特定の者に差別的な取扱いを行うことなく、産学官の多様な医療分野の研究開発ニーズに円滑に応えることができるようにしつつ、科学的な妥当性を含め個別の提供の是非を適切に判断すること、公的主体による公衆衛生や研究開発の取組みに適切に協力することが必要である。ただし、当該他の認定匿名加工医療情報作成事業者が、転売による利益の取得を目的としていると認められるような場合には、求めに応ずるべきではない。

(4) 「前項の規定により医療情報の提供を受けた認定匿名加工医療情報作成事業者は、第30条第1項の規定により医療情報の提供を受けた認定

第26条（第三者提供の制限）

匿名加工医療情報作成事業者とみなして，前項の規定を適用する」（2項）

　本条1項の規定により医療情報の提供を受けた認定匿名加工医療情報作成事業者を，本法30条1項の規定により医療情報の提供を受けた認定匿名加工医療情報作成事業者とみなして，本条1項の規定を適用することにより，他の認定匿名加工医療情報作成事業者から医療情報の提供を受けた認定匿名加工医療情報作成事業者も，さらに他の認定匿名加工医療情報作成事業者からの求めに応じ，匿名加工医療情報の作成のために必要な限度において，当該他の認定匿名加工医療情報作成事業者に対し，他の認定匿名加工医療情報作成事業者から提供された医療情報を提供することが可能になっている。

（第三者提供の制限）
第26条① 認定匿名加工医療情報作成事業者は，前条の規定により提供する場合及び次に掲げる場合を除くほか，同条又は第30条第1項の規定により提供された医療情報を第三者に提供してはならない。
　1　法令に基づく場合
　2　人命の救助，災害の救援その他非常の事態への対応のため緊急の必要がある場合
② 次に掲げる場合において，当該医療情報の提供を受ける者は，前項の規定の適用については，第三者に該当しないものとする。
　1　第10条第1項，第2項又は第4項から第6項までの規定による事業譲渡その他の事由による事業の承継に伴って医療情報が提供される場合
　2　認定匿名加工医療情報作成事業者が第23条第1項の規定により医療情報の取扱いの全部又は一部を委託することに伴って当該医療情報が提供される場合

（本条の趣旨）
　本条は，医療情報取扱事業者からオプトアウト手続により医療情報の提供を受けた認定匿名加工医療情報作成事業者が，当該情報を第三者に提供することを原則として禁止するとともに，その例外を定めるものである。

本論　第3章　認定匿名加工医療情報作成事業者

(1)　「認定匿名加工医療情報作成事業者は，前条の規定により提供する場合及び次に掲げる場合を除くほか，同条又は第30条第1項の規定により提供された医療情報を第三者に提供してはならない」（1項柱書）

　認定匿名加工医療情報作成事業者は，(i)他の認定匿名加工医療情報作成事業者に対して本法25条の規定により医療情報を提供する場合，(ii)法令に基づく場合，(iii)人命の救助，災害の救援その他非常の事態への対応のため緊急の必要がある場合を除くほか，同条または本法30条1項の規定により提供された医療情報を第三者に提供することを禁止されている。(i)を認める規定がないと，他の認定匿名加工医療情報作成事業者に医療情報を提供することができなくなり，医療情報の効果的な分析に必要な医療情報の突合ができなくなるため，かかる規定を設けている。

　本項の制限は，目的外利用の制限についての本法17条2項の制限と共通している。これは，第三者提供が目的外利用の典型的な場合であると考えられることから，一般の目的外利用と別に第三者提供についての規定を設けたことによる。個人情報保護法16条3項各号の目的外利用制限の例外と同法23条1項各号の第三者提供の制限の例外が共通しているのと同じ理由である。

　一般の個人情報取扱事業者の個人データの提供については，事前の本人同意がない場合には，(ア)法令に基づく場合，(イ)人の生命，身体または財産の保護のために必要がある場合であって，本人の同意を得ることが困難であるとき，(ウ)公衆衛生の向上または児童の健全な育成の推進のために特に必要がある場合であって，本人の同意を得ることが困難であるとき，(エ)国の機関もしくは地方公共団体またはその委託を受けた者が法令の定める事務を遂行することに対して協力する必要がある場合であって，本人の同意を得ることにより当該事務の遂行に支障を及ぼすおそれがあるときに限り認められる（個人情報保護法23条1項）。本法の(ii)は(ア)に対応するが，(iii)は(イ)よりも限定されている。また，事前の本人同意，(ウ)(エ)による医療情報の提供は認められていないので，医療情報の提供は，かなり厳格に制限されているといえる。

(2)　「法令に基づく場合」（1項1号）

　その例としては，児童虐待を受けたと思われる児童を発見した場合における児童相談所への通告（児童虐待の防止等に関する法律6条）がある。法令に基づく

第 26 条（第三者提供の制限）

照会に正当な理由がない限り応ずる義務がある場合，正当な理由の有無について慎重に検討する手続をとるべきである。

(3) 「人命の救助，災害の救援その他非常の事態への対応のため緊急の必要がある場合」(1 項 2 号)

その例としては，火災でカルテが焼失し人命に関わる治療をするために医療情報取扱事業者へ医療情報を提供する場合が考えられる。

(4) 「次に掲げる場合において，当該医療情報の提供を受ける者は，前項の規定の適用については，第三者に該当しないものとする」(2 項柱書)

個人情報保護法 23 条 5 項では，(ア)個人情報取扱事業者が利用目的の達成に必要な範囲内において個人データの取扱いの全部または一部を委託することに伴って当該個人データが提供される場合，(イ)合併その他の事由による事業の承継に伴って個人データが提供される場合，(ウ)特定の者との間で共同して利用される個人データが当該特定の者に提供される場合であって，その旨ならびに共同して利用される個人データの項目，共同して利用する者の範囲，利用する者の利用目的および当該個人データの管理について責任を有する者の氏名または名称について，あらかじめ，本人に通知し，または本人が容易に知りうる状態に置いているときには，当該個人データの提供を受ける者は，第三者提供の制限における第三者に該当しないものとしている。

本項 1 号が(イ)，本項 2 号が(ア)に該当するが，(ウ)に当たるものは，本法にはない。この点でも，本法は，認定匿名加工医療情報作成事業者による医療情報の第三者提供には厳格であることが窺える。

認定事業の一部の譲渡または分割による認定事業の一部の承継については，認定匿名加工医療情報作成事業者としての地位の承継に関する規定は設けられていないので，認定事業の一部の譲渡等を行った事業者から，当該事業の一部の譲受等を受けた事業者への医療情報の提供は，第三者提供の制限により，原則として認められないことになる。

(5) 「第 10 条第 1 項，第 2 項又は第 4 項から第 6 項までの規定による事業譲渡その他の事由による事業の承継に伴って医療情報が提供される場

合」(2項1号)

　本法10条1項は，認定匿名加工医療情報作成事業者である法人が他の認定匿名加工医療情報作成事業者である法人に認定事業の全部の譲渡を行うことにより，譲受人が，譲渡人の認定匿名加工医療情報作成事業者としての地位を承継する場合について定めている。同条2項は，認定匿名加工医療情報作成事業者である法人が他の認定匿名加工医療情報作成事業者である法人と合併をしたときに，合併後存続する法人または合併により設立された法人が，合併により消滅した法人の認定匿名加工医療情報作成事業者としての地位を承継する場合について定めている。同条4項は，認定匿名加工医療情報作成事業者である法人が認定匿名加工医療情報作成事業者でない法人に認定事業の全部の譲渡を行う場合において，譲渡人および譲受人があらかじめ当該譲渡および譲受けについて主務大臣の認可を受けたときに，譲受人が，譲渡人の認定匿名加工医療情報作成事業者としての地位を承継する場合について定めている。同条5項は，認定匿名加工医療情報作成事業者である法人が認定匿名加工医療情報作成事業者でない法人との合併により消滅することとなる場合において，あらかじめ当該合併について主務大臣の認可を受けたときに，合併後存続する法人または合併により設立された法人が，合併により消滅した法人の認定匿名加工医療情報作成事業者としての地位を承継する場合について定めている。同条6項は，認定匿名加工医療情報作成事業者である法人が分割により認定事業の全部を承継させる場合において，あらかじめ当該分割について主務大臣の認可を受けたときは，分割により認定事業の全部を承継した法人が，分割をした法人の認定匿名加工医療情報作成事業者としての地位を承継する場合について定めている。

(6)「認定匿名加工医療情報作成事業者が第23条第1項の規定により医療情報の取扱いの全部又は一部を委託することに伴って当該医療情報が提供される場合」(2項2号)

　認定匿名加工医療情報作成事業者が，認定医療情報等取扱受託事業者に対して，認定事業に関し管理する医療情報等または匿名加工医療情報の取扱いの全部または一部を委託する場合である。

第27条（苦情の処理）

> （苦情の処理）
> 第27条① 認定匿名加工医療情報作成事業者は，主務省令で定めるところにより，認定事業に関し管理する医療情報等又は匿名加工医療情報の取扱いに関する苦情を適切かつ迅速に処理しなければならない。
> ② 認定匿名加工医療情報作成事業者は，主務省令で定めるところにより，前項の目的を達成するために必要な体制を整備しなければならない。

（本条の趣旨）
本条は，認定匿名加工医療情報作成事業者による苦情処理およびそのために必要な体制整備の義務について定めるものである。

(1) 「認定匿名加工医療情報作成事業者は……認定事業に関し管理する医療情報等又は匿名加工医療情報の取扱いに関する苦情を……処理しなければならない」（1項）

個人情報保護法においては，個人情報取扱事業者は，個人情報の取扱いに関する苦情の適切かつ迅速な処理を行うことについて努力義務を負う（同法35条）。また，匿名加工情報を作成したときは，当該匿名加工情報の作成その他の取扱いに関する苦情の処理のために必要な措置を講じ，かつ，当該措置の内容を公表する努力義務を負う（同法36条6項）。匿名加工情報取扱事業者は，匿名加工情報の取扱いに関する苦情の処理その他の匿名加工情報の適正な取扱いを確保するために必要な措置を自ら講じ，かつ，当該措置の内容を公表する努力義務を負う（同法39条）。他方，本法では認定匿名加工医療情報作成事業者が医療情報等または匿名加工医療情報の取扱いに関する苦情を適切かつ迅速に処理することは，努力義務ではなく義務であることに留意する必要がある。

(2) 「主務省令で定めるところにより」（1項）

認定匿名加工医療情報作成事業者は，認定事業に関し管理する医療情報等または匿名加工医療情報の取扱いに関する苦情については，(i)苦情を受け付けたときは，遅滞なく，当該苦情に係る事項の原因を究明すること，(ii)原因究明の結果に基づき，認定事業に関し管理する医療情報等または匿名加工医療情報の

取扱いに関し改善が必要な場合には、所要の措置を講ずること、(ⅲ)苦情の内容、原因究明の結果および改善措置を記載した苦情処理記録を作成し、その作成の日から3年間保存することが義務づけられている（本法施行規則24条）。

(3) 「適切かつ迅速に」(1項)

「適切」とは、実体的な適正さのみならず、手続が公正・透明であることも含む。

(4) 「認定匿名加工医療情報作成事業者は、主務省令で定めるところにより、前項の目的を達成するために必要な体制を整備しなければならない」(2項)。

認定匿名加工医療情報作成事業者は、苦情を受け付けるための窓口の設置、苦情の対応の手順の策定その他の措置を講ずることにより、本条1項の目的を達成するために必要な体制を整備しなければならない（本法施行規則25条）。「その他の措置」として、個人情報保護について造詣の深い者を個人情報保護管理者として採用し、その者に苦情処理の責任も負わせることが望ましいが、それができない場合であっても、苦情処理担当職員に対する充実した研修を行うべきであろう。

第3節　認定医療情報等取扱受託事業者

> （認定）
> 第28条　認定匿名加工医療情報作成事業者の委託（2以上の段階にわたる委託を含む。）を受けて医療情報等又は匿名加工医療情報を取り扱う事業を行おうとする者（法人に限る。）は、申請により、当該事業を適正かつ確実に行うことができるものと認められる旨の主務大臣の認定を受けることができる。

（本条の趣旨）

本条は、認定匿名加工医療情報作成事業者から委託を受けて医療情報等または匿名加工医療情報を取り扱う者についての認定制度について定めている。

この認定を受けた者が認定医療情報等取扱受託事業者と称される。この名称は，クレジットカード番号等取扱事業者からクレジットカード番号等の取扱いの全部もしくは一部の委託を受けた第三者または当該第三者から委託を受けた者を「クレジットカード番号等取扱受託事業者」（割賦販売法35条の16の3）と称し，指定を受けて前受金保全措置としての供託委託契約に係る受託事業を営む者を「指定受託機関」（同法35条の5第7号ハ）と称していることを参考にしたものである。

認定匿名加工医療情報作成事業者が，業務の全部または一部を第三者に委託することは認められるが，医療情報等または匿名加工医療情報の適切な取扱いを確保するため，認定を受けた受託事業者に対してのみ委託が可能としている。委託先を限定すべき業務は，医療情報等または匿名加工医療情報の取扱いである。これは，個人情報保護法22条の規定に基づき，個人情報取扱事業者が委託先の監督義務を負うのは，個人データの「取扱い」であること，行政機関個人情報保護法6条2項の規定に基づき，個人情報の「取扱い」の委託を受けた者が安全確保の措置を講ずる義務を負うとしていることを考慮している。

> **（準用）**
> **第29条** 第8条第2項（第2号及び第3号を除く。），第3項（第2号を除く。），第4項及び第5項の規定は前条の認定について，第9条から第14条まで，第17条，第18条第1項及び第2項，第19条から第22条まで，第24条，第26条並びに第27条の規定は認定医療情報等取扱受託事業者について，第15条及び第16条の規定は認定医療情報等取扱受託事業者に係る認定の取消しについて，それぞれ準用する。この場合において，次の表の上欄に掲げる規定中同表の中欄に掲げる字句は，それぞれ同表の下欄に掲げる字句に読み替えるものとするほか，必要な技術的読替えは，政令で定める。

本論 第3章 認定匿名加工医療情報作成事業者

〔上欄〕	〔中欄〕	〔下欄〕
第8条第2項	次項各号	次項第1号，第3号及び第4号
第8条第3項第1号ハ	匿名加工医療情報作成事業	その事業
第9条第1項	同条第2項第2号から第5号まで	前条第2項第4号又は第5号
第9条第4項	第1号	第1号及び第2号
第10条第1項	第8条第1項の認定に係る匿名加工医療情報作成事業	第28条の認定に係る同条に規定する事業
第10条第7項	第8条第3項から第5項まで	第8条第3項（第2号を除く。），第4項及び第5項
第10条第9項，第11条第2項及び第12条第2項	第8条第1項	第28条
第15条第1項第2号	第8条第3項各号	第8条第3項第1号，第3号又は第4号
第15条第1項第5号	第37条第1項	第37条第2項
第16条第1項第2号	同条第1項	同条第2項
第17条第1項	第25条又は第30条第1項の規定により医療情報の提供	第23条第1項又は第2項の規定により医療情報の取扱いの全部又は一部の委託又は再委託
第26条第1項	前条の規定により提供する場合及び次に	次に
第26条第1項	同条又は第30条第1項の規定により提供された	第23条第1項又は第2項の規定によりその取扱いの全部又は一部の委託又は再委託をされた
第26条第2項第2号	が第23条第1項	又は認定匿名加工医療情報作成事業者が第23条第2項又は第1項
第26条第2項第2号	を委託する	の委託又は再委託をする

（本条の趣旨）

本条は，認定匿名加工医療情報作成事業者に係る規定のうち，認定医療情報

第 29 条（準用）

等取扱受託事業者に準用されるものを明らかにしている。

(1) 準用規定の立法指針
　認定医療情報等取扱受託事業者の認定および規制についての規定は，風俗営業等の規制及び業務の適正化等に関する法律31条の22に規定する特定遊興飲食店営業の許可に係る同法31条の23の準用規定を参考にして，以下の方針で設けられた。すなわち，(i)認定制および是正命令の根拠規定については準用せず，その他の規定については，できる限り読み替えて準用すること，(ii)認定匿名加工医療情報作成事業者を認定医療情報等取扱受託事業者と読み替えるような当然の読替えについては，特段の読替え規定は設けないこと，(iii)単純に読み替えることができない規定については，表を設けて必要な読替え規定を設けることである。

(2) 認定の申請手続
　この認定を受けようとする者は，(i)名称および住所，(ii)医療情報等および匿名加工医療情報の管理の方法，(iii)その他主務省令で定める事項を記載した申請書に，認定の基準に適合していることを証する書類その他定款および登記事項証明書またはこれらに準ずるもの，役員および使用人（申請者の使用人であって，当該申請者の匿名加工医療情報作成事業に関する権限および責任を有する者。本法施行規則4条）に係る住民票の写し，またはこれに代わる書類，申請の日の属する事業年度および翌事業年度における事業計画書および収支予算書その他主務大臣が必要と認める書類を添えて，申請書を主務大臣に提出しなければならない（本法8条2項，本法施行規則3条2項）。

(3) 認定の基準
　認定の基準は，(ア)欠格事由に該当しないこと（欠格事由は，認定匿名加工医療情報作成事業者の場合と同一である），(イ)医療情報等および匿名加工医療情報の漏えい，滅失または毀損の防止その他の当該医療情報等および匿名加工医療情報の安全管理のために必要かつ適切なものとして主務省令で定める措置が講じられていること，(ウ)申請者が，医療情報等および匿名加工医療情報の安全管理のための措置を適確に実施するに足りる能力を有することであり，主務大臣は，

本 論 第3章 認定匿名加工医療情報作成事業者

認定の申請がこれらの基準に適合すると認めるときは，認定することを義務づけられる（本法8条3項）。(イ)については，(i)組織的安全管理措置（①認定事業に関し管理する医療情報等および匿名加工医療情報の安全管理に係る基本方針を定めていること，②医療情報等および匿名加工医療情報の安全管理に関する相当の経験および識見を有する責任者を配置していること，③医療情報等および匿名加工医療情報を取り扱う者の権限および責務ならびに業務を明確にしていること，④医療情報等および匿名加工医療情報の漏えい，滅失または毀損の発生時における事務処理体制が整備されていること，⑤安全管理措置に関する規程の策定および実施ならびにその運用の評価および改善を行っていること，⑥外部の専門家による情報セキュリティ監査の受検または第三者認証の取得により，安全管理に係る措置の継続的な確保を図っていること），(ii)人的安全管理措置（①認定事業医療情報等を取り扱う者が，欠格事由のいずれにも該当しない者であることを確認していること，②医療情報等および匿名加工医療情報を取り扱う者が，認定事業の目的の達成に必要な範囲を超えて，認定事業医療情報等を取り扱うことがないことを確保するための措置を講じていること，③医療情報等および匿名加工医療情報を取り扱う者に対する必要な教育および訓練を行っていること，④医療情報等および匿名加工医療情報を取り扱う権限を有しない者による認定事業医療情報等の取扱いを防止する措置を講じていること），(iii)物理的安全管理措置（①医療情報等および匿名加工医療情報を取り扱う施設設備を他の施設設備と区分していること，②医療情報等および匿名加工医療情報を取り扱う施設設備への立入りおよび機器の持込みを制限する措置を講じているとともに，監視カメラの設置その他の当該施設設備の内部を常時監視するための装置を備えていること，③認定事業に関し管理する医療情報等の取扱いに係る端末装置は，原則として，補助記憶装置および可搬記録媒体〔電子計算機またはその周辺機器に挿入し，または接続して情報を保存することができる媒体または機器のうち，可搬型のものをいう〕への記録機能を有しないものとすること，④医療情報等および匿名加工医療情報を削除し，または当該情報が記録された機器，電子媒体等を廃棄する場合には，復元不可能な手段で行うこと），(iv)技術的安全管理措置（①医療情報等および匿名加工医療情報を取り扱う施設設備に，不正アクセス行為〔不正アクセス行為の禁止等に関する法律2条4項に規定する不正アクセス行為をいう〕を防止するため，適切な措置を講じていること，②認定事業医療情報等の取扱いに係る電子計算機および端末装置の動作を記録するとともに，通常想定されない当該電子計算機および端末装置の操作を検知し，当該操作が行われた電子計算機および端末装置を制御する措置を講じてい

第 29 条（準用）

ること，③医療情報等および匿名加工医療情報の取扱いに係る電子計算機または端末装置において，第三者が当該電子計算機または端末装置に使用目的に反する動作をさせる機能が具備されていないことを確認していること，④医療情報等および匿名加工医療情報を電気通信により送受信するとき，または移送し，もしくは移送を受けるときは，(I)外部の者との送受信の用に供する電気通信回線として，専用線等〔IP-VPN サービス（電気通信事業報告規則 1 条 2 項 15 号に掲げる IP-VPN サービスをいう）に用いられる仮想専用線その他のこれと同等の安全性が確保されると認められる仮想専用線を含む〕を用いること，(II)上記(I)に規定する電気通信回線に接続されるサーバ用の電子計算機のうち，医療情報取扱事業者からの医療情報の受信に用いるものについては，外部への送信機能を具備させないこと，(III)上記(I)に規定する電気通信回線に接続されるサーバ用の電子計算機のうち，匿名加工医療情報取扱事業者への匿名加工医療情報の送信に用いるものについては，外部からの受信機能を具備させないこと。また，上記(II)または以下に規定する電子計算機以外のサーバ用の電子計算機を用いること，(IV)上記(I)から(III)までに掲げるもののほか，医療情報等および匿名加工医療情報を適切に移送し，または移送を受けるために，暗号化等必要な措置を講ずること，⑤匿名加工医療情報の作成の用に供する医療情報の管理は，上記④の(II)および(III)の電子計算機以外のサーバ用の電子計算機を用いることとし，上記(II)および(III)に規定する電子計算機を経由する以外の方法による外部へのネットワーク接続を行わないこと。また，上記(II)および(III)に規定する電子計算機との接続においては，専用線を用いること），(v)その他の措置（①医療情報等および匿名加工医療情報の漏えいその他の事故が生じた場合における被害の補償のための措置を講じていること，②医療情報等および匿名加工医療情報を取り扱う施設設備の障害の発生の防止に努めるとともに，これらの障害の発生を検知し，およびこれらの障害が発生した場合の対策を行うため，事業継続計画の策定，その機能を代替することができる予備の機器の設置その他の適切な措置を講じていること，③医療情報の提供を受ける際に，医療情報取扱事業者による当該医療情報の提供の方法およびこれに係る安全管理のための措置が適正である旨を確認していること，④匿名加工医療情報の提供の契約において，匿名加工医療情報取扱事業者による当該医療情報の利用の態様およびこれに係る安全管理のための措置が匿名加工の程度に応じて適正であることを確保していること）である（本法施行規則 6 条）。

(4) 認定に係る手続

主務大臣は，認定をしようとするときは，あらかじめ，個人情報保護委員会に協議することが必要である。主務大臣は，認定をした場合においては，遅滞なく，その旨を申請者に通知するとともに，その旨を公示しなければならない。

(5) 変更の認定・届出

認定医療情報等取扱受託事業者は，医療情報等および匿名加工医療情報の管理の方法およびその他主務省令で定める事項を変更しようとするときは，主務省令で定めるところにより，主務大臣の認定を受けなければならない。ただし，主務省令で定める軽微な変更については，この限りでない（本法9条1項）。認定医療情報等取扱受託事業者は，名称および住所に変更があったとき，または主務省令で定める軽微な変更をしたときは，遅滞なく，その旨を主務大臣に届け出なければならない。主務大臣は，名称および住所の変更に係る届出があったときは，遅滞なく，その旨を公示しなければならない。主務大臣は，変更認定の基準（欠格事由を除く）を全て満たしている場合には，認定を義務づけられる。

(6) その他

認定匿名加工医療情報作成事業者に係る承継，廃止の届出等，解散の届出等，帳簿，名称の使用制限，利用目的による制限，消去，安全管理措置，従業者の監督，従業者等の義務，委託先の監督，第三者提供の制限，苦情の処理，認定の取消し等の規定が，認定医療情報等取扱受託事業者に準用され，準用に当たり必要な読替えは，本法29条に規定されている。認定医療情報等取扱受託事業者は，匿名加工医療情報を作成するときは，特定の個人を識別すること，およびその作成に用いる医療情報を復元することができないようにするために必要なものとして主務省令で定める基準に従い，当該医療情報を加工しなければならない。認定医療情報等取扱受託事業者は，当該匿名加工医療情報の作成に用いられた医療情報に係る本人を識別するために，当該匿名加工医療情報を他の情報と照合してはならない。

認定医療情報等取扱受託事業者は一般に個人情報取扱事業者に該当すると考えられ，個人情報保護法20条により安全管理措置を講ずる義務を負う（仮に，

第 29 条（準用）

国の行政機関，独立行政法人等が認定医療情報等取扱受託事業者になるとすると，行政機関個人情報保護法 6 条 1 項，独立行政法人等個人情報保護法 7 条 1 項により安全管理措置を講ずる義務を負う）。しかし，個人情報保護法 20 条は，個人データに対象を限定しており，散在情報は対象外である。また，個人情報保護法 20 条は，具体的な内容を定めているわけではない（行政機関個人情報保護法 6 条 1 項，独立行政法人等個人情報保護法 7 条 1 項も同じである）。そこで，散在情報を含めて安全管理措置を講ずる義務を課し，当該措置の具体的内容を主務省令で定めるため，安全管理措置を義務づける本法 20 条の規定を認定医療情報等取扱受託事業者に準用している。

　認定医療情報等取扱受託事業者が個人情報取扱事業者に該当する場合には，個人情報保護法 22 条により委託先の監督義務を負う。しかし，その対象は個人データに限られている（認定医療情報等取扱受託事業者が国の行政機関，独立行政法人等である場合には，それぞれ行政機関個人情報保護法 6 条 1 項，独立行政法人等個人情報保護法 7 条 1 項により，委託先の監督義務を負うと解されるが，そのことが明記されているわけではない）。そこで，散在情報も含めて委託先の監督義務を課し，その具体的内容を主務省令で定めることとするため，委託先の監督義務を定める本法 24 条の規定を認定医療情報等取扱受託事業者に準用している。

第4章　医療情報取扱事業者による認定匿名加工医療情報作成事業者に対する医療情報の提供

> （医療情報取扱事業者による医療情報の提供）
> 第30条① 　医療情報取扱事業者は，認定匿名加工医療情報作成事業者に提供される医療情報について，主務省令で定めるところにより本人又はその遺族（死亡した本人の子，孫その他の政令で定める者をいう。以下同じ。）からの求めがあるときは，当該本人が識別される医療情報の認定匿名加工医療情報作成事業者への提供を停止することとしている場合であって，次に掲げる事項について，主務省令で定めるところにより，あらかじめ，本人に通知するとともに，主務大臣に届け出たときは，当該医療情報を認定匿名加工医療情報作成事業者に提供することができる。
> 1　医療分野の研究開発に資するための匿名加工医療情報の作成の用に供するものとして，認定匿名加工医療情報作成事業者に提供すること。
> 2　認定匿名加工医療情報作成事業者に提供される医療情報の項目
> 3　認定匿名加工医療情報作成事業者への提供の方法
> 4　本人又はその遺族からの求めに応じて当該本人が識別される医療情報の認定匿名加工医療情報作成事業者への提供を停止すること。
> 5　本人又はその遺族からの求めを受け付ける方法
> ② 　医療情報取扱事業者は，前項第2号，第3号又は第5号に掲げる事項を変更する場合は，変更する内容について，主務省令で定めるところにより，あらかじめ，本人に通知するとともに，主務大臣に届け出なければならない。
> ③ 　主務大臣は，第1項の規定による届出があったときは，主務省令で定めるところにより，当該届出に係る事項を公表しなければならない。前項の規定による届出があったときも，同様とする。

（本条の趣旨）

　本条は，医療情報取扱事業者がオプトアウト手続により医療情報を認定匿名加工医療情報作成事業者に提供できること，およびその場合の手続等について定めるものである。

第 30 条（医療情報取扱事業者による医療情報の提供）

(1) 「医療情報取扱事業者は，認定匿名加工医療情報作成事業者に提供される医療情報について……本人又はその遺族……からの求めがあるときは，当該本人が識別される医療情報の認定匿名加工医療情報作成事業者への提供を停止することとしている場合であって，次に掲げる事項について……主務大臣に届け出たときは，当該医療情報を認定匿名加工医療情報作成事業者に提供することができる」（1 項柱書）

(a) 要配慮個人情報のオプトアウト方式による提供禁止原則の例外

　生存する個人に関する医療情報は要配慮個人情報であり（個人情報保護法 2 条 3 項），要配慮個人情報である個人データについては，一般的には，オプトアウト方式による第三者提供は禁止されているから（同法 23 条 2 項柱書），本項は，認定匿名加工医療情報作成事業者に提供する場合に限定して，その特例を認めていることになる。すなわち，個人情報保護法 23 条 1 項 1 号，行政機関個人情報保護法 8 条 1 項，独立行政法人等個人情報保護法 9 条 1 項の「法令に基づく場合」として，目的外提供が認められる。また，個人情報保護条例においても，その全てにおいて，法令に基づく場合には，保有個人情報の目的外提供を認める規定が置かれている。このように，本項は，医療情報の保有主体が，個人情報取扱事業者，国の行政機関，独立行政法人等，地方公共団体，地方独立行政法人のいずれであるかにかかわらず，目的外提供についての特例を定めるものである。

　地方公共団体は，自ら病院事業を行ったり（公立病院），病院事業を行う地方独立行政法人を設置したりする。病院事業を行う地方公共団体や地方独立行政法人は，大量の医療情報を取り扱う。また，公立学校で行われる生徒の健康診断，地方公共団体の職員を対象とした定期の健康診断を通じても，地方公共団体は，大量の医療情報を取得することになる。このように，地方公共団体は，医療情報取扱事業者であり，認定匿名加工医療情報作成事業者に対して医療情報の提供を行うかを判断しなければならない。また，行うとした場合，本項の定める手続を遵守しなければならない。この点について，基本方針 2(7)では，地方公共団体が，認定匿名加工医療情報作成事業者に対する医療情報の提供について，その理解を得ていくことが重要であること，官民データ活用推進基本法でも，地方公共団体が保有する情報の活用が規定されており，政府は，法の趣旨・目的等について，認定匿名加工医療情報作成事業者と連携しつつ，地方

本論 第4章 医療情報取扱事業者による認定匿名加工医療情報作成事業者に対する医療情報の提供

公共団体の職員に対する研修の実施の支援を含め，地方公共団体（教育委員会を含む）の理解と協力を求めることを定められている。

内閣府日本医療研究開発機構・医療情報基盤担当室長，文部科学省研究振興局長，厚生労働省医政局長，経済産業省大臣官房商務・サービス審議官による各都道府県知事，各指定都市市長宛の通知（平成30年5月31日府医第36号，30文科振第111号，医政発0531第25号，20180508商第1号）においては，「地方公共団体及び地方独立行政法人は，医療機関等の設置者や，各種健康診査の実施者でもあり，医療分野の研究開発に資する医療情報を保有していることから，認定匿名加工医療情報作成事業者に対する医療情報の提供について，積極的な御協力をお願いいたします。……また，法の趣旨・目的等について，地方公共団体・地方独立行政法人及び保険者の職員の理解を深めるための研修等を企画する場合には，必要に応じ国から講師派遣等を行うことも可能です。国，認定匿名加工医療情報作成事業者が企画する研修等への積極的な参加について，御理解をお願いします。」，「地方公共団体における公衆衛生・医療政策の立案・実施に際しても，匿名加工医療情報を積極的に利活用していくことが期待されますので，積極的な御検討をお願いいたします。」と述べられている（同通知については，山本真帆「次世代医療基盤法の概要と地方公共団体における対応」情報公開実務研究会編〔宇賀克也編集代表〕・情報公開の実務〔第一法規，加除式〕，個人情報保護研究会編〔宇賀克也編集代表〕・個人情報保護の実務〔第一法規，加除式〕別冊 IP44号24頁以下参照）。

(b) 要配慮個人情報の取得禁止原則の例外

認定匿名加工医療情報作成事業者には，民間事業者が認定されると想定されるが，民間事業者は，事前の本人同意なしに要配慮個人情報を取得することを原則として禁止されている（個人情報保護法17条2項）。医療情報は死者の情報を除き要配慮個人情報に当たるが，認定匿名加工医療情報作成事業者は，個人情報取扱事業者であっても，同項による「法令に基づく場合」（同項1号）として，要配慮個人情報を取得できる。なお，本法には，個人情報保護法17条2項に相当する規定は置かれていないが，医療情報取扱事業者が認定匿名加工医療情報作成事業者にオプトアウト方式で医療情報を提供することが法定されている以上，認定匿名加工医療情報作成事業者が，個人情報保護法17条2項1号の「法令に基づく場合」として，これを取得できることは当然であるし，ま

第 30 条（医療情報取扱事業者による医療情報の提供）

た，オプトアウト手続により適法に提供されたものでなければ取得することを禁止されているので（本法 34 条），取得の根拠規定を設けていない。また，個人情報保護法 17 条 1 項は，個人情報取扱事業者が，偽りその他不正の手段により個人情報を取得することを禁止しているが，本法が，これに相当する規定を設けなかったのは，認定匿名加工医療情報作成事業者が取得した医療情報の利用目的が制限されているからである（本法 17 条）。本人の同意を得て取得する場合には，個人情報保護法 17 条 2 項柱書に基づくことになり，本法 34 条の「法令に基づく場合」として適法に取得できることになる。

(c) 任意の提供

医療情報取扱事業者から認定匿名加工医療情報作成事業者に対する医療情報の提供は任意であるから，認定匿名加工医療情報作成事業者に対して本項に基づく医療情報の提供を行わない医療情報取扱事業者は，オプトアウト手続に係る通知を行う必要はない。

(d) 新たな提供の停止

「提供を停止する」とは，新たな提供を停止するという意味であり，すでに提供した情報を回収することは含まない。

(e) 秘密保持義務の例外

医師，薬剤師，医薬品販売業者，助産師（これらの職にあった者を含む）は刑法上，秘密保持義務を負い，違反すれば秘密漏示罪により処罰される（刑法 134 条 1 項）。同項の規定は限定列挙されており，その補助者は含まない（山口厚・刑法各論［第 2 版］〔有斐閣，2010 年〕132 頁参照）。ここでいう「秘密」は，非公知性，秘匿の意思，秘匿の利益の要件を満たす実質秘であるが（宇賀・概説Ⅲ 513 頁参照），医療情報は，一般に「人の秘密」に当たると解される（死者は「人」に含まれない。団藤重光編・注釈刑法(3)〔有斐閣，1965 年〕262 頁［所一彦執筆］，山口・前掲 133 頁参照）。また，保健師，看護師，准看護士（保健師助産師看護士法 42 条の 2），診療放射線技師（診療放射線技師法 29 条），臨床検査技師，衛生検査技師（臨床検査技師等に関する法律 19 条），理学療法士，作業療法士（理学療法士及び作業療法士法 16 条），視能訓練士（視能訓練士法 19 条），臨床工学技士（臨床工学技士法 40 条），義肢装具士（義肢装具士法 40 条），救急救命士（救急救命士法 47 条），言語聴覚士（言語聴覚士法 44 条），歯科衛生士（歯科衛生士法 13 条の 6），歯科技工士（歯科技工士法 20 条の 2），あん摩マッサージ指圧師，はり師，

本論 第4章 医療情報取扱事業者による認定匿名加工医療情報作成事業者に対する医療情報の提供

きゅう師（あん摩マッサージ指圧師，はり師，きゅう師等に関する法律7条の2），柔道整復師（柔道整復師法17条の2），精神保健福祉士（精神保健福祉士法40条）については，個別法により，罰則で担保された秘密保持義務が課されている。さらに，医療従事者は，患者に対して，診療契約上の付随義務として，診療上知りえた患者の秘密を正当な理由なく第三者に漏らしてはならない義務を負う（東京地判平成11・2・17判時1697号73頁）。

国，地方公共団体，国立大学法人，独立行政法人，地方独立行政法人が医療情報取扱事業者となる可能性もあるが，国については国家公務員法100条，地方公共団体については地方公務員法34条，国立大学法人については国立大学法人法18条，行政執行法人の役員については独立行政法人通則法53条1項，その職員については国家公務員法100条，行政執行法人以外の独立行政法人の役員または職員については各組織法，特定地方独立行政法人の役員および職員についてはそれぞれ地方独立行政法人法50条1項および地方公務員法34条，一般地方独立行政法人の役員および職員については地方独立行政法人法56条2項が準用する同法50条1項の規定により秘密保持義務が課されている。また，医療安全支援センターの業務に従事する職員（委託を受けた者〔その者が法人である場合にあっては，その役員〕およびその職員を含む）またはその職にあった者には，医療法6条の13第4項の規定により秘密保持義務が課されている。

しかし，法令の根拠に基づく医療情報の提供は，刑法35条により，違法性が阻却される。そして，認定匿名加工医療情報作成事業者に医療情報を提供することには法令上の根拠があるので，秘密保持義務違反の責任を問われることはない（医療情報の提供に法令上の根拠がある他の例としては，感染症の予防及び感染症の患者に対する医療に関する法律12条がある）。

(f) 倫理指針の不適用

医療情報取扱事業者が認定匿名加工医療情報作成事業者に対して医療情報を提供する場合においては，「人を対象とする医学系研究に関する倫理指針（平成26年文部科学省・厚生労働省告示第3号）」，「ヒトゲノム・遺伝子解析研究に関する倫理指針（平成25年文部科学省・厚生労働省・経済産業省告示第1号）」および「遺伝子治療等臨床研究に関する指針（平成27年厚生労働省告示第344号）」の適用対象とならないので，医療情報取扱事業者において倫理審査委員会の承認を得る必要はない。

第30条（医療情報取扱事業者による医療情報の提供）

(2)　「主務省令で定めるところにより……求めがあるときは」（1項柱書）

　衆議院内閣委員会において，本人またはその遺族からの医療情報の提供の停止の求めについて，「主務省令で定めるところにより」という文言が追加されたのは，この求めを容易に行えるように主務省令で定めるという趣旨である。修正案提出者は，この修正案提出の理由について，「複雑な手続ならば，内心では本人又はその遺族が提供を拒否したいと思いつつも提供拒否の手続を行わないおそれが想定され得る」と説明している（193参院内閣委会議録第7号〔2017年4月25日〕8頁［緒方林太郎衆議院議員発言］参照）。政府も，本人や遺族にとって簡単な手続を認める方針を表明していた（193参院内閣委会議録第7号〔2017年4月25日〕8頁［石原伸晃国務大臣発言］参照）。その趣旨を明確にするため，衆参両院の内閣委員会において，同法案が可決された際，「医療情報取扱事業者に対して本人又はその遺族が医療情報の提供の停止の求めを行う際に，その手続を容易に行うことができるよう適切な措置を講ずること」が附帯決議されている。また，衆参両院の内閣委員会において，「認定匿名加工医療情報作成事業者が，学校，職場等における健康診断の結果等の医療情報の提供を受けようとする場合には，学校，事業者等の理解を丁寧に得るようにすること。また，これらの医療情報の提供に当たっては，本人の権利利益の保護が図られることに留意されなければならないこと」も附帯決議されている。主務省令では，書面または口頭その他の方法により，提供の停止の求めを行うこととされた（本法施行規則27条）。この点について，基本方針3(2)では，学校，職場等における健康診断の結果等の医療情報の提供を受けようとする場合には，認定匿名加工医療情報作成事業者は，学校設置者のみならず学校現場等の理解も丁寧に得るとともに，学校現場等に過度な負担が生じることがないようにすることを徹底すること，本人の権利利益の保護に適切に配慮することが求められることを定めている。

(3)　「（死亡した本人の子，孫その他の政令で定める者をいう。以下同じ。）」（1項柱書）

　死亡した本人の配偶者（婚姻の届出をしていないが，事実上婚姻関係と同様の事情にあった者を含む），子，父母，孫，祖父母および兄弟姉妹である（本法施行令6条）。

(4)「主務省令で定めるところにより，あらかじめ，本人に通知するとともに」(1項柱書)

(a) 通知の方法

　個人情報保護法23条1項柱書が定めるオプトアウト方式の場合，必要とされる事項を本人に通知する方法のほか，本人が容易に知りうる状態に置く方法も認めているのに対し，本項では，本人に通知する方法しか認めていない。英国で，病院，かかりつけ医師，社会福祉のデータを突合・連結して2次利用するCEDA Dataのプロジェクトについて，情報コミッショナーがオプトアウトの方法等が十分に周知されていないことを指摘したこと等のため，制度の開始が延期されたことがあり（増成直美「患者の同意なく患者識別データを処理することの法的・倫理的検討――英国の状況を手がかりとして」山口県立大学学術情報9号〔2016年〕52頁参照），本法が本人への通知により，確実にオプトアウト手続を行使する機会を保障するようにしたことは，適切と思われる。

　通知の方法について，国会における政府答弁では，患者が医療機関で初めて受診した際などにおいて，医療機関から，趣旨，提供する医療情報の項目，提供方法，本人またはその遺族からの求めに応じて提供を停止すること，その求めを受け付ける方法等について，受付窓口や待ち時間の間に文書を配るなどして通知することとされていた（193衆院内閣委議録第6号〔2017年4月12日〕10頁〔大島一博政府参考人発言〕参照）。

　通知は，書面により行うことを基本とする（本法ガイドライン（医療情報の提供編）2〔医療情報取扱事業者による医療情報の提供〕2–1〔医療情報の提供に係る事前の通知〕①〔通知の手段〕）。本人への通知を郵送で行う場合，当該通知が返送された場合には，本人に通知を行ったことにはならない。

　通知は，本法施行後，最初の受診時に行うことを基本とし，診療の際に毎回通知する必要はない。本法施行前または本人に対する通知を行う前に医療情報取扱事業者が取得した当該本人の医療情報についても，本人に通知し，当該本人が拒否しない場合には，認定匿名医療情報作成事業者に提供することが可能である。

　通知は，本人に対して行わなければならないので，本人が生存している間に行う必要がある。ある病院に入院している患者がオプトアウト手続に係る通知を受ける前に，当該病院で死亡した場合，本人への通知が行われていないので，

当該者の医療情報については，本項の規定に基づく認定匿名加工医療情報作成事業者への提供を行うことはできない。本人の生前の意思を尊重するのが大前提であるため，本人の生前に家族に通知することとはしていない。本人に自己の医療情報の提供の停止の機会が付与されなかった場合には，たとえ，その遺族が提供の停止を求めなかったとしても，本項の規定に基づき医療情報を提供することは，本人の意思を尊重するものとはいいがたいからである。

通知は，(i)認定匿名加工医療情報作成事業者に提供される医療情報によって識別される本人またはその遺族が当該提供の停止を求めるために必要な期間を定めて行うこと，(ii)本人が本項各号に掲げる事項を認識することができる適切かつ合理的な方法によることとされている（本法施行規則28条1項）。公示ではなく個別に通知することが必要であるため，確実に本人に伝達されることが担保されており，また，通知事項についても必要な事項が網羅されているといえよう。

(b) **通知から提供までの期間**

通知後，直ちに医療情報を認定匿名加工医療情報作成事業者に提供してしまえば，提供の停止の求めの機会を逸することになりうる。個人情報保護法23条2項の規定に基づくオプトアウト手続について，同法施行規則（平成28年個人情報保護委員会規則第3号）7条1項1号は，第三者に提供される個人データによって識別される本人が当該提供の停止を求めるのに必要な期間を置くことと定めているが，本項の規定に基づくオプトアウト手続においても，通知と提供の間に，本人が提供の停止を求めるかを熟慮できる期間を置くことが予定されている（193参院内閣委員会議録第7号〔2017年4月25日〕19頁〔大島一博政府参考人発言〕参照）。本法ガイドラインでは，本人またはその遺族が医療情報の提供の停止を求めるために必要な期間は，30日間を目安とするとされている（本法ガイドライン（医療情報の提供編）2〔医療情報取扱事業者による医療情報の提供〕2-2〔医療情報の提供停止の求め〕②〔医療情報を認定匿名加工医療情報作成事業者に対して提供する時期と既に提供された情報の削除〕）。この期間は，行政不服審査法の審査請求期間についての規定，特定商取引法の販売訪問における契約の申込みの撤回等についての規定や連鎖販売取引における取引の解除についての規定を参考にしている。行政不服審査法においては，処分についての審査請求は，処分があったことを知った日の翌日から起算して3月（当該処分についての再調査の

本 論 第 4 章 医療情報取扱事業者による認定匿名加工医療情報作成事業者に対する医療情報の提供

請求をしたときは，当該再調査の請求についての決定があったことを知った日の翌日から起算して1月）を経過したときは，正当な理由がない限り，することができないとされている（同法18条1項）。再審査請求は，原裁決があったことを知った日の翌日から起算して1月を経過したときは，正当な理由がない限り，することができないとされている（同法62条1項）。また，特定商取引に関する法律では，いわゆるクーリングオフの期間として，売買契約や役務提供契約の申込み撤回等は8日（同法9条1項，24条1項，48条1項，58条の14第1項），業務提供誘因販売取引の契約解除等は20日以内（同法58条1項）とされている。これらの制度を参照しつつ，医療情報の認定匿名加工医療情報作成事業者に対する提供の判断という本法の仕組みの特質を踏まえ，30日を目安とすることとされた（宇賀克也＝岡本利久「［対談］次世代医療基盤法の意義と課題」行政法研究25号〔2018年〕15頁［岡本発言］参照）。

(c) 再度の通知

初診時に通知し，提供の停止の求めがなかったとしても，その後の検査の結果，重大な疾患であることが判明したような場合，改めて本人にその旨を通知して，提供の停止を求める機会を付与するべきかという問題がある。この点について，政府は，国会において，基本方針または認定基準を定める上で検討したいと答弁していた（193衆院内閣委議録第6号〔2017年4月12日〕13頁［大島一博政府参考人発言］参照）。基本方針3(2)では，本人に対するあらかじめの通知については，本人に直接知らしめるものであり，内容が本人に認識される合理的かつ適切な方法により行うこと，具体的な方法については，医療情報を保有する者の事業の性質および医療情報の取扱状況に応じて適切に対応することが求められるが，医療機関等の場合には，本法施行前から通院している患者を含め本法施行後最初の受診時に書面により行うことを基本とし，その上で，本人との関係に応じて，より丁寧な形で通知を行うことは，認定匿名加工医療情報作成事業者に対して医療情報の提供を行うこととした医療情報取扱事業者の判断によることとされている。この点について，本法ガイドラインでは，「本人との関係に応じて，その後の受診時にも通知を行うなど，より丁寧な形で通知を行うか否かは，認定匿名加工医療情報作成事業者に対して医療情報の提供を行うこととした医療情報取扱事業者の判断による」とされている（本法ガイドライン（医療情報の提供編）2〔医療情報取扱事業者による医療情報の提供〕2-1〔医療

第30条（医療情報取扱事業者による医療情報の提供）

情報の提供に係る事前の通知〕②〔通知の時期〕）。このような場合，できる限り，医療情報取扱事業者が改めて本人に対して通知を行うことが望ましいと思われる。

　(d)　**未成年者への通知**

　本人が未成年者の場合に誰に通知するかという問題があるが，国会答弁において，政府は，通知は保護者に対して行うことを基本とする旨答弁しており，個人情報保護法制あるいは研究倫理指針における取扱いを参考に，患者が中学課程を修了している場合または16歳以上である場合には子供本人に対して通知する予定で考えていること，通知対象が保護者から本人に切り替わるタイミングで，医療機関等が本人に対して改めて通知するかを含め，主務省令を定める際に検討することを述べていた（193参院内閣委会議録第7号〔2017年4月25日〕6頁〔大島一博政府参考人発言〕参照）。

　ここで研究倫理指針に言及されているが，「人を対象とする医学系研究に関する倫理指針（平成26年文部科学省・厚生労働省告示第3号）」第13（代諾者等からインフォームド・コンセントを受ける場合の手続等）1（代諾の要件等）1⑴イ㋐においては，未成年者であっても，研究対象者が中学校等の課程を修了しているか，または16歳以上の未成年者であり，かつ，研究を実施されることに関する十分な判断能力を有すると判断される場合であって，(i)研究の実施に侵襲を伴わない旨，(ii)研究の目的および試料・情報の取扱いを含む研究の実施についての情報を公開し，当該研究が実施または継続されることについて，研究対象者の親権者または未成年後見人が拒否できる機会を保障する旨が研究計画書に記載され，当該研究の実施について倫理審査委員会の意見を聴いた上で研究機関の長が許可したときは，代諾者ではなく当該研究対象者からインフォームド・コンセントを受けるものとするとされている。基本方針3⑵では，患者が16歳未満または16歳以上で判断能力を有しない者である場合，保護者等に対しても通知を行うことを基本とするとされている。本法ガイドラインでは，本法においては本人に通知することとされているが，本人が16歳未満の者または16歳以上で判断能力を有していない者である場合には，本人に加えて，保護者等に対しても通知を行うこととすること，本人が16歳未満から継続的に同一の医療機関等を受診している場合において，当該本人との関係に応じて，当該本人が16歳に到達した際に改めて通知することとされている（本法ガイド

ライン（医療情報の提供編）2〔医療情報取扱事業者による医療情報の提供〕2-1〔医療情報の提供に係る事前の通知〕③〔通知の対象〕）。

　したがって，本人が16歳未満の場合には，本人およびその保護者の双方に通知することになり，本人またはその保護者のいずれか一方からであっても医療情報の提供の停止の求めがあれば，医療情報の提供を停止することになる。本法ガイドラインが，未成年者であっても，16歳以上であれば，保護者への通知を要せず，自己の意思のみに基づいて医療情報の提供の可否を判断しうるとしたことは適切であると考える（一定年齢以上の未成年者については，本人の同意なしに法定代理人が開示請求することを認めない個人情報保護条例の例について，宇賀・個人情報逐条475頁参照）。16歳に達すれば，この点に関する判断を単独で行うに足りる能力を有していると思われるからである。また，16歳未満であっても，通知の内容を適確に理解して，医療情報の提供の停止を求める意思表示をすることを欲する場合には，その意思を尊重することが望ましいので，保護者のみならず本人にも通知する運用は望ましいと思われる。当該本人が16歳に到達した際に改めて通知することを一律に医療情報取扱事業者に義務づけることは医療情報取扱事業者に過大な負担となりうるので，義務とはされていないが，可能な限り，通知する運用を行うことが望ましいと思われる。

(e) 　意識不明の者への通知

　本人が意識不明の患者の場合，国会答弁では，当該患者が意識を回復してから通知することが必要であるとされている（193参院内閣委員会議録第7号〔2017年4月25日〕11頁〔越智隆雄副大臣発言〕）参照）。本人が意識不明の患者の場合，本法ガイドラインでは，本人が判断能力を有していないと考えられることから，保護者等に対しても通知を行うことが基本であるが，当該本人との関係に応じて，本人の意識が回復し，十分な判断能力を有していると認められる状態となってから通知を行うことについては医療機関の判断によるとされている（本法ガイドライン（医療情報の提供編）2〔医療情報取扱事業者による医療情報の提供〕2-1〔医療情報の提供に係る事前の通知〕③〔通知の対象〕）。したがって，本人が意識不明の場合には，その保護者等にも通知を行い，保護者等が医療情報の提供の停止を求めれば，医療情報の提供は停止されることになる。保護者等がいない場合も想定されるが，その場合には，意識不明の者への通知をもって，オプトアウトの機会を与えたとはいえないので，医療情報の認定匿名加工医療情報作成

第30条（医療情報取扱事業者による医療情報の提供）

事業者への提供はできないと解すべきであろう。なお，保護者等への通知を行い，保護者等から医療情報の提供の停止の求めがなく，意識不明の本人からも医療情報の提供の停止の求めがなかったため，医療情報の提供が行なわれたが，その後，本人の意識が回復し，十分な判断能力を有すると認められる状態になった場合には，可能な限り，その段階で本人に通知をして，医療情報の提供を停止する機会を保障する運用がなされるべきであろう。

(f) 死者の医療情報

死者の情報については，本人が生存中にオプトアウトの手続をとった場合には，死後もその意思を尊重して，認定匿名加工医療情報作成事業者に対する本人の医療情報の提供は行われないが，本人がかかる手続を生前にとらなかった場合には，本人の死後においても，オプトアウトの権利を行使しないという本人の意思に従い，当該本人の医療情報を認定匿名加工医療情報作成事業者に提供することができる。本人の死後，その遺族が本人の医療情報の認定匿名加工医療情報作成事業者への提供の停止を求めることができることとするかについては，以下のような2つの立法政策が考えられる。1つは，生前，本人がオプトアウト手続をとらなかったのであれば，本人の意思を尊重して，遺族といえども，当該情報が自分自身の情報でもあるといえない場合には，オプトアウト手続をとることを認めないという方策である。いま1つは，遺族の意思を尊重して，本人の死後，遺族が本人の医療情報の提供について，オプトアウト手続をとることを認めるという方策である。この点について，本項柱書は，遺族が，本人の死後，オプトアウト手続をとることを認めている。

すなわち，本人の生存中に本人に対してオプトアウト手続に係る通知が行われ，本人がその権利を行使しなかった場合であっても，遺族は当該本人の医療情報の認定匿名加工医療情報作成事業者への提供の停止を求めることができるのである（本項4号）。しかし，本人の死後，改めて遺族に対してオプトアウト手続の通知が行われるわけではないので，遺族に対して，医療情報の提供の停止を求めることが可能なことについて，十分に広報を行うとともに，個別に教示する運用がなされることが期待される。

また，認定匿名加工医療情報作成事業者は，(i)オプトアウト方式に係る本条1項または2項の規定による通知または届出が行われていない医療情報，(ii)医療情報の提供の停止の求めがあった医療情報について，法令に基づく場合を除

本　論　第4章　医療情報取扱事業者による認定匿名加工医療情報作成事業者に対する医療情報の提供

き，医療情報取扱事業者から提供を受けてはならないこととされており（本法34条），同条に違反した場合には，主務大臣による是正命令の対象になる（本法37条1項）。オプトアウト方式に係る本条1項または2項の規定による通知は，本人に対して行わなければならないので，ある者の生存中に本人に対してオプトアウト手続に係る通知を行わなかった場合，その者の死後に遺族に対してオプトアウト手続をとっても，(i)の要件を満たさないことになり，同条の規定に基づく認定匿名加工医療情報作成事業者への医療情報の提供を行うことはできない。

(g) 認定匿名加工医療情報作成事業者のデータベースからの削除

医療情報取扱制度調整ワーキンググループとりまとめV2では，「本人が，医療情報匿名加工・提供機関（仮称）に対して，医療等情報の破棄（データベースからの消去）を求めることを可能とする」とされていたが，本法では，医療情報取扱事業者から認定匿名加工医療情報作成事業者に対して，すでに提供された医療情報の削除を求める権利は認められておらず，任意に削除することを要望するしかない（193 衆院内閣委議録第6号〔2017年4月12日〕13頁〔武村展英大臣政務官発言〕，193 参院内閣委会議録第7号〔2017年4月25日〕6頁〔大島一博政府参考人発言〕参照）。すなわち，本人がオプトアウト手続の権利を行使できるのは，認定匿名加工医療情報作成事業者への提供の停止であるから，すでに認定匿名加工医療情報作成事業者へ提供された医療情報の削除を求める権利は付与されていないことになる。

しかし，当初は特段問題ないと考え，医療情報の提供の停止の求めをしなかったが，後に検査の結果，遺伝性疾患であることが分かり，子や孫のために，提供した医療情報を削除したいという場合が生じうるし，本人の死後に遺伝性疾患であったことが分かり，その子や孫が認定匿名加工医療情報作成事業者に当該医療情報の削除を求めたいという場合もありうると思われる。この点について，国会答弁では，「法律に規定はないが，認定事業者が本人の希望に応じて任意に削除等の対応を行うことは可能であり，今後，基本方針や認定基準を策定するに当たり，運用を検討する」と述べられていた（193 参院内閣委会議録第7号〔2017年4月25日〕20頁〔大島一博政府参考人発言〕参照）。基本方針3(2)では，本人から認定匿名加工医療情報作成事業者に対して，すでに医療情報取扱事業者から認定匿名加工医療情報作成事業者に提供された医療情報の削除の

第 30 条（医療情報取扱事業者による医療情報の提供）

求めがあったときは，本人を識別可能な情報は可能な限り削除することとされている。本法ガイドラインでは，本人またはその遺族から，認定匿名加工医療情報作成事業者に対して，すでに医療情報取扱事業者から認定匿名加工医療情報作成事業者に提供された医療情報の削除の求めがあったときは，当該医療情報は可能な限り削除するとされている（本法ガイドライン（医療情報の提供編）2〔医療情報取扱事業者による医療情報の提供〕2-2〔医療情報の提供停止の求め〕②）。個人情報の保護に関する一般法である個人情報保護法において，個人情報に係る本人が個人情報取扱事業者に対し個人データの削除を請求できるのは，当該本人が識別される保有個人データが利用目的による制限（同法 16 条）の規定に違反して取り扱われているとき，または適正な取得（同法 17 条）の規定に違反して取得されたものであるときに限られ，適法に取得した個人データの削除請求権は認められていないこととの均衡を考慮したものと考えられるが，認定匿名加工医療情報作成事業者の認定において，データベースからの削除の求めに可能な限り応ずる方針をとっているかを考慮することとすれば，削除の求めの実効性が向上することになると思われる。

(h) 開示等

本法において，医療情報に係る本人が，医療情報に関して有する権利は，医療情報取扱事業者による認定匿名加工医療情報作成事業者への医療情報の提供の停止を求める権利のみである。

個人情報保護法は，保有個人データに限定して，開示等の請求権の対象としている。他方，医療情報には散在情報も含まれるので，医療情報全体について，本法で開示等の請求権を医療情報に係る本人に付与するかという問題がある。しかし，医療情報取扱事業者から提供された未整理のカルテのような散在情報は，データベース化されるまでは，施錠等がされ厳重に保管され，匿名加工医療情報の作成に用いられたり，他の認定匿名加工医療情報作成事業者へ提供されたりすることもないので，本人の権利利益を害するおそれが大きいとはいえないと考えられた。また，認定匿名加工医療情報作成事業者による医療情報の取扱いに不安を覚える場合には，本人は，医療情報の提供の停止を求めることができる。そこで，本法は，医療情報に係る本人に散在情報に関する開示等の請求を認める規定を設けていない。また，死者の医療情報については，その本人が遺族による開示等の請求を容認しているとは限らないし，その遺族が，医

本論 第4章 医療情報取扱事業者による認定匿名加工医療情報作成事業者に対する医療情報の提供

療情報取扱事業者から認定匿名加工医療情報作成事業者への提供の停止を求めることが可能である。したがって，遺族に死者の医療情報の開示請求権を付与する必要はないと判断された。

遺族による訂正請求権についても，認定匿名加工医療情報作成事業者に提供された医療情報が認定匿名加工医療情報作成事業者（またはその委託等を受けた認定医療情報等受託取扱事業者）以外により取り扱われることはなく，また，匿名加工医療情報の作成に用いられるので，たとえ事実に誤りがあっても，遺族の権利利益を害するおそれがあるとはいえないとされ，遺族に訂正等の請求権を認める必要はないと判断された。

さらに，認定匿名加工医療情報作成事業者が(i)本法17条1項に規定する利用目的による制限に違反して医療情報を取り扱った場合，(ii)本法25条1項の規定に違反して医療情報を第三者に提供した場合，医療情報取扱事業者が(iii)本法30条1項の規定に違反して医療情報を提供した場合には，主務大臣が是正命令を発することができるので（本法37条1項・5項），本人またはその遺族に利用停止請求権を認める必要はないと判断された。

(5) 「主務省令で定めるところにより……主務大臣に届け出たときは」（1項柱書）

医療情報取扱事業者が主務大臣に届出をするときは，(i)主務大臣が定めるところにより，電子情報処理組織（主務大臣の使用に係る電子計算機と届出を行う者の使用に係る電子計算機とを電気通信回線で接続した電子情報処理組織をいう）を使用する方法，または(ii)様式第29による届出書および当該届出書に記載すべき事項を記録した光ディスク等を提出する方法のいずれかの方法により行わなければならない（本法施行規則28条2項）。医療情報取扱事業者が，代理人によって主務大臣に届出をする場合には，様式第30によるその権限を証する書面（電磁的記録を含む）を主務大臣に提出しなければならない（同条3項）。

(6) 「医療分野の研究開発に資するための匿名加工医療情報の作成の用に供するものとして，認定匿名加工医療情報作成事業者に提供すること」（1項1号）

本項において，特定の認定匿名加工医療情報作成事業者ではなく，全ての認

第30条（医療情報取扱事業者による医療情報の提供）

定匿名加工医療情報作成事業者が一括されている点に留意が必要である。その理由は，認定匿名加工医療情報作成事業者は，特定の患者の特定の病歴等に着眼してではなく，医療ビッグデータを研究開発に活用できるようにするために医療情報を取得するのであるから，認定匿名加工医療情報作成事業者ごとに患者の意思確認をする必要性に乏しいこと，認定匿名加工医療情報作成事業者は他の認定匿名加工医療情報作成事業者から，本人同意なしに，医療情報取扱事業者から提供された医療情報を取得できるので，特定の認定匿名加工医療情報作成事業者に対してのみ医療情報の提供を求めることを認める実益に乏しいことによる。

医療情報に係る本人の中には，医療情報の提供の停止の求めをすることによって，診療等において不利益を被ることを懸念して，自由な意思表示ができなくなる者がいることも想定する必要がある。したがって，本人に通知を行うに当たっては，医療情報の提供の停止の求めを行うことにより，診療等において不利益を被ることがない旨も通知する運用を行うべきであろう。参議院内閣委員会においては，医療情報の提供の停止を求めた患者が，受診等において不利益を被ることのないようにするとともに，医療機関等に対して，将来にわたって医療情報の提供を強制することのないようにすることが附帯決議された。本法ガイドライン（医療情報の提供編）2（医療情報取扱事業者による医療情報の提供）2-1（医療情報の提供に係る事前の通知）④（通知の内容）においても，「医療情報の提供停止を求めることによって診療等において不利益を被ることがない旨も併せて記載することが適切である」とされている。

(7) 「認定匿名加工医療情報作成事業者に提供される医療情報の項目」（1項2号）

医療情報に係る本人にとって，認定匿名加工医療情報作成事業者に提供される医療情報の項目（病歴，健康診断等の結果，医師等による診療・指導等）を認識することは，認定匿名加工医療情報作成事業者に対する医療情報の提供を停止させるか否かを判断するために不可欠であるからである。

(8) 「認定匿名加工医療情報作成事業者への提供の方法」（1項3号）

オンラインで提供しているのか，DVDを交付しているのか等の提供の方法

本論　第4章　医療情報取扱事業者による認定匿名加工医療情報作成事業者に対する医療情報の提供

も，個人の権利利益の侵害の蓋然性に影響するため，これを医療情報に係る本人に認識させる必要があるからである。

(9)　「本人又はその遺族からの求めに応じて当該本人が識別される医療情報の認定匿名加工医療情報作成事業者への提供を停止すること」（1項4号）

　オプトアウトの権利を本人に認めていることを医療情報に係る本人に明確に認識させるためである。医療情報に係る本人は，オプトアウトの権利を行使することができるし，医療情報取扱事業者は，認定匿名加工医療情報作成事業者に医療情報を提供する義務を負うわけではない。医療ビッグデータを用いた研究が，間接的に，医療情報の本人や医療情報取扱事業者に便益をもたらすが，そのことは理解されにくい（医療ビッグデータが，個々の診療において活用され，医療機関や患者個人に直接に便益を与える可能性については，中山健夫「医療におけるビッグデータ総論」外科78巻5号〔2016年〕459頁以下参照）。したがって，認定匿名加工医療情報作成事業者に医療情報を提供するインセンティブを医療情報に係る本人や医療情報取扱事業者に付与する必要がある。認定匿名加工医療情報作成事業者が，認定事業と別個に，個人の生涯にわたる医療等のデータを自ら時系列で管理し，多目的に活用するPHR（Personal Health Record），異なる医療機関・介護機関等で個別に管理されている医療・介護情報等を地域レベルで集約して共有するEHR（認定匿名加工医療情報作成事業者によるEHRの方式について，吉峯耕平「次世代医療基盤法の構造と解釈問題」論究ジュリ24号〔2018年〕133頁以下参照）や診療支援を行うなど，医療情報に係る本人や医療情報取扱事業者に対して直接的なサービスを提供することにより，医療情報の利活用のメリットについての認識を広めるように努めることは，認定事業に対する理解を深めることにも資すると考えられる。

(10)　「本人又はその遺族からの求めを受け付ける方法」（1項5号）

　本人またはその遺族からの求めを受け付ける方法としては，電話，書面，電子メール，医療機関等の窓口での口頭での応対，ウェブサイトにおける入力フォームへの記載等が考えられるが，これを事前に本人に通知することにより，本人がオプトアウトを求める方法を明確に認識することができるようにするた

第 30 条（医療情報取扱事業者による医療情報の提供）

めである。

　本人またはその遺族からの求めを受け付ける方法には，本人またはその遺族が連絡を行う連絡先（医療情報取扱事業者の名称，窓口名，郵送先住所，送信先メールアドレス等）が含まれる。

　なお，個人情報保護法においても，平成 27 年法律第 65 号による改正により，「本人の求めを受け付ける方法」を，あらかじめ，本人に通知し，または本人が容易に知りうる状態に置くことをオプトアウト手続による個人データの第三者提供を行う個人情報取扱事業者に義務づける改正が行われた。

⑾　「医療情報取扱事業者は，前項第 2 号，第 3 号又は第 5 号に掲げる事項を変更する場合は，変更する内容について……あらかじめ，本人に通知するとともに，主務大臣に届け出なければならない」（2 項）

　認定匿名加工医療情報作成事業者に提供される医療情報の項目，認定匿名加工医療情報作成事業者への提供の方法，本人またはその遺族からの求めを受け付ける方法を変更する場合に事前届出制を採用している。

⑿　「主務省令で定めるところにより」（2 項）

　届出は，(i)主務大臣が定めるところにより，電子情報処理組織（主務大臣の使用に係る電子計算機と届出を行う者の使用に係る電子計算機とを電気通信回線で接続した電子情報処理組織をいう）を使用する方法，または(ii)様式第 29 による届出書および当該届出書に記載すべき事項を記録した光ディスク等を提出する方法のいずれかにより行う（本法施行規則 28 条 2 項）。医療情報取扱事業者が，代理人によって主務大臣に届出をする場合には，様式第 30 によるその権限を証する書面（電磁的記録を含む）を主務大臣に提出しなければならない（同条 3 項）。

⒀　「主務大臣は，第一項の規定による届出があったときは，主務省令で定めるところにより，当該届出に係る事項を公表しなければならない」（3 項前段）

　公表は，本条 1 項の規定による届出があった後，遅滞なく，インターネットの利用その他の適切な方法により行うものとされている（本法施行規則 29 条）。

⑭ 「前項の規定による届出があったときも，同様とする」（3項後段）

　変更の届出があった場合においても，公表は，届出後，遅滞なく，インターネットの利用その他の適切な方法により行うものとされている（本法施行規則29条）。

（書面の交付）
第31条① 　医療情報取扱事業者は，前条第1項の規定による通知を受けた本人又はその遺族から当該本人が識別される医療情報の認定匿名加工医療情報作成事業者への提供を停止するように求めがあったときは，遅滞なく，主務省令で定めるところにより，当該求めがあった旨その他の主務省令で定める事項を記載した書面を当該求めを行った者に交付しなければならない。
② 　医療情報取扱事業者は，あらかじめ，前項に規定する求めを行った者の承諾を得て，同項の規定による書面の交付に代えて，当該書面に記載すべき事項を記録した電磁的記録を提供することができる。この場合において，当該医療情報取扱事業者は，同項の規定による書面の交付を行ったものとみなす。
③ 　第1項の規定により書面を交付し，又は前項の規定により電磁的記録を提供した医療情報取扱事業者は，主務省令で定めるところにより，当該書面の写し又は当該電磁的記録を保存しなければならない。

（本条の趣旨）

　本条は，医療情報の提供の停止の求めが行われたことについて，紛争が生じないように，かかる求めが行われたことに係る書面の交付義務・保存義務を医療情報取扱事業者に課すものである。

⑴ 「医療情報取扱事業者は，前条第1項の規定による通知を受けた本人又はその遺族から当該本人が識別される医療情報の認定匿名加工医療情報作成事業者への提供を停止するように求めがあったときは，遅滞なく，主務省令で定めるところにより……書面を当該求めを行った者に交付しなければならない」（1項）

第 31 条（書面の交付）

　本人からオプトアウトの権利を行使する旨の意思表示があったにもかかわらず，医療情報取扱事業者が，当該本人が特定される医療情報の認定匿名加工医療情報作成事業者への提供を停止しなかった場合，本人と医療情報取扱事業者の間で，提供の求めの有無をめぐって紛争が生ずるおそれがある。そこで，医療情報取扱事業者は，オプトアウト方式による通知を受けた本人またはその遺族から当該本人が識別される医療情報の認定匿名加工医療情報作成事業者への提供を停止するように求めがあったときは，遅滞なく，所定の事項を記載した書面を当該求めを行った者に交付する義務を負うこととしている。

(2) 「当該求めがあった旨その他の主務省令で定める事項」(1 項)
　(i)当該求めがあった旨，(ii)当該求めを行った者の氏名およびその他の当該者を特定するに足りる事項，(iii)当該求めを受けた年月日，(iv)本項に規定する主務省令で定める書面を交付する旨，(v)医療情報の提供の停止の年月日，(vi)当該求めにより交付する書面の年月日である（本法施行規則 31 条）。

(3) 「医療情報取扱事業者は，あらかじめ，前項に規定する求めを行った者の承諾を得て，同項の規定による書面の交付に代えて，当該書面に記載すべき事項を記録した電磁的記録を提供することができる。この場合において，当該医療情報取扱事業者は，同項の規定による書面の交付を行ったものとみなす」(2 項)
　電磁的記録での提供については，提供を受けた者が，その内容を認識しうる機器を有しているか，有していてもそれを使いこなせるか（デジタル・デバイド）という問題があるため，事前に医療情報に係る本人の承諾を得ることを医療情報取扱事業者に義務づけている。

(4) 「第 1 項の規定により書面を交付し，又は前項の規定により電磁的記録を提供した医療情報取扱事業者は，主務省令で定めるところにより，当該書面の写し又は当該電磁的記録を保存しなければならない」(3 項)
　当該書面を交付し，または当該電磁的記録を提供した日から 3 年間，当該書面の写し，または当該電磁的記録を保存しなければならない（本法施行規則 32 条）。

本 論　第4章　医療情報取扱事業者による認定匿名加工医療情報作成事業者に対する医療情報の提供

> **（医療情報の提供に係る記録の作成等）**
> **第32条①**　医療情報取扱事業者は，第30条第1項の規定により医療情報を認定匿名加工医療情報作成事業者に提供したときは，主務省令で定めるところにより，当該医療情報を提供した年月日，当該認定匿名加工医療情報作成事業者の名称及び住所その他の主務省令で定める事項に関する記録を作成しなければならない。
> ②　医療情報取扱事業者は，前項の記録を，当該記録を作成した日から主務省令で定める期間保存しなければならない。

（本条の趣旨）

本条は，医療情報のトレーサビリティを確保するための記録の作成・保存義務を医療情報取扱事業者に課すものである。

(1)　「医療情報取扱事業者は，第30条第1項の規定により医療情報を認定匿名加工医療情報作成事業者に提供したときは……記録を作成しなければならない」（1項）

個人情報保護法25条は，個人データの第三者提供に係る記録の作成・保存義務を定めている。しかし，個人データの提供が法令に基づく場合には，かかる規定は適用されない（同条1項ただし書）。また，医療情報取扱事業者には，個人情報取扱事業者には該当せず，同法の規定が適用されない国，地方公共団体，独立行政法人等，地方独立行政法人が該当する場合もありうる。しかし，要配慮個人情報である医療情報を特例としてオプトアウト手続で提供することを認める以上，トレーサビリティの確保は重要である。そこで，医療情報取扱事業者は，オプトアウト手続により医療情報を認定匿名加工医療情報作成事業者に提供したときは，記録を作成しなければならないとしている（本項，本法施行規則34条1項）。

(2)　「主務省令で定めるところにより」（1項）

記録は，文書，電磁的記録またはマイクロフィルムを用いて作成するものとされている（本法施行規則33条1号）。医療情報を認定匿名加工医療情報作成事

業者に提供したときは，その都度，速やかに作成しなければならない。ただし，当該認定匿名加工医療情報作成事業者に対し医療情報を継続的に，もしくは反復して提供したとき，または当該認定匿名加工医療情報作成事業者に対し医療情報を継続的に，もしくは反復して提供することが確実であると見込まれるときは，一括して作成することができる（同条2号）。

(3) 「当該医療情報を提供した年月日，当該認定匿名加工医療情報作成事業者の名称及び住所その他の主務省令で定める事項」（1項）

当該医療情報を提供した年月日，当該認定匿名加工医療情報作成事業者の名称および住所その他の当該認定匿名加工医療情報作成事業者を特定するに足りる事項，当該医療情報によって識別される本人の氏名その他の当該本人を特定するに足りる事項，当該医療情報の項目に関する記録を作成しなければならない（本法施行規則34条1項）。以上に掲げる事項のうち，すでに本法施行規則33条に規定する方法により作成した記録（当該記録を保存している場合におけるものに限る）に記録されている事項と内容が同一であるものについては，当該事項の記録の作成を省略することができる（本法施行規則34条2項）。

個人情報保護法25条1項においては，個人情報取扱事業者が個人データを第三者に提供した場合には，当該第三者の住所の記録は義務づけられていない。これは，提供の相手方が不特定多数であることも想定されるからである。これに対して，本法においては，医療情報取扱事業者による医療情報の提供は認定匿名加工医療情報作成事業者に対してのみ行われるので，提供の相手方は常に特定しうることになる。そこで，当該認定匿名加工医療情報作成事業者の住所の記録も義務づけている。

(4) 「医療情報取扱事業者は，前項の記録を，当該記録を作成した日から主務省令で定める期間保存しなければならない」（2項）

医療情報取扱事業者は，当該記録を作成した日から原則として3年間保存しなければならないこととされている（本法施行規則35条2号）。ただし，当該認定匿名加工医療情報作成事業者に対し医療情報を継続的に，もしくは反復して提供したとき，または当該認定匿名加工医療情報作成事業者に対し医療情報を継続的に，もしくは反復して提供することが確実であると見込まれるために，

一括して作成した場合には，最後に当該記録に係る医療情報の提供を行った日から起算して3年を経過する日までの間，保存しなければならない（同条1号）。

> （医療情報の提供を受ける際の確認）
> 第33条①　認定匿名加工医療情報作成事業者は，第30条第1項の規定により医療情報取扱事業者から医療情報の提供を受けるに際しては，主務省令で定めるところにより，次に掲げる事項の確認を行わなければならない。
> 　1　当該医療情報取扱事業者の氏名又は名称及び住所並びに法人にあっては，その代表者（法人でない団体で代表者又は管理人の定めのあるものにあっては，その代表者又は管理人）の氏名
> 　2　当該医療情報取扱事業者による当該医療情報の取得の経緯
> ②　前項の医療情報取扱事業者は，認定匿名加工医療情報作成事業者が同項の規定による確認を行う場合において，当該認定匿名加工医療情報作成事業者に対して，当該確認に係る事項を偽ってはならない。
> ③　認定匿名加工医療情報作成事業者は，第1項の規定による確認を行ったときは，主務省令で定めるところにより，当該医療情報の提供を受けた年月日，当該確認に係る事項その他の主務省令で定める事項に関する記録を作成しなければならない。
> ④　認定匿名加工医療情報作成事業者は，前項の記録を，当該記録を作成した日から主務省令で定める期間保存しなければならない。

（本条の趣旨）

　本条は，不正に取得された個人データの提供を受けることを防止するとともに，医療情報のトレーサビリティを確保するための確認および記録の作成・保存に係る義務を認定匿名加工医療情報作成事業者に課すものである。

(1)　「認定匿名加工医療情報作成事業者は，第30条第1項の規定により医療情報取扱事業者から医療情報の提供を受けるに際しては……次に掲げる事項の確認を行わなければならない」（1項柱書）

　個人情報保護法26条は，個人情報取扱事業者が第三者から個人データの提供を受けるに際して，当該第三者による個人データの取得の経緯等を確認し，

第33条（医療情報の提供を受ける際の確認）

その記録の作成・保存を行う義務について定めている。これは，当該個人データが適正な手続で取得されたかを確認することにより，不正に取得された個人データの提供を受けることを防止するとともに，トレーサビリティを確保するためである。しかし，個人データの受領が法令に基づく場合には，かかる規定は適用されない（同法26条1項柱書ただし書）。また，行政機関個人情報保護法，独立行政法人等個人情報保護法，個人情報保護条例には，かかる規定は設けられていない。しかし，基本的に要配慮個人情報である医療情報を特例としてオプトアウト手続で取得することを認める以上，トレーサビリティの確保は重要である。そこで，本法においては，認定匿名加工医療情報作成事業者が，オプトアウト手続方式により医療情報取扱事業者から医療情報の提供を受けるに際しては，主務省令で定めるところにより，確認義務を課している。

(2)　「主務省令で定めるところにより」（1項柱書）

確認事項は，(i)当該医療情報取扱事業者の氏名または名称および住所ならびに法人にあっては，その代表者（法人でない団体で代表者または管理人の定めのあるものにあっては，その代表者または管理人）の氏名，(ii)当該医療情報取扱事業者による当該医療情報の取得の経緯である（本項1号・2号）。(i)については，医療情報を提供する医療情報取扱事業者から申告を受ける方法その他の適切な方法，(ii)については，主務大臣の公表が行われた旨および医療情報取扱事業者からの医療情報の取得の経緯を示す記録の提示を受ける方法その他の適切な方法により，確認を行うことになる（本法施行規則36条1項）。

複数回にわたり同一の本人の内容の医療情報の授受をする場合においては，同一の内容である事項を重複して確認する合理性はないため，すでに本法施行規則36条1項に規定する方法により確認を行い，同規則37条に規定する方法により作成し，かつ，その時点において保存している記録に記録された事項と内容が同一であるものについて，たとえば，認定匿名加工医療情報作成事業者が，同じ医療情報取扱事業者から，すでに確認・記録義務を履行した医療情報の提供を受ける場合は，医療情報取扱事業者の名称，当該医療情報の取得の経緯について，同一であることの確認を行うことで，当該事項の確認を省略することができる（本法施行規則36条2項，本法ガイドライン（医療情報の提供編）3〔医療情報の提供を受ける際の確認〕）。

(3)　「当該医療情報取扱事業者の氏名又は名称及び住所並びに法人にあっては，その代表者（法人でない団体で代表者又は管理人の定めのあるものにあっては，その代表者又は管理人）の氏名」（1項1号）

認定匿名加工医療情報作成事業者と異なり，医療情報取扱事業者については法人要件は課されていないので，医療情報取扱事業者が個人である場合や法人格を有しない団体である場合も念頭に置いた規定になっている。

(4)　「当該医療情報取扱事業者による当該医療情報の取得の経緯」（1項2号）

取得の経緯の確認は，具体的には，本法30条1項の規定に基づくオプトアウト手続に係る本人への通知および主務大臣への届出を行い，本人またはその遺族から医療情報の提供の停止の求めがなかったことの確認になる。

(5)　「前項の医療情報取扱事業者は，認定匿名加工医療情報作成事業者が同項の規定による確認を行う場合において，当該認定匿名加工医療情報作成事業者に対して，当該確認に係る事項を偽ってはならない」（2項）

これに違反した場合には，過料の制裁が科される（本法50条2号）。医療情報の提供に際し，医療情報取扱事業者が虚偽申告を行えば，トレーサビリティの確保という目的が達成できなくなるおそれがあるほか，不正に取得された医療情報が流通することになりうるので，それを抑止する必要性は大きい。民間の事業者に対する虚偽申告に対して行政刑罰を科す例もある（携帯音声通信事業者による契約者等の本人確認等及び携帯音声通信役務の不正な利用の防止に関する法律19条，犯罪による収益の移転防止に関する法律26条参照）。

(6)　「認定匿名加工医療情報作成事業者は，第1項の規定による確認を行ったときは……当該医療情報の提供を受けた年月日，当該確認に係る事項その他の主務省令で定める事項に関する記録を作成しなければならない」（3項）

認定匿名加工医療情報作成事業者は，当該確認を行ったときは，所定の事項について記録を作成する義務を負う（本項，本法施行規則37条1項）。

第33条（医療情報の提供を受ける際の確認）

(7) 「主務省令で定めるところにより」（3項）
　文書，電磁的記録またはマイクロフィルムを用いて作成するものとされている（本法施行規則38条，33条1号）。医療情報取扱事業者から医療情報の提供を受けたときは，その都度，速やかに作成しなければならない。ただし，当該医療情報取扱事業者から医療情報を継続的にもしくは反復して提供されたとき，または医療情報取扱事業者から医療情報を継続的にもしくは反復して提供を受けることが確実であると見込まれるときは，一括して作成することができる（本法施行規則38条，33条2号）。

(8) 「当該医療情報の提供を受けた年月日，当該確認に係る事項その他の主務省令で定める事項」（3項）
　当該医療情報の提供を受けた年月日，当該医療情報取扱事業者の氏名または名称および住所ならびに法人にあっては，その代表者（法人でない団体で代表者または管理人の定めのあるものにあっては，その代表者または管理人）の氏名，当該医療情報取扱事業者による当該医療情報の取得の経緯，当該医療情報によって識別される本人の氏名その他の当該本人を特定するに足りる事項，当該医療情報の項目，本法30条3項の規定により公表されている旨を記録しなければならない（本法施行規則37条1項）。すでに本法施行規則36条に規定する方法により作成した記録（当該記録を保存している場合におけるものに限る）に記録されている事項と内容が同一であるものについては，当該事項の記録の作成を省略することができる（本法施行規則37条2項）。

(9) 「認定匿名加工医療情報作成事業者は，前項の記録を，当該記録を作成した日から主務省令で定める期間保存しなければならない」（4項）
　認定匿名加工医療情報作成事業者は，当該記録を作成した日から原則として3年間保存しなければならないこととされている（本法施行規則38条，35条2号）。ただし，医療情報取扱事業者から医療情報を継続的に，もしくは反復して提供されたとき，または当該医療情報取扱事業者から医療情報を継続的に，もしくは反復して提供されることが確実であると見込まれるために，一括して作成した場合には，最後に当該記録に係る医療情報の提供を受けた日から起算して3年を経過する日までの間，保存しなければならない（本法施行規則38条，

本論 第4章 医療情報取扱事業者による認定匿名加工医療情報作成事業者に対する医療情報の提供

35条1号)。

> (医療情報取扱事業者から医療情報の提供を受けてはならない場合)
> 第34条 認定匿名加工医療情報作成事業者は、次に掲げる医療情報について、法令に基づく場合を除き、医療情報取扱事業者から提供を受けてはならない。
> 1 第30条第1項又は第2項の規定による通知又は届出が行われていない医療情報
> 2 第31条第1項に規定する求めがあった医療情報

(本条の趣旨)

本条は、法令に基づく場合を除き、認定匿名加工医療情報作成事業者が、適法にオプトアウト手続をとり、提供の停止の求めがなかった医療情報以外を取得することを禁止することにより、医療情報の不正な提供を抑止することを企図したものである。

(1) 「認定匿名加工医療情報作成事業者は、次に掲げる医療情報について、法令に基づく場合を除き、医療情報取扱事業者から提供を受けてはならない」(柱書)

本条の規定に違反した場合には、主務大臣による是正命令の対象になる(本法37条1項)。

(2) 「第30条第1項又は第2項の規定による通知又は届出が行われていない医療情報」(1号)

「第30条第1項……の規定による通知又は届出」とは、医療情報取扱事業者が、認定匿名加工医療情報作成事業者に提供される医療情報について、本人またはその遺族からの求めがあるときは、当該本人が識別される医療情報の認定匿名加工医療情報作成事業者への提供を停止することとしていること等の本人への通知または主務大臣への届出である。「第30条……第2項の規定による通知又は届出」とは、上記の通知事項のうち一定のものを変更する場合の、変更

第 34 条（医療情報取扱事業者から医療情報の提供を受けてはならない場合）

内容についての本人への通知または主務大臣への届出である。オプトアウト手続に係る本法 30 条 1 項または 2 項の規定による通知は，本人に対して行わなければならないので，ある者の生存中に本人に対してオプトアウト手続に係る通知を行わなかった場合，その者の死後に遺族に対してオプトアウト手続をとっても，本法 30 条 1 項または 2 項の要件を満たさないことになり，同条の規定に基づく認定匿名加工医療情報作成事業者への医療情報の提供は行えないことになる。この点については，死者の情報の要保護性が低いことから，遺族への通知に基づくオプトアウト手続の余地を残すべきであったという意見がある（吉峯耕平「次世代医療基盤法の構造と解釈問題」論究ジュリ 24 号〔2018 年〕130 頁参照）。

(3)　「第 31 条第 1 項に規定する求めがあった医療情報」（2 号）

医療情報の提供の停止の求めがあった医療情報である。

第5章 監　督

> **（立入検査等）**
> **第35条①** 主務大臣は，この法律の施行に必要な限度において，認定匿名加工医療情報作成事業者若しくは認定医療情報等取扱受託事業者（これらの者のうち外国取扱者である者を除く。），匿名加工医療情報取扱事業者若しくは医療情報取扱事業者に対し必要な報告を求め，又はその職員に，これらの者の事務所その他の事業所に立ち入り，これらの者の帳簿，書類その他の物件を検査させ，若しくは関係者に質問させることができる。
> ② 前項の規定による立入検査をする職員は，その身分を示す証明書を携帯し，関係者の請求があったときは，これを提示しなければならない。
> ③ 第1項の規定による立入検査の権限は，犯罪捜査のために認められたものと解してはならない。
> ④ 主務大臣は，第1項の規定による報告を求め，又は立入検査をしようとするときは，あらかじめ，個人情報保護委員会に協議しなければならない。

（本条の趣旨）

　本条は，外国取扱者以外の認定匿名加工医療情報作成事業者に対する行政調査の権限および手続等について定めるものである。

(1) 「主務大臣は……認定匿名加工医療情報作成事業者若しくは認定医療情報等取扱受託事業者（これらの者のうち外国取扱者である者を除く。），匿名加工医療情報取扱事業者若しくは医療情報取扱事業者に対し必要な報告を求め，又はその職員に……これらの者の帳簿，書類その他の物件を検査させ，若しくは関係者に質問させることができる」（1項）

　この調査に対して報告をせず，もしくは虚偽の報告をし，または検査を拒み，妨げ，もしくは忌避し，もしくは質問に対して答弁せず，もしくは虚偽の答弁をした者には罰則が科される（本法47条4号）ので，間接強制調査である。かかる間接強制調査を外国取扱者が所在する外国において行うことは，外国の主

権侵害となるおそれがあるので、外国取扱者を除外している。認定匿名加工医療情報作成事業者の収支の状況、事業計画の進捗状況等についても報告を求めることができる。

(2) 「この法律の施行に必要な限度において」（1項）

本項が定める行政調査の権限が、本法が定める認定匿名加工医療情報作成事業者もしくは認定医療情報等取扱受託事業者（これらの者のうち外国取扱者である者を除く）、匿名加工医療情報取扱事業者もしくは医療情報取扱事業者の義務の履行の確保に必要な限度においてのみ行使可能であることを明確にしている。

(3) 「これらの者の事務所その他の事業所に立ち入り」（1項）

個人情報保護委員会は、個人情報取扱事業者または匿名加工情報取扱事業者に対して、個人情報または匿名加工情報の取扱いに関し、立入検査権限を有し（個人情報保護法40条1項）、これは罰則により担保された間接強制調査権限（宇賀・概説Ⅰ150頁参照）であるが、内閣府の外局である個人情報保護委員会が公権力の行使としての性格を有する立入検査を国の行政機関に対して行うことについては原則としては謙抑的であるべきと考えられ、行政機関非識別加工情報の取扱いについては、罰則による担保のない実地調査を認めることとされている（行政機関個人情報保護法51条の5）。もっとも、国の行政機関も対象とした立入検査権限が認められている例はあり、私的独占の禁止及び公正取引の確保に関する法律47条1項、番号法35条は、立入検査を認めている。他方、公文書等の管理に関する法律9条3項、行政機関が行う政策の評価に関する法律15条1項は、国の行政機関に対しては実地調査として罰則を定めていない。私的独占の禁止及び公正取引の確保に関する法律47条1項は、官製談合のような場合には発注者である官公庁への立入検査も必要なことから、国の行政機関に対しても立入検査を認めたものと思われる（根岸哲編・注釈独占禁止法〔有斐閣、2009年〕648頁参照）。番号法35条が国の行政機関に対する立入検査を認めたのは、個人番号を付した個人情報である特定個人情報については、特に厳格な保護措置を講ずる必要があるからと考えられる。このように、総括管理機関（宇賀・概説Ⅲ74頁以下、187頁以下参照）の職員による行政機関に対する立入検査が認められるのは、特別な事情がある場合に限られると解される。

本論 第5章 監　督

　本項の認定匿名加工医療情報作成事業者，認定医療情報等取扱受託事業者については，国がなることは想定されていないが，医療情報取扱事業者，匿名加工医療情報取扱事業者については，国がなることは想定されうる。したがって，本項は，国の行政機関に対しても立入検査を認めていることになるが，これは，医療情報等および匿名加工医療情報の保護の重要性に鑑みてのことであると考えられる。

(4)　「前項の規定による立入検査をする職員は，その身分を示す証明書を携帯し，関係者の請求があったときは，これを提示しなければならない」（2項）

　間接強制調査権限の行使であるので，適正手続の観点から，身分証明書の携帯および提示を義務づけている。私的独占の禁止及び公正取引の確保に関する法律47条3項，個人情報保護法40条2項等，立入検査をする職員については，かかる義務が一般に定められている（宇賀・概説Ⅰ 156頁参照）。

(5)　「第1項の規定による立入検査の権限は，犯罪捜査のために認められたものと解してはならない」（3項）

　犯罪捜査のために行われる立入検査は，憲法35条の規定により司法官憲が発する令状により行われなければならない。したがって，本項は，令状に基づかずに行われる本条1項の行政調査としての立入検査は，犯罪捜査のために行うことはできず，行政上の監督措置の必要性を判断するためにのみ認められることを確認するものである。私的独占の禁止及び公正取引の確保に関する法律47条4項，個人情報保護法40条3項等，行政調査としての立入検査に関する規定には，一般にかかる確認規定が置かれている（宇賀・概説Ⅰ 160頁参照）。

(6)　「主務大臣は，第1項の規定による報告を求め，又は立入検査をしようとするときは，あらかじめ，個人情報保護委員会に協議しなければならない」（4項）

　個人情報保護委員会は主務大臣ではないが，立入検査を行うに当たっては，個人情報保護委員会の個人情報および匿名加工情報に係る専門的知見を反映させる必要があるため，事前に個人情報保護委員会と協議することを主務大臣に

義務づけている。

> **（指導及び助言）**
> **第36条** 主務大臣は，認定匿名加工医療情報作成事業者又は認定医療情報等取扱受託事業者に対し，第8条第1項又は第28条の認定に係る事業の適確な実施に必要な指導及び助言を行うものとする。

（本条の趣旨）

本条は，認定匿名加工医療情報作成事業者または認定医療情報等取扱受託事業者に対する主務大臣による監督権限のうち，法的拘束力を伴わないソフトな措置について定めるものである。

指導および助言は，法的拘束力を伴わない行政指導（行政手続法2条6号）であり，根拠規範がなくても行うことができるから，本条は確認規定である。指導および助言は口頭で行ってもよいが，その趣旨，内容，責任者を明確にする必要がある（同法35条1項）。また，口頭で指導または助言を受けた認定匿名加工医療情報作成事業者または認定医療情報等取扱受託事業者から書面の交付を求められた場合には，行政上特別の支障がない限り，書面を交付しなければならない（同法35条3項）。認定匿名加工医療情報作成事業者または認定医療情報等取扱受託事業者からの求めに応じて指導または助言をすることもありうるし，医療情報に係る本人，医療情報取扱事業者，匿名加工医療情報取扱事業者からの苦情を契機として，認定匿名加工医療情報作成事業者または認定医療情報等取扱受託事業者からの求めなしに指導または助言をすることもありうる。

> **（是正命令）**
> **第37条①** 主務大臣は，認定匿名加工医療情報作成事業者（外国取扱者を除く。）が第17条第1項，第18条第1項若しくは第2項，第19条から第21条まで，第23条第1項，第24条，第25条第1項，第26条第1項，第27条，第33条（第2項を除く。）又は第34条の規定に違反していると

認めるときは、その者に対し、当該違反を是正するため必要な措置をとるべきことを命ずることができる。

② 主務大臣は、認定医療情報等取扱受託事業者（外国取扱者を除く。）が第23条第2項の規定又は第29条において準用する第17条第1項、第18条第1項若しくは第2項、第19条から第21条まで、第24条、第26条第1項若しくは第27条の規定に違反していると認めるときは、その者に対し、当該違反を是正するため必要な措置をとるべきことを命ずることができる。

③ 前二項の規定は、認定匿名加工医療情報作成事業者又は認定医療情報等取扱受託事業者（これらの者のうち外国取扱者である者に限る。）について準用する。この場合において、これらの規定中「命ずる」とあるのは、「請求する」と読み替えるものとする。

④ 主務大臣は、匿名加工医療情報取扱事業者が第18条第3項の規定に違反していると認めるときは、その者に対し、当該違反を是正するため必要な措置をとるべきことを命ずることができる。

⑤ 主務大臣は、医療情報取扱事業者が第30条第1項若しくは第2項、第31条第1項若しくは第3項又は第32条の規定に違反していると認めるときは、その者に対し、当該違反を是正するため必要な措置をとるべきことを命ずることができる。

⑥ 主務大臣は、第1項、第2項、第4項若しくは前項の規定による命令又は第3項において読み替えて準用する第1項若しくは第2項の規定による請求をしようとするときは、あらかじめ、個人情報保護委員会に協議しなければならない。

（本条の趣旨）

本条は、認定匿名加工医療情報作成事業者または認定医療情報等取扱受託事業者に対する主務大臣による監督権限のうち、法的拘束力を伴うハードな措置について定めるものである。

(1) 「主務大臣は、認定匿名加工医療情報作成事業者（外国取扱者を除く。）が第17条第1項、第18条第1項若しくは第2項、第19条から第

第 37 条（是正命令）

21 条まで，第 23 条第 1 項，第 24 条，第 25 条第 1 項，第 26 条第 1 項，第 27 条，第 33 条（第 2 項を除く。）又は第 34 条の規定に違反していると認めるときは，その者に対し，当該違反を是正するため必要な措置をとるべきことを命ずることができる」（1 項）

　主務大臣は，認定匿名加工医療情報作成事業者（外国取扱者を除く）が利用目的による制限（本法 17 条 1 項），主務省令で定める基準に従った医療情報の加工（本法 18 条 1 項），匿名加工医療情報と他の情報との照合による本人識別の禁止（同条 2 項），認定事業に関し管理する医療情報等または匿名加工医療情報を利用する必要がなくなったときの消去義務（本法 19 条），安全管理措置義務（本法 20 条），従業者の監督義務（本法 21 条），認定事業に関し管理する医療情報等または匿名加工医療情報の取扱いについて認定医療情報等取扱受託事業者以外への委託を行わない義務（本法 23 条 1 項），委託先の監督義務（本法 24 条），他の認定匿名加工医療情報作成事業者からの求めに応じて医療情報取扱事業者から提供された医療情報を当該他の認定匿名加工医療情報作成事業者に提供する場合の制限（本法 25 条 1 項），医療情報取扱事業者から提供された医療情報に係る第三者提供の制限（本法 26 条 1 項），苦情の処理に係る義務（本法 27 条），医療情報取扱事業者から医療情報の提供を受ける際の確認・記録作成・保存義務（本法 33 条 1 項・3 項・4 項）または医療情報取扱事業者から医療情報の提供を受けることの制限規定（本法 34 条）に違反していると認めるときは，その者に対し，当該違反を是正するため必要な措置をとるべきことを命ずる権限を有する。主務大臣には，認定の取消権限も存在するが，取消しが可能な場合であっても，直ちに認定を取り消すのではなく，是正命令を発して是正の機会を与えることが望ましい場合もある。そこで，是正命令の規定が設けられている。認定の取消規定のほかに，是正命令の規定を設ける例は少なくない（個人情報保護法 57 条，消費生活製品安全法 25 条，26 条等）。

　「違反を是正するため必要な措置」は，目的外利用の禁止のような不作為に限られず，認定事業に関し管理する医療情報等または匿名加工医療情報の消去のような作為の場合もある。「必要な措置」をとるのに要すると認められる合理的期間を見積もり，期限付きで命令すべきであろう。

(2)　「（外国取扱者を除く。）」（1 項）

是正命令という公権力を外国取扱者に対して行うことは，外国の主権侵害となるおそれがあるので，外国取扱者を除いている。

(3)「主務大臣は，認定医療情報等取扱受託事業者（外国取扱者を除く。）が第23条第2項の規定又は第29条において準用する第17条第1項，第18条第1項若しくは第2項，第19条から第21条まで，第24条，第26条第1項若しくは第27条の規定に違反していると認めるときは，その者に対し，当該違反を是正するため必要な措置をとるべきことを命ずることができる」(2項)

主務大臣は，認定医療情報等取扱受託事業者（外国取扱者を除く）が，当該医療情報等または匿名加工医療情報の取扱いの委託をした認定匿名加工医療情報作成事業者の許諾を得た場合であって，かつ，認定医療情報等取扱受託事業者に対してするときに，再委託を制限する規定（本法23条2項），利用目的による制限（本法29条，17条1項），主務省令で定める基準に従った医療情報の加工（本法29条，18条1項），匿名加工医療情報と他の情報との照合による本人識別の禁止（本法29条，18条2項），認定事業に関し管理する医療情報等または匿名加工医療情報を利用する必要がなくなったときの消去義務（本法29条，19条），安全管理措置義務（本法29条，20条），従業者の監督義務（本法29条，21条），再委託先の監督義務（本法29条，24条），医療情報取扱事業者から提供された医療情報に係る第三者提供の制限（本法29条，26条1項），苦情の処理に係る義務（本法29条，27条）に係る規定に違反していると認めるときは，その者に対し，当該違反を是正するため必要な措置をとるべきことを命ずる権限を有する。是正命令という公権力を外国取扱者に対して行うことは，外国の主権侵害となるおそれがあるので，外国取扱者を除いている。

(4)「前二項の規定は，認定匿名加工医療情報作成事業者又は認定医療情報等取扱受託事業者（これらの者のうち外国取扱者である者に限る。）について準用する。この場合において，これらの規定中「命ずる」とあるのは，「請求する」と読み替えるものとする」(3項)

外国取扱者に対して，是正命令という公権力を行使することは，当該外国の主権を侵害するおそれがあるので，法的拘束力のない是正の請求を行うことと

している。

(5) 「主務大臣は，匿名加工医療情報取扱事業者が第18条第3項の規定に違反していると認めるときは，その者に対し，当該違反を是正するため必要な措置をとるべきことを命ずることができる」（4項）

　「第18条第3項の規定」は，匿名加工医療情報取扱事業者が，認定匿名加工医療情報作成事業者により作成（認定医療情報等取扱受託事業者が委託を受けて作成する場合を含む）された匿名加工医療情報（自ら医療情報を加工して作成したものを除く）を取り扱うに当たって，当該匿名加工医療情報の作成に用いられた医療情報に係る本人を識別するために，当該医療情報から削除された記述等もしくは個人識別符号もしくは加工の方法に関する情報を取得し，または当該匿名加工医療情報を他の情報と照合することを禁止する規定である。本法が，匿名加工医療情報取扱事業者に対して義務を課している規定は，18条3項のみであり，したがって，匿名加工医療情報取扱事業者に対する是正命令も，この規定に違反した場合のみとなっている。そして，匿名加工医療情報取扱事業者に対するその他の規制は，認定匿名加工医療情報作成事業者が，匿名加工医療情報取扱事業者との契約を通じて行う仕組みとなっている点に本法の特色がある。

(6) 「主務大臣は，医療情報取扱事業者が第30条第1項若しくは第2項，第31条第1項若しくは第3項又は第32条の規定に違反していると認めるときは，その者に対し，当該違反を是正するため必要な措置をとるべきことを命ずることができる」（5項）

　本法30条1項の規定は，医療情報取扱事業者が，認定匿名加工医療情報作成事業者への医療情報の提供に係るオプトアウト手続に必要な事項を本人に通知し，主務大臣に届出を行い，本人またはその遺族から医療情報の提供の停止の求めがあった場合には，提供を停止する義務を定めるものである。同条2項の規定は，認定匿名加工医療情報作成事業者に提供される医療情報の項目，認定匿名加工医療情報作成事業者への提供の方法または本人もしくはその遺族からの求めを受け付ける方法を変更する場合において，変更する内容について，あらかじめ，本人に通知するとともに，主務大臣に届け出る義務を定めるものである。本法31条1項は，医療情報取扱事業者が，医療情報に係る本人また

はその遺族から当該本人が識別される医療情報の認定匿名加工医療情報作成事業者への提供を停止するように求めがあったときに，遅滞なく，当該求めがあった旨その他の主務省令で定める事項を記載した書面を当該求めを行った者に交付する義務を定めるものである。本法31条3項は，前記の書面を交付し，または電磁的記録を提供した医療情報取扱事業者が，当該書面の写しまたは当該電磁的記録を保存する義務を定めるものである。本法32条は，医療情報取扱事業者が，本法30条1項の規定により医療情報を認定匿名加工医療情報作成事業者に提供したときに，当該医療情報を提供した年月日，当該認定匿名加工医療情報作成事業者の名称および住所その他の主務省令で定める事項に関する記録を作成する義務ならびに当該記録を作成した日から主務省令で定める期間保存する義務を定めるものである。

(7)「主務大臣は，第1項，第2項，第4項若しくは前項の規定による命令又は第3項において読み替えて準用する第1項若しくは第2項の規定による請求をしようとするときは」(6項)

個人情報保護法75条は，行政処分としての性格を持つ場合には，それが国外の相手方に法的に義務を課したり，その権利を制限することから，立法管轄権を行使しないこととしている。他の法律においても，行政処分については，主権侵害が生じないような配慮が一般になされている。すなわち，電波法は，外国において無線設備の点検の事業を行う者は，総務大臣の登録を受けることができることとし（同法24条の13第1項），登録外国点検事業者に変更の届出（同法24条の13第2項，24条の5第1項）・廃止の届出（同法24条の13第2項，24条の9第1項）等を義務づけ，登録外国点検事業者が総務大臣から求められた報告の懈怠，虚偽報告，検査の拒否・妨害，適合請求に応じないこと等の事由に該当する場合に登録を取り消すことができるとしている（同法24条の13第3項）。ここで注目されるのは，国内の事業者に対し適合措置を講ずることを命ずる部分（同法24条の7第1項）が，登録外国点検事業者については「請求する」と読み替えられていることである（同法24条の13第2項）。これは，国外にある事業者に対して命令という行政処分を行うことが，当該事業者の所在する国の主権を侵害するおそれがあり，また，命令の実効性を担保する罰則については，裁判管轄権（ないし司法管轄権）(adjudicative or judicial jurisdiction) が

第37条（是正命令）

及ばないため，命令の実効性が確保されないと考えられたからである。

　同様に，医薬品，医療機器等の品質，有効性及び安全性の確保等に関する法律は，外国においてわが国に輸出される医薬品，医薬部外品または化粧品を製造しようとする者（医薬品等外国製造業者）は，厚生労働大臣の認定を受けることができることとし（同法13条の3第1項），厚生労働大臣は，医薬品等外国製造業者がその業務に関し遵守すべき事項を厚生労働省令で定めることができ（同法18条2項），厚生労働大臣から求められた報告の懈怠，虚偽報告，検査の拒否・妨害，質問に対する答弁の懈怠，虚偽答弁，改善請求に応じないこと等の事由に該当する場合に認定を取り消すことができるとしている（同法75条の4第1項）。ここで注目されるのは，国内の事業者に対し改善を命ずる部分（同法72条3項）が，医薬品等外国製造業者については「請求する」と読み替えられていることである（同法75条の4第2項）。

　電気通信事業法では，外国においてわが国内で使用されることとなる端末機器を取り扱うことを業とする者（外国取扱事業者）についても，国内の登録認定機関に対する妨害防止命令（同法54条）が妨害防止請求に読み替えられている（同法62条2項）。さらに，肥料取締法は，国内の事業者に対する表示命令（同法21条）を登録外国生産業者については表示請求に読み替えている（同法33条の2第6項）。衛星リモートセンシング記録の適正な取扱いの確保に関する法律19条3項，29条3項も，外国取扱者について，同様の読替えを行っている。これらも，同様に，命令という行政処分を国外の事業者に対して行うことが当該外国の主権侵害になるおそれがあり，また，命令の実効性を担保する罰則については裁判管轄権が及ばないため，命令の実効性が確保されないことを懸念したものと考えられる（もっとも，個人情報保護法75条は，国内の個人情報取扱事業者に対する命令を国外の事業者については請求に読み替える規定を置いていない。それは，命令と同じ内容のことを請求するとは，勧告〔同法42条1項〕にほかならず，勧告に関する規定が国外の個人情報取扱事業者にも適用されているからである）。そして，国外に所在する事業者に対する主務大臣の「命令」を明記した立法例は見当たらない（国外にある者に対して，法律で不作為義務を課す例として，資金決済に関する法律36条があるが，当該者に対する監督に関する規定も，その義務違反に対する制裁も定められていない）。

　このように，従前のわが国の立法例をみると，国外に所在する事業者に対し

て行政処分を行うことが，外国の主権の侵害になりうることを懸念して，それを避けることが一般的であったといえよう。もっとも，医薬品，医療機器等の品質，有効性及び安全性の確保等に関する法律のように，罰則により担保された間接強制調査であっても，国外の事業者に対して行うことができる旨が規定されている例がある（同法75条の2の2第1項3号，85条8号）。また，私的独禁の禁止及び公正取引の確保に関する法律に基づく排除措置命令という行政処分が，国外に所在する事業者に対してなされた例は皆無ではない。マリンホース・カルテル事件（公取委排除措置命令平成20・2・20公正取引委員会審決集54巻512頁，623頁）において，公正取引委員会は，不当な取引制限を行った5社に対し，2008年2月20日に排除措置命令を行っているが，うち4社は，国外に所在する事業者であった。これは国外の事業者を含む国際カルテルに対し，公正取引委員会が排除措置を命じた初の例である（同事件については，松下満雄「競争政策／競争法における国際協力」公正取引717号〔2010年〕50頁，大川進＝平山賢太郎「マリンホースの製造販売業者に対する排除措置命令及び課徴金納付命令について」公正取引693号〔2008年〕69頁以下参照。テレビ用ブラウン管国際カルテル事件〔公取委審決平成27・5・22公正取引委員会審決集62巻61頁，87頁〕においては，国外の事業者に対し，排除措置命令のみならず課徴金納付命令も出されている）。この事案においては，国内に文書受領権限を有する代理人に送達されたが，国内にかかる代理人がいない場合には，同法70条の7の規定により準用される民事訴訟法108条の規定により領事送達が行われることになる。しかし，行政処分の領事送達は，主権侵害の問題を生じさせるので，当該国の同意が必要と解され，外交ルートを通じて相手国の同意を取り付けてから，日本の在外領事館等を通じて，国外の事業者に書類の送達を実施する運用がなされている（根岸哲＝舟田正之・独占禁止法概説［第5版］〔有斐閣，2015年〕53頁，村上政博編・条解独占禁止法〔弘文堂，2014年〕763頁参照）。

なお，「金融商品取引業者向けの総合的な監督指針」（2014年9月，金融庁）Ⅹ（監督上の評価項目と諸手続〔外国証券業者等〕）-2-1(3)，Ⅹ-2-2(3)においては，「重大・悪質な法令等違反行為が認められる等の場合には，金商法第60条の8第1項の規定に基づく業務改善命令や業務停止命令等の発出も含め，必要な対応を検討するものとする」と記載されているが，これが国外における行為まで射程に入れた記述か否かは定かでない（実際には，国外における行為を対象として

第 37 条（是正命令）

業務改善命令や業務停止命令等が発出された例は，公表資料をみる限り存在しないようである）。

　以上のように，国外に所在する事業者に対して，わが国の行政庁が行政処分を行うことが，当該外国の主権を侵害するかについては，議論はありうるところである。しかし，本法は，この点について謙抑的立場をとり，かかるおそれがある以上，行政処分に係る規定の適用を避けたのである（「第189回国会参議院内閣委員会，財政金融委員会連合審査会会議録」第1号〔2015年6月2日〕5頁〔山口俊一国務大臣答弁〕参照）。なお，裁判例の中にも，国家主権に由来する「対他国家不干渉義務」により，国外の医療機関には，原子爆弾被爆者に対する援護に関する法律に基づく法的拘束力のある監督権限は行使できないと判示したものがある（大阪高判平成26・6・20民集69巻6号1689頁，大阪地判平成25・10・24民集69巻6号1640頁）。

(8)　「あらかじめ，個人情報保護委員会に協議しなければならない」（6項）

　個人情報保護委員会を主務大臣に加えて医療分野の研究開発に資する匿名加工医療情報の適切な推進を図るという要請を踏まえた判断の責任を個人情報保護委員会にも分担させるのではなく，個人の権利利益の保護の要請について，個人情報保護委員会の専門的・中立的な判断を協議を通じて主務大臣の判断に反映させる方式が採用された。個人情報保護委員会の意見が十分に反映されるように，単に「意見を聴く」のではなく，「協議する」とされている。事業所管大臣が許認可権限，監督権限の行使，府省令の制定等を行うものの，一般法に基づく規制権限を有する主体に事前協議することとしている例として，建築物のエネルギー消費性能の向上に関する法律3条1項，4項，産業競争力強化法24条1項，26条1項，28条1項，資金決済に関する法律99条1項，3項，生活衛生関係営業の運営の適正化及び振興に関する法律8条1項，9条1項，11条1項，13条1項，内航海運組合法10条1項，12条1項，65条1項がある（他方，がん登録推進法36条においては，厚生労働大臣または都道府県知事が個人情報保護委員会と協議する仕組みはとられていない）。

第6章 雑　　則

> （連絡及び協力）
> 第38条　主務大臣，個人情報保護委員会及び総務大臣は，この法律の施行に当たっては，医療情報等及び匿名加工医療情報の適正な取扱いに関する事項について，相互に緊密に連絡し，及び協力しなければならない。

（本条の趣旨）

　個人情報保護法を所管する個人情報保護委員会ならびに行政機関個人情報保護法および独立行政法人等個人情報保護法を所管する総務大臣は，本法の主務大臣ではないが，これらの機関と主務大臣が相互に緊密に連絡し，協力することが，本法を適確かつ円滑に運用するために不可欠であるので，本条は，これらの機関間の連絡・協力義務について定めている。

(1)　「主務大臣，個人情報保護委員会及び総務大臣は……相互に緊密に連絡し，及び協力しなければならない」

　個人情報保護委員会は，本法の主務大臣ではないが，個人情報保護法を所管しており，同法の個人情報および匿名加工情報について専門的知見を有する。さらに，行政機関個人情報保護法および独立行政法人等個人情報保護法が定める非識別加工情報についても，個人情報保護委員会が所管している。

　また，総務大臣は，行政機関個人情報保護法を所管しており，行政機関の長に対して，同法の施行状況の報告を求める権限（同法49条），行政機関における個人情報の取扱いに関する事務の実施状況について資料の提出および説明を求める権限（同法50条），行政機関における個人情報の取扱いに関して意見を述べる権限（同法51条）を有し，また，独立行政法人等個人情報保護法を所管し，独立行政法人等に対して，同法の施行状況について報告を求める権限（同法48条）を有する。それに加えて，国は，地方公共団体が策定し，または実施する個人情報の保護に関する施策を支援するため，情報の提供その他の必要な措置を講ずる責務（個人情報保護法8条）を有する。

第38条（連絡及び協力）

　他方において，本法では，医療情報取扱事業者，認定匿名加工医療情報作成事業者，認定医療情報等取扱受託事業者，匿名加工医療情報取扱事業者に対して主務大臣の監督権限が及ぶが，国の行政機関，独立行政法人等，地方公共団体，地方独立行政法人は，その対象から除外されていない。そこで，主務大臣が本法に基づく権限を行使するに当たり，総務大臣と協力する必要がある。

　そこで，本条は，主務大臣，個人情報保護委員会および総務大臣は，本法の施行に当たっては，医療情報等および匿名加工医療情報の適正な取扱いに関する事項について，相互に緊密に連絡し，および協力する義務を定めている（行政機関の長の連絡および協力を定める例として，個人情報保護法80条，産業競争力強化法139条参照）。

　内閣府設置法5条2項が，「内閣府は，内閣の統轄の下に，その政策について，自ら評価し，企画及び立案を行い，並びに国家行政組織法（昭和23年法律第120号）第1条の国の行政機関と相互の調整を図るとともに，その相互の連絡を図り，すべて，一体として，行政機能を発揮しなければならない」と規定し，国家行政組織法2条2項は，「国の行政機関は，内閣の統轄の下に，その政策について，自ら評価し，企画及び立案を行い，並びに国の行政機関と相互の調整を図るとともに，その相互の連絡を図り，すべて，一体として，行政機能を発揮しなければならない。内閣府と政策についての調整及び連絡についても同様とする」と規定しているので，本条が定めていることは，内閣府設置法，国家行政組織法上，当然ともいえる。しかし，本法で特に緊密に連携・協力を図る必要があるのは，主務大臣，個人情報保護委員会および総務大臣であるので，この三者を明記して，本条のような規定を設けることには意味があろう。

(2)　「医療情報等及び匿名加工医療情報の適正な取扱いに関する事項について」

　本法において適正な取扱いを確保する必要があるのは，個人情報全般ではなく，医療情報等および匿名加工医療情報に限られるので，主務大臣，個人情報保護委員会および総務大臣間の連絡および協力の規定も，医療情報等および匿名加工医療情報の適正な取扱いに関する事項を対象としている。

本論　第6章　雑　則

> （主務大臣等）
> 第39条①　この法律における主務大臣は，内閣総理大臣，文部科学大臣，厚生労働大臣及び経済産業大臣とする。
> ②　この法律における主務省令は，主務大臣の発する命令とする。
> ③　主務大臣は，主務省令を定め，又は変更しようとするときは，あらかじめ，個人情報保護委員会に協議しなければならない。

（本条の趣旨）

本条は，本法における主務大臣，主務省令の意味を明確にするとともに，主務省令を制定または変更しようとするときの手続について定めるものである。

(1) 「この法律における主務大臣は，内閣総理大臣，文部科学大臣，厚生労働大臣及び経済産業大臣とする」（1項）

内閣府は「研究開発の成果の実用化によるイノベーションの創出の促進を図るための環境の総合的な整備に関する施策の推進に関すること」（内閣府設置法4条3項7号の3），文部科学省は「科学技術に関する研究開発の推進のための環境の整備に関すること」（文部科学省設置法4条52号），「科学技術に関する研究開発の成果の普及及び成果の活用の促進に関すること」（同条53号），厚生労働省は「疾病の予防及び治療に関する研究その他所掌事務に関する科学技術の研究及び開発に関すること」（厚生労働省設置法4条1項3号），「医薬品，医薬部外品，医療機器その他衛生用品及び再生医療等製品の研究及び開発並びに生産，流通及び消費の増進，改善及び調整並びに化粧品の研究及び開発に関すること」（同項15号），経済産業省は「所掌に係る事業の発達，改善及び調整に関すること」（経済産業省設置法4条1項31号）の事務をつかさどるとされており，そのため主務大臣とされている。

内閣府は，医療分野の研究開発に共通する環境整備を推進する観点から，各省が把握したニーズに共通な事項を踏まえて，基本方針案の策定，国民の理解の増進，規格の適正化，情報システムの整備，認定匿名加工医療情報作成事業者に対する指導監督等の施策を総合的かつ一体的に推進する中心的役割を担うことになる。文部科学省は，所管の大学病院，研究機関等から，医療分野の研

第 39 条（主務大臣等）

究開発に資する医療情報に関するニーズを把握し，当該ニーズを踏まえ，医療分野の研究開発に資する医療情報の提供の意義について，国民に対する広報活動を行い，医療情報の規格化に当該ニーズを反映させ，医療情報を提供し，または医療情報を利用する大学病院において情報システムの整備を推進し，認定匿名加工医療情報作成事業者に対する指導監督を行う役割を担う。厚生労働省は，所管の研究機関，病院，薬局等の医療機関，製薬企業，医療機器メーカー等から医療分野の研究開発に資する医療情報に関するニーズを把握し，当該ニーズを医療情報の規格化に反映させ，情報システムの整備を推進し，認定匿名加工医療情報作成事業者に対する指導監督を行い，医療分野の研究開発に資する医療情報の提供の意義について，国民に対する広報活動を行う等の役割を担う。経済産業省は，所管のヘルスケア産業，研究機関等から医療分野の研究開発に資する医療情報に関するニーズを把握し，当該ニーズを踏まえて，医療分野の研究開発に資する医療情報の提供の意義について，国民に対する広報活動を行い，健康の保持および増進に資する商品および役務ならびに福祉用具の開発を目的とした研究開発を推進し，医療情報の規格化を進め，認定匿名加工医療情報作成事業者に対する指導監督を行う役割を担う。

　医療分野の研究開発における基礎的な研究開発から実用化のための研究開発までの一貫した研究開発の推進およびその成果の円滑な実用化ならびに医療分野の研究開発が円滑かつ効果的に行われるための環境の整備を総合的かつ効果的に行うために日本医療研究開発機構（AMED）を設置する国立研究開発法人日本医療研究開発機構法 18 条 1 項において，同法の主務大臣は，内閣総理大臣，文部科学大臣，厚生労働大臣および経済産業大臣とされている。基礎研究を所掌する文部科学大臣，臨床研究を所掌する厚生労働大臣，研究成果の実用化，産業化を所掌する経済産業大臣，研究開発の司令塔機能を担う内閣総理大臣という複数の大臣の共管とすることにより，基礎研究から研究成果の産業化までシームレスに対応することを可能にしている。

　本法における主務大臣も，以上のような施策の実施において医療分野の研究開発に資する医療情報の適切な提供の推進のための判断を的確に行いうるものが選定されたが，本法は，医療情報を匿名加工した匿名加工医療情報の作成・提供を主眼とするものであるから，個人情報保護委員会も主務大臣として，認定匿名加工医療情報作成事業者の認定およびこれに対する監督の役割を果たさ

せることも考えられる。しかし，個人情報保護委員会の専門性，中立性を十全に発揮させるためには，同委員会を主務大臣に加えて，健康・医療に関する先端的な研究開発および新産業創出の要請をも踏まえた判断の責任の一端を担わせるのではなく，個人の権利利益の保護の要請について，専門的・中立的な判断を主務大臣に対して外部から示して，主務大臣の判断に反映させることが適切と考えられた。また，認定匿名加工医療情報作成事業者が個人情報取扱事業者または匿名加工情報取扱事業者に該当する場合には，個人情報保護委員会は，個人情報保護法に基づく監督権限を有することが否定されるわけではない。そのため，個人情報保護委員会は主務大臣とされなかったが，主務大臣の権限は，個人情報保護委員会と協議して行使することとされている。主務大臣は，個人情報の適正な取扱いを任務とする個人情報保護委員会と協力して，個人の権利利益を保護しつつ，認定匿名加工医療情報作成事業者の認定等および監督等を行う。

また，国，地方公共団体，独立行政法人等または地方独立行政法人が医療情報取扱事業者または匿名加工医療情報取扱事業者になる場合も考えられるので，総務大臣との連絡および協力義務についても定められている（本法38条）。

(2) 「この法律における主務省令は，主務大臣の発する命令とする」（2項）

ここでいう命令は，行政機関が制定する法を意味する（宇賀・概説Ⅰ7頁参照）。主務省令は，主務大臣である内閣総理大臣，文部科学大臣，厚生労働大臣および経済産業大臣が共同で発することになる。

(3) 「主務大臣は，主務省令を定め，又は変更しようとするときは，あらかじめ，個人情報保護委員会に協議しなければならない」（3項）

認定手続（本法8条2項，9条1項），認可手続（本法10条4項～6項），届出手続（同条3項・8項，11条1項），帳簿記載事項（本法13条）のような手続事項についての主務省令についても，個人情報保護委員会の専門的知見を反映させるため，個人情報保護委員会との協議を義務づけている。

> （地方公共団体が処理する事務）
> 第40条　第35条第1項に規定する主務大臣の権限に属する事務（医療情報取扱事業者に係るものに限る。）は，政令で定めるところにより，地方公共団体の長が行うこととすることができる。

（本条の趣旨）

　本条は，主務大臣の権限に属する事務を地方公共団体の長に委任することを可能にする規定である。

　立入検査等に係る規定（本法35条1項）に定められている主務大臣の権限に属する事務（医療情報取扱事業者に係るものに限る）は，政令で定めるところにより，地方公共団体の長が行うこととすることができる（主務大臣の権限に属する事務の地方公共団体の長への委任の例として，石油需給適正化法19条3項参照）。医療情報取扱事業者の大半は病院等の医療機関であると想定されるが，病院の開設については都道府県知事の許可，診療所または助産所については，その開設地が保健所を設置する市または特別区の区域にある場合には，当該保健所を設置する市長または特別区の区長の許可が必要である（医療法7条1項）。これは，医療計画に基づき，地域における病床数を管理するため，都道府県等が行うこととされている事務である。そして，都道府県知事または保健所を設置する市の市長もしくは特別区の区長は，病院等に立入検査を行う権限を有する（同法25条）。したがって，都道府県知事等が医療情報取扱事業者の実態を最も的確に把握していると考えられる。そこで，医療法上の立入検査権限を有する地方公共団体の機関が本法に基づく立入検査等に係る権限も行使することができるとすることが合理的である。そこで，本法に基づく立入検査等を，政令で定めるところにより，地方公共団体の長が行使できることとしているのである（地方公共団体が処理する事務に係る規定を権限の委任に係る規定の前に置く立法例として，個人情報保護法77条，流通業務の総合化及び効率化の促進に関する法律28条，29条，消費税の円滑かつ適正な転嫁の確保のための消費税の転嫁を阻害する行為の是正等に関する特別措置法19条，20条，障害を理由とする差別の解消の推進に関する法律22条，23条等があり，本法も，それらを参考に，地方公共団体が処理する事務に係る規定を権

本論 第6章 雑　則

限の委任に係る規定の前に置いている）。

　しかし，本法は，医療分野の研究開発のための個人情報の取扱いに特化したわが国で初の法律であること，医療情報取扱事業者による医療情報の適切な提供については認定匿名加工医療情報作成事業者にもこれを担保する一定の責任があることを踏まえ，本法施行当初は，この委任は行わない方針がとられた（宇賀克也＝岡本利久「［対談］次世代医療基盤法の意義と課題」行政法研究25号〔2018年〕17頁［岡本発言］）。そのため，本条の規定に基づく政令は未制定である。

> （権限の委任）
> 第41条　この法律に規定する主務大臣の権限の一部は，政令で定めるところにより，地方支分部局の長に委任することができる。

（本条の趣旨）
　本条は，主務大臣の権限の一部を地方支分部局の長に委任することを可能にする規定である。
　主務大臣の権限を地方支分部局の長に委任することを認める規定の例として，石油需給適正化法19条4項等がある。本法は，医療分野の研究開発のための個人情報の取扱いに特化したわが国で初の法律であること，医療情報取扱事業者による医療情報の適切な提供については認定匿名加工医療情報作成事業者にもこれを担保する一定の責任があることを踏まえ，本法施行当初は，この委任は行わない方針がとられた（宇賀克也＝岡本利久「［対談］次世代医療基盤法の意義と課題」行政法研究25号〔2018年〕17頁［岡本発言］）。そのため，本条の規定に基づく政令は未制定である。

> （主務省令への委任）
> 第42条　この法律に定めるもののほか，この法律の実施のための手続その他この法律の施行に関し必要な事項は，主務省令で定める。

第 41 条（権限の委任）・第 42 条（主務省令への委任）・第 43 条（経過措置）

（本条の趣旨）
本条は，執行命令（実施命令）について定めるものである。

　執行命令（実施命令）は，委任命令と異なり，権利義務の具体的内容について定めるものではないから法律の委任を要しないとする説，憲法 73 条 6 号，内閣府設置法 7 条 3 項，国家行政組織法 12 条 1 項等の一般的授権で足りるとする説が多数を占めている。本条も，かかる見解の下に確認的に設けられたものといえるが，執行命令（実施命令）を政令ではなく主務省令とする点に意義がある。なお，委任命令と執行命令（実施命令）の区別を否定し，全ての法規命令に具体的な法律上の根拠を要するとする説（平岡久・行政立法と行政基準〔有斐閣，1995 年〕24 頁以下参照）がある。近年の立法においては，執行命令（実施命令）についても，本条のような概括的委任規定を置くことが多い（行政機関情報公開法 26 条等参照）。

　命令への委任に係る規定を経過措置に係る規定の前に置く例として，福島復興再生特別措置法 99 条，100 条，国家戦略特別区域法 40 条，41 条，建築物のエネルギー消費性能の向上に関する法律 65 条，66 条等があり，本法もそれらを参考に，主務省令への委任に係る規定を経過措置に係る規定の前に置いている。

（経過措置）
第 43 条　この法律の規定に基づき命令を制定し，又は改廃する場合においては，その命令で，その制定又は改廃に伴い合理的に必要と判断される範囲内において，所要の経過措置（罰則に関する経過措置を含む。）を定めることができる。

（本条の趣旨）
本条は，本法の経過措置について本法の規定に基づく命令に委任することを可能とする規定である。

「命令」は，行政機関が制定する法一般を指すので，政令である場合もあれば，主務省令である場合もある。

第7章 罰　則

> **第44条** 認定匿名加工医療情報作成事業者又は認定医療情報等取扱受託事業者の役員若しくは従業者又はこれらであった者が，正当な理由がないのに，その業務に関して取り扱った個人の秘密に属する事項が記録された医療情報データベース等（その全部又は一部を複製し，又は加工したものを含む。）を提供したときは，2年以下の懲役若しくは100万円以下の罰金に処し，又はこれを併科する。

（本条の趣旨）
　本条は，正当な理由なしに医療情報データベース等を提供する行為を処罰するものである。

(1) 「従業者」
「従業者」という文言を使用しているのは，派遣社員等のように職員以外の者であっても，医療情報データベース等の取扱業務に従事している者または従事していた者は，本条の適用対象とする必要があるからである。

(2) 「正当な理由がないのに」
「正当な理由」がある場合とは，利用目的の達成に必要な範囲で本法25条1項または2項の規定に基づき，他の認定匿名加工医療情報作成事業者に医療情報を提供する場合，法令に基づき提供する場合（刑事訴訟法197条2項等）などである。

(3) 「個人の秘密」
　法令で「秘密」という用語が使用されている場合（国家公務員法100条1項，地方公務員法34条1項，自衛隊法59条1項等），一般に知られていない事実であること（非公知性），他人に知られないことについて相当の利益があること（秘匿の必要性）を要件としている。「個人の秘密」とは，個人に関する事実であっ

て，非公知性と秘匿の必要性の双方の要件を具備するものである。個人情報全体でなく，「個人の秘密」に属する事項が記録されたものに限定していることに留意が必要である。なお，本条は，医療情報データベース等の保護のみならず，公務が適正に遂行されていることに対する国民の信頼を確保することも目的としているので，提供相手が当該「個人の秘密」を知っていても，罪が成立することがありうる（国家公務員法等の秘密保持義務も同じである）。この点で，「人の秘密」自体を保護法益とするため，当該秘密を知っている者に対する漏えいが構成要件を満たさない刑法 134 条の秘密漏示罪と異なる。

(4) 「医療情報データベース等」

医療情報データベース等のみを対象としているのは，電子計算機による大量かつ高速の処理，検索の容易性という特性に鑑みると，ひとたび医療情報データベース等が漏えいすれば，個人の権利利益が著しく侵害されるおそれがあるとともに，認定事業に対する国民の信頼を大きく損ねることから，厳罰に処する必要があると考えられるからである。

(5) 「（その全部又は一部を複製し，又は加工したものを含む。）」

データベースを自分の USB 等にダウンロードすること等が「複製」に該当し，データベースのデータの順序を変更したり，選択的に抽出したりすること等が「加工」に該当する。ただし，加工後のものが，特定の医療情報を検索可能なように体系的に構成されている必要がある。また，医療情報データベース等の全部または一部を加工して作成された匿名加工医療情報をさらに加工して復元された医療情報は，本条の「医療情報データベース等（その全部又は一部を複製し，又は加工したものを含む。）」に当たるので，それに個人の秘密に属する事項が記録されていれば，それを正当な理由なく提供する行為は，本条により処罰されることになる。

(6) 「提供したときは」

本条にいう提供とは，第三者が利用できる状態に置くこと全てを含む。医療情報データベースをオンラインで送付すること，医療情報データベースをダウンロードしたディスク等をオフラインで交付することを含むのみならず，個人

の秘密に属する事項が表示されたパソコン画面をアクセス権限のない者に自由に閲覧できる状態に放置すること，ID・パスワード等を第三者に知らせて医療情報データベースを管理するシステムを直接操作することを可能ならしめることを含む。

(7) 「2年以下の懲役若しくは100万円以下の罰金に処し，又はこれを併科する」

　国家公務員法や地方公務員法の秘密保持義務違反に対する罰則（国家公務員法100条12号，地方公務員法60条2号）は，1年以下の懲役または50万円以下の罰金であるが，本条は，医療情報データベース等の不正な提供による被害が甚大になりうるものであり，本法の制度に対する国民の信頼を著しく損なうものであることから，刑を重くしている。量刑については，行政機関個人情報保護法53条（「行政機関の職員若しくは職員であった者又は第6条第2項若しくは第44条の15第2項の受託業務に従事している者若しくは従事していた者が，正当な理由がないのに，個人の秘密に属する事項が記録された第2条第6項第1号に係る個人情報ファイル（その全部又は一部を複製し，又は加工したものを含む。）を提供したときは，2年以下の懲役又は100万円以下の罰金に処する。」）における個人情報ファイル提供罪および住民基本台帳ネットワークの本人確認情報に係る秘密保持義務違反の罪（住民基本台帳法42条）と同じにしている。

　刑法134条が定める秘密漏示罪と本条の双方の構成要件を満たす場合には，本条が特別規定の関係にあるので，本条の罪が成立する場合には，法条競合により，刑法上の秘密漏示罪は成立しない。

> **第45条**　前条に規定する者が，その業務に関して知り得た医療情報等又は匿名加工医療情報を自己若しくは第三者の不正な利益を図る目的で提供し，又は盗用したときは，1年以下の懲役若しくは100万円以下の罰金に処し，又はこれを併科する。

（本条の趣旨）

　本条は，医療情報等または匿名加工医療情報を不正な利益を図る目的で提供

または盗用する行為を処罰するものである。

(1) 「前条に規定する者」
「認定匿名加工医療情報作成事業者又は認定医療情報等取扱受託事業者の役員若しくは従業者又はこれらであった者」である。

(2) 「その業務に関して知り得た」
「業務」は，過去に従事していたものと現に従事しているものの双方を含む。

(3) 「医療情報等又は匿名加工医療情報」
本条の適用対象は，「医療情報等又は匿名加工医療情報」であり，医療情報データベース等を構成しない散在情報も含まれる。生存する個人に関する医療情報が要配慮個人情報であることに鑑みると，散在情報であっても，その漏えいによる本人の権利利益を害するおそれがあることによる。

(4) 「不正な利益を図る目的」
本法44条においては「正当な理由がないのに」提供する行為に対して刑罰を科しているのに対して，本条においては，「不正な利益を図る目的」を要件としているのは，前者が医療情報データベース等のみを対象としているのに対し，後者は，医療情報等または匿名加工医療情報全般を対象としているからである。
本法46条3号の罪の場合には，「不正な利益を図る目的」であることは不要であるので，本条は，本法46条3号の加重類型となっている。

(5) 「提供し，又は盗用したときは」
「提供」は，第三者が利用できる状態に置くこと，たとえば名簿業者に売却することである。「盗用」とは，盗み利用すること，すなわち，自己または第三者の利益のために不法に利用することを意味する。たとえば，認定医療情報等取扱受託事業者が，受託業務に関して知りえた医療情報を利用して，兼業している会社のダイレクトメールを発送することである。医療情報等または匿名加工医療情報の内容が，記録媒体の譲渡等を通じて移転することは要件とされ

本論 第7章 罰　則

ていない。

(6)「1年以下の懲役若しくは100万円以下の罰金に処し，又はこれを併科する」

　量刑については，行政機関個人情報保護法54条（「前条に規定する者が，その業務に関して知り得た保有個人情報を自己若しくは第三者の不正な利益を図る目的で提供し，又は盗用したときは，1年以下の懲役又は50万円以下の罰金に処する。」）および番号法49条（「前条に規定する者が，その業務に関して知り得た個人番号を自己若しくは第三者の不正な利益を図る目的で提供し，又は盗用したときは，3年以下の懲役若しくは150万円以下の罰金に処し，又はこれを併科する。」）を参考にして決められた。

> 第46条　次の各号のいずれかに該当する者は，1年以下の懲役若しくは50万円以下の罰金に処し，又はこれを併科する。
> 1　偽りその他不正の手段により第8条第1項，第9条第1項（第29条において準用する場合を含む。）若しくは第28条の認定又は第10条第4項から第6項まで（これらの規定を第29条において準用する場合を含む。）の認可を受けた者
> 2　第9条第1項の規定に違反して第8条第2項第2号から第5号までに掲げる事項を変更した者
> 3　第22条（第29条において準用する場合を含む。）の規定に違反して，認定事業に関して知り得た医療情報等又は匿名加工医療情報の内容をみだりに他人に知らせ，又は不当な目的に利用した者
> 4　第29条において準用する第9条第1項の規定に違反して第29条において準用する第8条第2項第4号又は第5号に掲げる事項を変更した者
> 5　第37条第1項，第2項，第4項又は第5項の規定による命令に違反した者

（本条の趣旨）

　本条は，不正な手段による認定または認可の取得，変更認定を受けない変更，従業者等の秘密保持義務等の違反，主務大臣の是正命令違反を処罰するもので

ある。

(1) 「次の各号のいずれかに該当する者は，1年以下の懲役若しくは50万円以下の罰金に処し，又はこれを併科する」（柱書）

　偽りその他不正な手段により認定を受けた者に対する懲役刑について，わが国の過去の法律では最短が6月，最長が3年（衛星リモートセンシング記録の適正な取扱いの確保に関する法律33条2号）であるが，本条の量刑については，鳥獣の保護及び管理並びに狩猟の適正化に関する法律83条1項柱書（「次の各号のいずれかに該当する者は，1年以下の懲役又は100万円以下の罰金に処する。」)，同項6号（「偽りその他不正の手段により第9条第1項の許可，第18条の2の認定，第18条の7第1項の変更の認定若しくは第18条の8第2項の有効期間の更新，狩猟免許若しくはその更新又は狩猟者登録若しくは変更登録を受けた者」）を参考にし，本法の他の量刑との均衡を考慮して決定されている。

(2) 「偽りその他不正の手段により第8条第1項，第9条第1項（第29条において準用する場合を含む。）若しくは第28条の認定又は第10条第4項から第6項まで（これらの規定を第29条において準用する場合を含む。）の認可を受けた者」（1号）

　偽りその他不正の手段により，匿名加工医療情報作成事業を行う者の認定（本法8条1項），変更の認定（本法9条1項。本法29条において準用する場合を含む）もしくは医療情報等取扱受託事業を行う者の認定（本法28条）または匿名加工医療情報作成事業者でない法人への認定事業の全部の譲渡（本法10条4項），認定匿名加工医療情報作成事業者でない法人との合併（同条5項），認定匿名加工医療情報作成事業者である法人の分割（同条6項）の認可を受けた者（これらの規定を同法29条において準用する場合を含む）である。

(3) 「第9条第1項の規定に違反して第8条第2項第2号から第5号までに掲げる事項を変更した者」（2号）

　変更認定を受けずに，医療情報の整理の方法，医療情報の加工の方法，医療情報等および匿名加工医療情報の管理の方法，その他主務省令で定める事項（本法8条2項2号〜5号）を変更した認定匿名加工医療情報作成事業者である。

(4)「第22条（第29条において準用する場合を含む。）の規定に違反して，認定事業に関して知り得た医療情報等又は匿名加工医療情報の内容をみだりに他人に知らせ，又は不当な目的に利用した者」（3号）

　認定事業に関して知りえた医療情報等または匿名加工医療情報の内容をみだりに他人に知らせ，または不当な目的に利用した者である。この場合には，不正な利益を図る目的であることは要件となっていない。医療情報等または匿名加工医療情報の内容が正当な理由なく他人に知らされたり，不当な目的に利用されれば，医療情報の本人が特定識別され，本人またはその遺族に対する不当な差別，偏見その他の不利益が生ずるおそれがあるとともに，匿名加工医療情報制度に対する信頼が失われ，同制度の円滑な運用が阻害されかねないので，不正な利益を図る目的でなくても処罰する必要があるからである。

(5)「第29条において準用する第9条第1項の規定に違反して第29条において準用する第8条第2項第4号又は第5号に掲げる事項を変更した者」（4号）

　変更認定を受けずに，医療情報等および匿名加工医療情報の管理の方法，その他主務省令で定める事項（本法8条2項4号・5号）を変更した認定医療情報等取扱受託事業者である。

(6)「第37条第1項，第2項，第4項又は第5項の規定による命令に違反した者」（5号）

　主務大臣の是正命令（本法37条1項・2項・4項・5項）に違反した者である。認定匿名加工医療情報作成事業者および認定医療情報等取扱受託事業者が適切に事業を実施しているか否か，医療情報取扱事業者による認定匿名加工医療情報作成事業者への医療情報の提供が，本法に基づき適法に行われているか否かについては，主務大臣が監督を行い，違反が確認されれば是正命令が出されることになる。この是正命令に従わないことは，当該事業者が保有または保存する医療情報に係る本人の権利利益が害される高度の蓋然性があることを意味するので，刑事罰（間接罰）を科すこととしている。

> **第47条** 次の各号のいずれかに該当する者は，50万円以下の罰金に処する。
> 1 第9条第2項，第10条第3項若しくは第8項又は第11条第1項（これらの規定を第29条において準用する場合を含む。）の規定による届出をせず，又は虚偽の届出をした者
> 2 第10条第9項，第11条第2項，第12条第2項又は第15条第2項（第16条第2項において準用する場合を含む。）（これらの規定を第29条において準用する場合を含む。）の規定に違反して医療情報等及び匿名加工医療情報を消去しなかった者
> 3 第13条（第29条において準用する場合を含む。）の規定に違反して，帳簿を備えず，帳簿に記載せず，若しくは虚偽の記載をし，又は帳簿を保存しなかった者
> 4 第35条第1項の規定による報告をせず，若しくは虚偽の報告をし，又は同項の規定による検査を拒み，妨げ，若しくは忌避し，若しくは同項の規定による質問に対して答弁せず，若しくは虚偽の答弁をした者

（本条の趣旨）

　本条は，届出義務の懈怠または虚偽の届出，医療情報等および匿名加工医療情報の消去の懈怠，帳簿作成・保存義務の懈怠または虚偽記載，行政調査に係る義務違反を処罰するものである。

(1)　「次の各号のいずれかに該当する者は，50万円以下の罰金に処する」（柱書）

　量刑については，衛星リモートセンシング記録の適正な取扱いの確保に関する法律35条柱書（「次の各号のいずれかに該当する者は，50万円以下の罰金に処する。」），同条1号（「第7条第2項，第11条，第13条第2項，第15条第2項又は第22条第2項の規定による届出をせず，又は虚偽の届出をした者」），同条2号（「第12条第1項若しくは第23条第1項の規定に違反して帳簿を備えず，若しくは帳簿に記載せず，若しくは虚偽の記載をし，又は第12条第2項若しくは第23条第2項の規定に違反して帳簿を保存しなかった者」）を参考にしている。

(2)　「第9条第2項，第10条第3項若しくは第8項又は第11条第1項

本論 第7章 罰　則

（これらの規定を第29条において準用する場合を含む。）の規定による届出をせず，又は虚偽の届出をした者」（1号）

　認定匿名加工医療情報作成事業者の変更届（本法9条2項），認定匿名加工医療情報作成事業者としての地位を承継した旨の届出（本法10条3項），認定匿名加工医療情報作成事業者でない者に認定事業の全部の譲渡を行い，認定匿名加工医療情報作成事業者でない法人と合併をし，または分割により認定事業の全部を承継させた旨の届出（同条8項）または認定事業廃止届（本法11条1項。これらの規定を本法29条の規定により認定医療情報等取扱受託事業者に準用する場合を含む）を懈怠し，または虚偽の届出をした者である。これらの違反行為がなされると，医療情報の本人の権利利益が著しく害されるおそれがあるので，罰金刑の対象にしている。

(3)　「第10条第9項，第11条第2項，第12条第2項又は第15条第2項（第16条第2項において準用する場合を含む。）（これらの規定を第29条において準用する場合を含む。）の規定に違反して医療情報等及び匿名加工医療情報を消去しなかった者」（2号）

　認定匿名加工医療情報作成事業または認定医療情報等取扱受託事業に用いられなくなった医療情報等および匿名加工医療情報を消去する義務（本法10条9項，11条2項，12条2項，15条2項，16条2項，29条）に違反して医療情報等および匿名加工医療情報を消去しなかった者である。

(4)　「第13条（第29条において準用する場合を含む。）の規定に違反して，帳簿を備えず，帳簿に記載せず，若しくは虚偽の記載をし，又は帳簿を保存しなかった者」（3号）

　本法13条，29条の規定に違反して，帳簿を備えず，帳簿に記載せず，もしくは虚偽の記載をし，または帳簿を保存しなかった認定匿名加工医療情報作成事業者または認定医療情報等取扱受託事業者である。

(5)　「第35条第1項の規定による報告をせず，若しくは虚偽の報告をし，又は同項の規定による検査を拒み，妨げ，若しくは忌避し，若しくは同項の規定による質問に対して答弁せず，若しくは虚偽の答弁をした者」

(4号)

主務大臣による行政調査（本法35条1項）の規定による報告をせず，もしくは虚偽の報告をし，または同項の規定による検査を拒み，妨げ，もしくは忌避し，もしくは同項の規定による質問に対して答弁せず，もしくは虚偽の答弁をした者である。

> 第48条　第44条，第45条，第46条（第3号及び第5号（第37条第1項（第33条第1項，第3項及び第4項並びに第34条に係る部分を除く。）及び第2項に係る部分に限る。）に係る部分に限る。）及び前条（第2号に係る部分に限る。）の罪は，日本国外においてこれらの条の罪を犯した者にも適用する。

（本条の趣旨）
本条は，国外犯の処罰について定めるものである。

⑴ 「第44条，第45条，第46条（第3号及び第5号（第37条第1項（第33条第1項，第3項及び第4項並びに第34条に係る部分を除く。）及び第2項に係る部分に限る。）に係る部分に限る。）及び前条（第2号に係る部分に限る。）の罪」

認定匿名加工医療情報作成事業または認定医療情報等取扱受託事業には，外国の事業者がなる可能性があるし，日本の認定匿名加工医療情報作成事業者または認定医療情報等取扱受託事業者が，医療情報取扱事業者から提供を受けた医療情報やそれを用いて作成した匿名加工医療情報を外国で取り扱う可能性がある。外国における医療情報または匿名加工医療情報の取扱いの過程において，本法違反の行為が行われ，情報の漏えい等が発生し，本人またはその遺族の権利利益が侵害されることを防止しなければならず，また，かかる漏えい等の発生により，本法の制度に対する信頼が失墜し，医療情報の提供が停滞する事態を回避しなければならない。

そこで，正当な理由がなき医療情報データベース等の提供（本法44条），業務に関して知りえた医療情報等または匿名加工医療情報を自己もしくは第三者

本論　第7章　罰　則

の不正な利益を図る目的で提供または盗用する行為（本法45条），認定事業に関して知りえた医療情報等または匿名加工医療情報の内容をみだりに他人に知らせ，または不当な目的に利用する行為（本法46条3号）および外国取扱者を除く認定匿名加工医療情報作成事業者または認定医療情報等取扱受託事業者に対する是正命令違反（医療情報の提供を受ける際の確認，確認記録の作成，保存および医療情報取扱事業者から医療情報の提供を受けてはならない制限違反に対するものを除く）（本法46条5号）ならびに医療情報等および匿名加工医療情報の消去の懈怠（本法47条2号）の罪を犯した者にも適用されることとしている。国内に在住する医療情報取扱事業者に対する是正命令違反は，そもそも外国で行われることが想定しがたいので，国外犯処罰の対象としていない。

(2)　「日本国外においてこれらの条の罪を犯した者にも適用する」

　わが国は，刑罰の適用について属地主義を原則とするが（刑法1条，8条），国外犯を処罰する場合もある。本条は，属地主義による処罰のみでは限界があるため，一部の罪については，国外犯を処罰することとしている。

> 第49条①　法人（法人でない団体で代表者又は管理人の定めのあるものを含む。以下この項において同じ。）の代表者又は法人若しくは人の代理人，使用人その他の従業者が，その法人又は人の業務に関して第44条から第47条までの違反行為をしたときは，行為者を罰するほか，その法人又は人に対しても，各本条の罰金刑を科する。
> ②　法人でない団体について前項の規定の適用がある場合には，その代表者又は管理人が，その訴訟行為につき法人でない団体を代表するほか，法人を被告人又は被疑者とする場合の刑事訴訟に関する法律の規定を準用する。

（本条の趣旨）

本条は，両罰規定である。

(1)　「法人（法人でない団体で代表者又は管理人の定めのあるものを含む。以下この項において同じ。）」（1項）

医療情報取扱事業者も，処罰の対象になりうるが，医療情報取扱事業者として主として念頭に置かれているのは，病院（医療法1条の5第1項）および診療所（同条2項）である。病院の開設にはその開設地の都道府県知事の許可またはその開設地が保健所を設置する市または特別区の区域にある場合においては当該保健所を設置する市の市長または特別区の区長の許可を得なければならない（同法7条1項）。病院または診療所が医療法人（同法39条）となっている場合もあるが，その必要はないから，法人格を有しない病院または診療所も存在する。同様に，薬局や健康診断業者も医療情報取扱事業者に該当するが，法人格を得ている必要はないので，法人格を有しないものも存在しうる。そこで，法人でない団体で代表者または管理人の定めのあるものについての両罰規定の構成要件を明確にしている。

(2) 「代表者」(1項)
機関が法人等の名前で，第三者とした行為の効果が法人等に帰属する場合，当該機関は，法人等を対外的に代表する権限を有することになる。これが代表者であり，代表取締役（会社法349条3項）がその例である。

(3) 「法人若しくは人の代理人」(1項)
支配人（商法20条，会社法10条）のように，法令等に基づき，法人等を代理する権限を有する者である。

(4) 「使用人その他の従業者」(1項)
「使用人」と「その他の従業者」の相違は，前者が事業主との雇用関係に基づいて当該事業に従事するのに対して，後者は，事業主の組織内でその監督の下に事業に従事するが，事業主との雇用関係が存在することは要件ではない点にある。したがって，事業主との雇用関係が存在しない派遣労働者は，「その他の従業者」に該当する。

(5) 「その法人又は人の業務に関して」(1項)
「業務」は営利事業に限らないが，反復継続性を要件とする。両罰規定は，事業主として行為者の選任，監督その他違反行為を防止するために必要な注意

を尽くさなかった過失の存在を推定し，事業主において以上の点に関する注意を尽くしたことの証明がなされない限り，事業主も刑事責任を免れないとするものである（最大判昭和32・11・27刑集11巻12号3113頁，最判昭和40・3・26刑集19巻2号83頁）。したがって，事業主を罰することができるためには，従業者の行為が事業主との関連で行われたことが必要であり（定款内の行為であることは必ずしも必要ない），外形的にも業務とまったく無関係の行為は，両罰規定の対象とならない。

(6) 「第44条から第47条までの違反行為をしたときは」（1項）

正当な理由なく医療情報データベース等を提供する行為（本法44条），その業務に関して知りえた医療情報等または匿名加工医療情報を自己もしくは第三者の不正な利益を図る目的で提供または盗用する行為（本法45条），不正な手段による認定または認可の取得，変更認定を受けない変更，従業者等の秘密保持義務等の違反，主務大臣の是正命令違反（本法46条），届出義務の懈怠または虚偽の届出，医療情報等および匿名加工医療情報の消去の懈怠，帳簿作成・保存義務の懈怠または虚偽記載，行政調査に係る義務違反（本法47条）をしたときである。

(7) 「行為者を罰するほか，その法人又は人に対しても」（1項）

法人等が組織として事業活動を行うのが通常であるため，行為者を処罰するのみでは実効性が十分でないと考えられることから，事業主も処罰することとしている。

(8) 「法人でない団体について前項の規定の適用がある場合には，その代表者又は管理人が，その訴訟行為につき法人でない団体を代表するほか，法人を被告人又は被疑者とする場合の刑事訴訟に関する法律の規定を準用する」（2項）

刑事訴訟法27条1項（「被告人又は被疑者が法人であるときは，その代表者が，訴訟行為についてこれを代表する」）等が準用されることになる。

第 50 条

> 第50条 次の各号のいずれかに該当する者は，10万円以下の過料に処する。
> 1 第12条第1項（第29条において準用する場合を含む。）の規定による届出をせず，又は虚偽の届出をした者
> 2 第14条（第29条において準用する場合を含む。）又は第33条第2項の規定に違反した者

（本条の趣旨）

本条は，比較的軽微な義務違反に対して，行政刑罰ではなく，行政上の秩序罰としての過料を科すものである。

(1) 「次の各号のいずれかに該当する者は，10万円以下の過料に処する」（柱書）

過料は，行政上の秩序罰（宇賀・概説Ⅰ250頁以下参照）であり，行政刑罰ではないので，過料を科されたことは前科にならない。本条の過料は，非訟事件手続法119条の規定により，過料に処せられるべき者の住所地の地方裁判所によって科されることになる。過料額については，個人情報保護法88条の過料額等を参考にしている。

(2) 「第12条第1項（第29条において準用する場合を含む。）の規定による届出をせず，又は虚偽の届出をした者」（1号）

認定匿名加工医療情報作成事業者または認定医療情報等取扱受託事業者である法人が合併以外の事由により解散した場合，その清算人または破産管財人または外国の法令上これらに相当する者には，遅滞なく，その旨を主務大臣に届け出る義務が課されている（本法12条1項，29条）。この届出義務を懈怠し，または虚偽届出をした者である。

(3) 「第14条（第29条において準用する場合を含む。）又は第33条第2項の規定に違反した者」（2号）

認定匿名加工医療情報作成事業者または認定医療情報等取扱受託事業者に係る名称の使用制限違反（本法14条，29条），認定匿名加工医療情報作成事業者

本論 第7章 罰　則

が医療情報取扱事業者から医療情報の提供を受ける際の確認に係る事項を偽った者である。

附　　則

> （施行期日）
> 第１条　この法律は，公布の日から起算して１年を超えない範囲内において政令で定める日から施行する。ただし，次条及び附則第４条の規定は，公布の日から施行する。

（本条の趣旨）
本条は，本法の施行期日を定めるものである。

⑴　「この法律は，公布の日から起算して１年を超えない範囲内において政令で定める日から施行する」（本文）
　本法が公布されたのは，2017年５月12日であり，2018年５月７日に公布された「医療分野の研究開発に資するための匿名加工医療情報に関する法律の施行期日を定める政令」（平成30年政令第162号）により，同月11日に全部施行されることになった。

⑵　「ただし，次条及び附則第４条の規定は，公布の日から施行する」（ただし書）
　附則２条が定める基本方針は，できる限り早期に制定・公表することにより，本法の全部施行前に，その内容を国民に周知しておくことが望ましい。また，経過措置を政令に委任する附則４条の規定も，できる限り早期にかかる政令を制定し，経過措置を国民に周知することが望ましい。そこで，これらの規定は，公布即日施行としている。

> （基本方針に関する経過措置）
> 第２条①　政府は，この法律の施行前においても，第４条の規定の例により，基本方針を定めることができる。この場合において，内閣総理大臣は，こ

> の法律の施行前においても，同条の規定の例により，これを公表すること
> ができる。
> ② 前項の規定により定められた基本方針は，この法律の施行の日において
> 第4条の規定により定められたものとみなす。

（本条の趣旨）
　本条は，基本方針を本法全部施行前に制定し公表することができるように経過措置について定めるものである。

(1) 「政府は，この法律の施行前においても，第4条の規定の例により，基本方針を定めることができる。この場合において，内閣総理大臣は，この法律の施行前においても，同条の規定の例により，これを公表することができる」（1項）

　本法の施行日から本法を円滑に施行するためには，医療分野の研究開発に資するための匿名加工医療情報に関する基本方針を事前に定め，公表しておくことが望ましい。
　本法4条は，政府が，医療分野の研究開発に資するための匿名加工医療情報に関する施策の総合的かつ一体的な推進を図るため，医療分野の研究開発に資するための匿名加工医療情報に関する基本方針を定めなければならないこと（同条1項），基本方針に定めるべき事項（同条2項），内閣総理大臣は，基本方針の案を作成し，閣議の決定を求めなければならないこと（同条3項），内閣総理大臣は，閣議の決定があったときは，遅滞なく，基本方針を公表しなければならないこと（同条4項），基本方針を変更する場合にも，内閣総理大臣は，基本方針の変更案を作成し，閣議の決定を求めなければならず，閣議の決定があったときは，遅滞なく，変更された基本方針を公表しなければならないこと（同条5項）について定めている。本項は，本法施行前においても，この規定の例により，基本方針を定めて公表することを政府に授権している。実際，基本方針は，本法施行前の2018年4月27日に閣議決定された。

(2) 「前項の規定により定められた基本方針は，この法律の施行の日にお

第2条（基本方針に関する経過措置）・第3条（名称の使用制限に関する経過措置）

いて第4条の規定により定められたものとみなす」（2項）

　本法施行前に定められた基本方針を，本法の全部施行日に本法4条の規定により定められたものとみなすことにより，本法全部施行前に定められた基本方針との継続性を確認し，本法全部施行時に，改めて本法4条の規定の例により，基本方針を作成し公表する必要がないことを明確にしている（同様の規定例として，地域における多様な主体の連携による生物の多様性の保全のための活動の促進等に関する法律制定附則2条，障害を理由とする差別の解消の推進に関する法律制定附則2条がある）。

> （名称の使用制限に関する経過措置）
> 第3条　この法律の施行の際現に認定匿名加工医療情報作成事業者若しくは認定医療情報等取扱受託事業者という名称又はこれらと紛らわしい名称を使用している者については，第14条（第29条において準用する場合を含む。）の規定は，この法律の施行後6月間は，適用しない。

（本条の趣旨）

　本条は，認定匿名加工医療情報作成事業者または認定医療情報等取扱受託事業者という名称またはこれらと紛らわしい名称を使用していることの制限措置について，本法施行後6月間の猶予期間を定めるものである。

(1)　「第14条（第29条において準用する場合を含む。）の規定」

　本法14条の規定は，認定匿名加工医療情報作成事業者でない者が，認定匿名加工医療情報作成事業者という名称またはこれと紛らわしい名称を用いることを禁止する規定である。本法29条の規定は，本法14条の規定を認定医療情報等取扱受託事業者に準用している。

(2)　「この法律の施行後6月間は，適用しない」

　本法施行前に，認定匿名加工医療情報作成事業者または認定医療情報等取扱受託事業者という名称またはこれらと紛らわしい名称を使用している者がいる場合，本法施行前に，かかる名称を変更することが望ましい。しかし，本法の

> **本 論** 附　則

内容やその施行時期について認識を欠いている者が存在する可能性があり、かかる者に対しても、本法施行と同時に、本法14条または29条違反として罰則規定（本法50条2号）を適用するのは、酷な面がある。そこで、本法施行時から6月間は、猶予期間として、本法14条および29条の規定を適用しないこととしている。同様の例として、個人情報保護法制定附則6条、鳥獣の保護及び管理並びに狩猟の適正化に関する法律制定附則9条、食品循環資源の再生利用等の促進に関する法律制定附則3条、東京地下鉄株式会社法制定附則15条等がある。

（政令への委任）
第4条　前二条に定めるもののほか、この法律の施行に関し必要な経過措置は、政令で定める。

（本条の趣旨）
　本条は、本法制定附則2条、3条が定めるもののほか、経過措置を政令に委任する規定である。

(1)　「前二条に定めるもののほか」
　基本方針に関する経過措置（本法制定附則2条）、名称の使用制限に関する経過措置（本法制定附則3条）のほかの意味である。

(2)　「この法律の施行に関し必要な経過措置は、政令で定める」
　経過措置を政令に委任する例として、個人情報保護法の平成27年法律第65号による改正附則10条がある。

（検討）
第5条　政府は、この法律の施行後5年を経過した場合において、この法律の施行の状況について検討を加え、必要があると認めるときは、その結果に基づいて所要の措置を講ずるものとする。

第4条(政令への委任)・第5条(検討)・第6条(登録免許税法の一部改正)

(本条の趣旨)
本条は,本法施行後5年経過時における本法の見直しの検討を政府に義務づける規定である。

(1) 「政府は……その結果に基づいて所要の措置を講ずるものとする」
政府が主語であるので,改正案を閣議決定して国会に提出することまでが念頭に置かれている。

(2) 「この法律の施行後5年を経過した場合において」
「規制改革推進のための3か年計画(再改定)」(平成21年3月31日閣議決定)では,「規制の新設に当たっては,原則として当該規制を一定期間経過後に廃止を含め見直すこととする。法律により新たな制度を創設して規制の新設を行うものについては,各府省は,その趣旨・目的等に照らして適当としないものを除き,当該法律に一定期間経過後当該規制の見直しを行う旨の条項(以下「見直し条項」という。)を盛り込むものとする」とされた。そして,見直し期間については,「『5年』を標準とし,それより短い期間となるよう努める」こととされている。本条は,標準的な見直し期間である5年経過後の見直しとしている。同様に法律施行後5年を経過した場合における見直しを定める例として,衛星リモートセンシング記録の適正な取扱いの確保に関する法律制定附則5条がある。

(登録免許税法の一部改正)
第6条 登録免許税法(昭和42年法律第35号)の一部を次のように改正する。
別表第1第32号の次に次のように加える。

32の2	認定匿名加工医療情報作成事業者又は認定医療情報等取扱受託事業者の認定		
(1)	医療分野の研究開発に資するための匿名加工医療情報に関する法律(平成29年法律第28号)第8条第1項(認定)の認定匿名加工医療情報作成事業者の認定	認定件数	1件につき15万円

本論 附　則

(2)　医療分野の研究開発に資するための匿名加工医療情報に関する法律第28条（認定）の認定医療情報等取扱受託事業者の認定	認定件数	1件につき15万円

（本条の趣旨）

　本条は，認定匿名加工医療情報作成事業者および認定医療情報等取扱受託事業者の認定が，登録免許税の対象になることを明確にするものである。

　登録免許税は，主務大臣等から登記・登録等を受けることに起因して発生する利益に着眼するとともに，当該登記・登録等の背後にある財の売買等の取引等を評価し，その担税力に応じて課税するものである。事業免許等であれば登録免許税の課税対象となるのが原則であるが，(i)法律の規定に基づいて付与されるものでないもの，(ii)地方公共団体が付与するもの，(iii)人の資格および事業開始の双方について独立しない登録や免許等の制度であるので，いずれか一方を課税対象としているものの他方，(iv)免許等により，独占的または排他的に利益が付与されたとはいえないもの，(v)主として危険防止または犯罪取締り上付与されるもの，(vi)事業経営に直結しないもの，については課税する必要はないとされている。認定匿名加工医療情報作成事業者および認定医療情報等取扱受託事業者の場合，(i)〜(iii)，(v)(vi)に該当しないことは明らかであり，名称の使用制限が規定されていることから，(iv)にも該当せず，登録免許税の対象とされている。

（内閣府設置法の一部改正）
第7条　内閣府設置法（平成11年法律第89号）の一部を次のように改正する。
　第4条第3項中第7号の8を第7号の9とし，第7号の4から第7号の7までを1号ずつ繰り下げ，第7号の3の次に次の1号を加える。
　　7の4　匿名加工医療情報（医療分野の研究開発に資するための匿名加工医療情報に関する法律（平成29年法律第28号）第2条第3項に規定するものをいう。）に関する施策に関すること（他省の所掌に属するものを除く。）。

第7条（内閣府設置法の一部改正）

> 第4条第3項第15号中「第7号の8」を「第7号の9」に改める。
> 第40条の4第1項中「第3項第7号の4から第7号の7まで」を「第3項第7号の5から第7号の8まで」に改める。
> 附則第2条の2第1項中「第3項第7号の8」を「第3項第7号の9」に改める。

（本条の趣旨）

　本条は、新たな分担管理事務として、匿名加工医療情報に関する施策に関すること（他省の所掌に属するものを除く）を内閣府の所掌事務として追加するものである。

　本法が定める事務を遂行するためには、患者、医療機関、学術研究機関、製薬企業等の広範な関係者の利害を適切に調整し、医療情報の保護と匿名加工医療情報の利活用の均衡を図る必要がある。そのため、特定の分野を所掌する各省大臣のみを主務大臣とするのではなく、「研究開発の成果の実用化によるイノベーションの創出の促進を図るための環境の総合的な整備に関する施策の推進に関すること」（内閣府設置法4条3項7号の3）を所掌する内閣府の主任の大臣である内閣総理大臣も、本法の主務大臣とされた。内閣府は、本法2章2節が定める国の施策として、医療分野の研究開発に資するための匿名加工医療情報に関する国民の理解の増進（本法5条）、医療情報および匿名加工医療情報に係る適正な規格の整備、普及、活用の促進等（本法6条）、情報システムの整備（本法7条）に係る措置を講ずるとともに、基本方針の案の策定と基本方針の公表（本法4条3項・4項）のほか、認定匿名加工医療情報作成事業者および認定医療情報等取扱受託事業者の認定等（本法8条、9条）、認定の取消し等（本法15条、16条）、監督（本法5章）という事務も所掌することになる。したがって、本法に係る内閣府の所掌事務は、本法2章2節が定める国の施策に係る事務ならびに認定等および監督等の制度の実施に係る事務の双方を含むものとする必要がある。しかし、内閣府設置法4条3項7号の3は、他省が実施する施策を横断的に推進することを念頭においたものであり、本法の実施に係る事務を内閣府が同号の規定に基づいて行うことは困難であるため、新たな分担管理事務

本論 附　則

として，匿名加工医療情報に関する施策に関すること（他省の所掌に属するものを除く）が内閣府の所掌事務として追加された（内閣府設置法4条3項7号の4）。既存の推進事務に関する事務を内閣府が自ら実施するために分担管理事務を追加した例として，「子ども・子育て支援法及び就学前の子どもに関する教育，保育等の総合的な提供の推進に関する法律の一部を改正する法律の施行に伴う関係法律の整備等に関する法律」（平成24年法律第67号）附則69条の規定により，内閣府設置法4条3項27号の5として，「認定こども園制度に関する制度に関すること」に関する規定が新設された例がある。

これに対して，文部科学省は「前二号に掲げるもののほか，科学技術に関する研究開発の推進のための環境の整備に関すること」（文部科学省設置法4条1項52号），「科学技術に関する研究開発の成果の普及及び成果の活用の促進に関すること」（同項53号），厚生労働省は「疾病の予防及び治療に関する研究その他所掌事務に関する科学技術の研究及び開発に関すること」（厚生労働省設置法4条1項3号），「医薬品，医薬部外品，医療機器その他衛生用品及び再生医療等製品の研究及び開発並びに生産，流通及び消費の増進，改善及び調整並びに化粧品の研究及び開発に関すること」（同項15号），「医薬品，医薬部外品，化粧品，医療機器その他衛生用品及び再生医療等製品の品質，有効性及び安全性の確保に関すること」（同号31号），経済産業省は「所掌に係る事業の発達，改善及び調整に関すること」（経済産業省設置法4条1項31号）という既存の所掌事務に基づいて認定匿名加工医療情報作成事業者等の認定および監督事務等を行うことが可能であるため，設置法の改正は行われなかった。

Commentary on Next Generation Medical Infrastructure Law

医療分野の研究開発に資するための匿名加工医療情報に関する法律 (232)
医療分野の研究開発に資するための匿名加工医療情報に関する法律施行令 (246)
医療分野の研究開発に資するための匿名加工医療情報に関する法律施行規則 (248)

医療分野の研究開発に資するための匿名加工医療情報に関する法律(平成 29 年 5 月 12 日法律第 28 号)

施行 平成 30・5・11(附則参照)

第 1 章 総則

(目的)

第 1 条 この法律は、医療分野の研究開発に資するための匿名加工医療情報に関し、国の責務、基本方針の策定、匿名加工医療情報作成事業を行う者の認定、医療情報等及び匿名加工医療情報の取扱いに関する規制等について定めることにより、健康・医療に関する先端的研究開発及び新産業創出(健康・医療戦略推進法(平成 26 年法律第 48 号)第 1 条に規定する健康・医療に関する先端的研究開発及び新産業創出をいう。第 3 条において同じ。)を促進し、もって健康長寿社会(同法第 1 条に規定する健康長寿社会をいう。)の形成に資することを目的とする。

(定義)

第 2 条 ① この法律において「医療情報」とは、特定の個人の病歴その他の当該個人の心身の状態に関する情報であって、当該心身の状態を理由とする当該個人又はその子孫に対する不当な差別、偏見その他の不利益が生じないようにその取扱いに特に配慮を要するものとして政令で定める記述等(文書、図画若しくは電磁的記録(電磁的方式(電子的方式、磁気的方式その他人の知覚によっては認識することができない方式をいう。)で作られる記録をいう。以下同じ。)に記載され、若しくは記録され、又は音声、動作その他の方法を用いて表された一切の事項(個人識別符号(個人情報の保護に関する法律(平成 15 年法律第 57 号)第 2 条第 2 項に規定する個人識別符号をいう。以下同じ。)を除く。)をいう。以下同じ。)であるものが含まれる個人に関する情報のうち、次の各号のいずれかに該当するものをいう。

1 当該情報に含まれる氏名、生年月日その他の記述等により特定の個人を識別することができるもの(他の情報と容易に照合することができ、それにより特定の個人を識別することができることとなるものを含む。)

2 個人識別符号が含まれるもの

② この法律において医療情報について「本人」とは、医療情報によって識別される特定の個人をいう。

③ この法律において「匿名加工医療情報」とは、次の各号に掲げる医療情報の区分に応じて当該各号に定める措置を講じて特定の個人を識別することができないように医療情報を加工して得られる個人に関する情報であって、当該医療情報を復元することができないようにしたものをいう。

1 第 1 項第 1 号に該当する医療情報 当該医療情報に含まれる記述等の一部を削除すること(当該一部の記述等を復元することのできる規則性を有しない方法により他の記述等に置き換えることを含む。)。

2 第 1 項第 2 号に該当する医療情報 当該医療情報に含まれる個人識別符号の全部を削除すること(当該個人識別符号を復元することのできる規則性を有しない方法により他の記述等に置き換えること

を含む。）。
④　この法律において「匿名加工医療情報作成事業」とは、医療分野の研究開発に資するよう、医療情報を整理し、及び加工して匿名加工医療情報（匿名加工医療情報データベース等（匿名加工医療情報を含む情報の集合物であって、特定の匿名加工医療情報を電子計算機を用いて検索することができるように体系的に構成したものその他特定の匿名加工医療情報を容易に検索することができるように体系的に構成したものとして政令で定めるものをいう。第18条第3項において同じ。）を構成するものに限る。以下同じ。）を作成する事業をいう。
⑤　この法律において「医療情報取扱事業者」とは、医療情報を含む情報の集合物であって、特定の医療情報を電子計算機を用いて検索することができるように体系的に構成したものその他特定の医療情報を容易に検索することができるように体系的に構成したものとして政令で定めるもの（第44条において「医療情報データベース等」という。）を事業の用に供している者をいう。

（国の責務）
第3条　国は、健康・医療に関する先端的研究開発及び新産業創出に関する施策の一環として、医療分野の研究開発に資するための匿名加工医療情報に関し必要な施策を講ずる責務を有する。

第2章　医療分野の研究開発に資するための匿名加工医療情報に関する施策
第1節　医療分野の研究開発に資するための匿名加工医療情報に関する基本方針

第4条①　政府は、医療分野の研究開発に資するための匿名加工医療情報に関する施策の総合的かつ一体的な推進を図るため、医療分野の研究開発に資するための匿名加工医療情報に関する基本方針（以下「基本方針」という。）を定めなければならない。
②　基本方針は、次に掲げる事項について定めるものとする。
1　医療分野の研究開発に資するための匿名加工医療情報に関する施策の推進に関する基本的な方向
2　国が講ずべき医療分野の研究開発に資するための匿名加工医療情報に関する措置に関する事項
3　匿名加工医療情報の作成に用いる医療情報に係る本人の病歴その他の本人の心身の状態を理由とする本人又はその子孫その他の個人に対する不当な差別、偏見その他の不利益が生じないための措置に関する事項
4　第8条第1項及び第28条の認定に関する基本的な事項
5　その他医療分野の研究開発に資するための匿名加工医療情報に関する施策の推進に関する重要事項
③　内閣総理大臣は、基本方針の案を作成し、閣議の決定を求めなければならない。
④　内閣総理大臣は、前項の規定による閣議の決定があったときは、遅滞なく、基本方針を公表しなければならない。
⑤　前二項の規定は、基本方針の変更について準用する。

第2節　国の施策

（国民の理解の増進）
第5条　国は、広報活動、啓発活動その他の活動を通じて、医療分野の研究開発に資するための匿名加工医療情報に関する国民の理解を深めるよう必要な措置を講ずるものとする。

（規格の適正化）
第6条①　国は、医療分野の研究開発に資す

資 料

るための匿名加工医療情報の作成に寄与するため，医療情報及び匿名加工医療情報について，適正な規格の整備，その普及及び活用の促進その他の必要な措置を講ずるものとする。
② 前項の規定による規格の整備は，これに関する国際的動向，医療分野の研究開発の進展等に応じて行うものとする。

（情報システムの整備）
第7条 国は，医療分野の研究開発に資するための匿名加工医療情報の作成を図るため，情報システムの整備，その普及及び活用の促進その他の必要な措置を講ずるよう努めるものとする。

第3章 認定匿名加工医療情報作成事業者
第1節 匿名加工医療情報作成事業を行う者の認定

（認定）
第8条① 匿名加工医療情報作成事業を行う者（法人に限る。）は，申請により，匿名加工医療情報作成事業を適正かつ確実に行うことができるものと認められる旨の主務大臣の認定を受けることができる。
② 前項の認定を受けようとする者は，主務省令で定めるところにより，次に掲げる事項を記載した申請書に，次項各号に掲げる認定の基準に適合していることを証する書類その他主務省令で定める書類を添えて，これを主務大臣に提出しなければならない。
1 名称及び住所
2 医療情報の整理の方法
3 医療情報の加工の方法
4 医療情報等（医療情報，匿名加工医療情報の作成に用いた医療情報から削除した記述等及び個人識別符号並びに第18条第1項（第29条において準用する場合を含む。）の規定により行った加工の方法に関する情報をいう。以下同じ。）

及び匿名加工医療情報の管理の方法
5 その他主務省令で定める事項
③ 主務大臣は，第1項の認定の申請が次に掲げる基準に適合すると認めるときは，同項の認定をしなければならない。
1 申請者が次のいずれにも該当しないこと。
 イ この法律その他個人情報の適正な取扱いに関する法律で政令で定めるもの又はこれらの法律に基づく命令の規定に違反し，罰金の刑に処せられ，その執行を終わり，又は執行を受けることがなくなった日から2年を経過しない者
 ロ 第15条第1項又は第16条第1項（これらの規定を第29条において準用する場合を含む。）の規定により認定を取り消され，その取消しの日から2年を経過しない者
 ハ 匿名加工医療情報作成事業を行う役員又は主務省令で定める使用人のうちに次のいずれかに該当する者があるもの
  (1) 成年被後見人若しくは被保佐人又は外国の法令上これらに相当する者
  (2) 破産手続開始の決定を受けて復権を得ない者又は外国の法令上これに相当する者
  (3) この法律その他個人情報の適正な取扱いに関する法律で政令で定めるもの又はこれらの法律に基づく命令の規定に違反し，罰金以上の刑に処せられ，その執行を終わり，又は執行を受けることがなくなった日から2年を経過しない者
  (4) 第1項又は第28条の認定を受けた者が第15条第1項又は第16条第1項（これらの規定を第29条において準用する場合を含む。）の規定

により認定を取り消された場合において，その処分のあった日前30日以内に当該認定に係る事業を行う役員又は主務省令で定める使用人であった者で，その処分のあった日から2年を経過しないもの
2　申請者が，医療分野の研究開発に資するよう，医療情報を取得し，並びに整理し，及び加工して匿名加工医療情報を適確に作成し，及び提供するに足りる能力を有するものとして主務省令で定める基準に適合していること。
3　医療情報等及び匿名加工医療情報の漏えい，滅失又は毀損の防止その他の当該医療情報等及び匿名加工医療情報の安全管理のために必要かつ適切なものとして主務省令で定める措置が講じられていること。
4　申請者が，前号に規定する医療情報等及び匿名加工医療情報の安全管理のための措置を適確に実施するに足りる能力を有すること。
④　主務大臣は，第1項の認定をしようとするときは，あらかじめ，個人情報保護委員会に協議しなければならない。
⑤　主務大臣は，第1項の認定をした場合においては，遅滞なく，その旨を申請者に通知するとともに，その旨を公示しなければならない。

（変更の認定等）

第9条①　前条第1項の認定を受けた者（以下「認定匿名加工医療情報作成事業者」という。）は，同条第2項第2号から第5号までに掲げる事項を変更しようとするときは，主務省令で定めるところにより，主務大臣の認定を受けなければならない。ただし，主務省令で定める軽微な変更については，この限りでない。
②　認定匿名加工医療情報作成事業者は，前条第2項第1号に掲げる事項に変更があったとき又は前項ただし書の主務省令で定める軽微な変更をしたときは，遅滞なく，その旨を主務大臣に届け出なければならない。
③　主務大臣は，前項の規定による届出（前条第2項第1号に掲げる事項の変更に係るものに限る。）があったときは，遅滞なく，その旨を公示しなければならない。
④　前条第3項（第1号を除く。）及び第4項の規定は，第1項の変更の認定について準用する。

（承継）

第10条①　認定匿名加工医療情報作成事業者である法人が他の認定匿名加工医療情報作成事業者である法人に第8条第1項の認定に係る匿名加工医療情報作成事業（以下「認定事業」という。）の全部の譲渡を行ったときは，譲受人は，譲渡人のこの法律の規定による認定匿名加工医療情報作成事業者としての地位を承継する。
②　認定匿名加工医療情報作成事業者である法人が他の認定匿名加工医療情報作成事業者である法人と合併をしたときは，合併後存続する法人又は合併により設立された法人は，合併により消滅した法人のこの法律の規定による認定匿名加工医療情報作成事業者としての地位を承継する。
③　前二項の規定により認定匿名加工医療情報作成事業者としての地位を承継した法人は，主務省令で定めるところにより，遅滞なく，その旨を主務大臣に届け出なければならない。
④　認定匿名加工医療情報作成事業者である法人が認定匿名加工医療情報作成事業者でない法人に認定事業の全部の譲渡を行う場合において，譲渡人及び譲受人があらかじめ当該譲渡及び譲受について主務省令で定めるところにより主務大臣の認可を受けたときは，譲受人は，譲渡人のこの法律の

資料

規定による認定匿名加工医療情報作成事業者としての地位を承継する。

⑤ 認定匿名加工医療情報作成事業者である法人が認定匿名加工医療情報作成事業者でない法人との合併により消滅することとなる場合において、あらかじめ当該合併について主務省令で定めるところにより主務大臣の認可を受けたときは、合併後存続する法人又は合併により設立された法人は、合併により消滅した法人のこの法律の規定による認定匿名加工医療情報作成事業者としての地位を承継する。

⑥ 認定匿名加工医療情報作成事業者である法人が分割により認定事業の全部を承継させる場合において、あらかじめ当該分割について主務省令で定めるところにより主務大臣の認可を受けたときは、分割により認定事業の全部を承継した法人は、分割をした法人のこの法律の規定による認定匿名加工医療情報作成事業者としての地位を承継する。

⑦ 第8条第3項から第5項までの規定は、前三項の認可について準用する。

⑧ 認定匿名加工医療情報作成事業者である法人は、認定匿名加工医療情報作成事業者でない者に認定事業の全部の譲渡を行い、認定匿名加工医療情報作成事業者でない法人と合併をし、又は分割により認定事業の全部を承継させる場合において、第4項から第6項までの認可の申請をしないときは、主務省令で定めるところにより、その認定事業の全部の譲渡、合併又は分割の日までに、その旨を主務大臣に届け出なければならない。

⑨ 認定匿名加工医療情報作成事業者である法人が認定匿名加工医療情報作成事業者でない者に認定事業の全部の譲渡を行い、認定匿名加工医療情報作成事業者でない法人との合併により消滅することとなり、又は分割により認定事業の全部を承継させる場合において、第4項から第6項までの認可をしない旨の処分があったとき(これらの認可の申請がない場合にあっては、当該認定事業の全部の譲渡、合併又は分割があったとき)は、第8条第1項の認定は、その効力を失うものとし、その譲受人、合併後存続する法人若しくは合併により設立された法人又は分割により認定事業の全部を承継した法人は、遅滞なく、当該認定事業に関し管理する医療情報等及び匿名加工医療情報を消去しなければならない。

⑩ 主務大臣は、第3項若しくは第8項の規定による届出があったとき又は第4項から第6項までの認可をしない旨の処分をしたときは、遅滞なく、その旨を公示しなければならない。

(廃止の届出等)

第11条 ① 認定匿名加工医療情報作成事業者は、認定事業を廃止しようとするときは、主務省令で定めるところにより、あらかじめ、その旨を主務大臣に届け出なければならない。

② 前項の規定による届出があったときは、第8条第1項の認定は、その効力を失うものとし、認定匿名加工医療情報作成事業者であった法人は、遅滞なく、当該認定事業に関し管理する医療情報等及び匿名加工医療情報を消去しなければならない。

③ 主務大臣は、第1項の規定による届出があったときは、遅滞なく、その旨を公示しなければならない。

(解散の届出等)

第12条 ① 認定匿名加工医療情報作成事業者である法人が合併以外の事由により解散したときは、その清算人若しくは破産管財人又は外国の法令上これらに相当する者は、主務省令で定めるところにより、遅滞なく、その旨を主務大臣に届け出なければならな

い。

② 認定匿名加工医療情報作成事業者である法人が合併以外の事由により解散したときは，第8条第1項の認定は，その効力を失うものとし，その清算中若しくは特別清算中の法人若しくは破産手続開始後の法人又は外国の法令上これらに相当する法人は，遅滞なく，当該認定事業に関し管理する医療情報等及び匿名加工医療情報を消去しなければならない。

③ 主務大臣は，第1項の規定による届出があったときは，遅滞なく，その旨を公示しなければならない。

（帳簿）

第13条 認定匿名加工医療情報作成事業者は，主務省令で定めるところにより，帳簿（その作成に代えて電磁的記録の作成がされている場合における当該電磁的記録を含む。以下同じ。）を備え，その業務に関し主務省令で定める事項を記載し，これを保存しなければならない。

（名称の使用制限）

第14条 認定匿名加工医療情報作成事業者でない者は，認定匿名加工医療情報作成事業者という名称又はこれと紛らわしい名称を用いてはならない。

（認定の取消し等）

第15条 ① 主務大臣は，認定匿名加工医療情報作成事業者（国内に主たる事務所を有しない法人であって，外国において医療情報等又は匿名加工医療情報を取り扱う者（以下「外国取扱者」という。）を除く。次項において同じ。）が次の各号のいずれかに該当するときは，第8条第1項の認定を取り消すことができる。

1 偽りその他不正の手段により第8条第1項若しくは第9条第1項の認定又は第10条第4項から第6項までの認可を受けたとき。

2 第8条第3項各号のいずれかに掲げる基準に適合しなくなったとき。

3 第9条第1項の規定により認定を受けなければならない事項を同項の認定を受けないで変更したとき。

4 第26条第1項の規定に違反して医療情報を提供したとき。

5 第37条第1項の規定による命令に違反したとき。

② 認定匿名加工医療情報作成事業者が前項の規定により第8条第1項の認定を取り消されたときは，遅滞なく，当該認定事業に関し管理する医療情報等及び匿名加工医療情報を消去しなければならない。

③ 主務大臣は，第1項の規定により第8条第1項の認定を取り消そうとするときは，あらかじめ，個人情報保護委員会に協議しなければならない。

④ 主務大臣は，第1項の規定により第8条第1項の認定を取り消したときは，遅滞なく，その旨を公示しなければならない。

第16条 ① 主務大臣は，認定匿名加工医療情報作成事業者（外国取扱者に限る。第3号及び第3項において同じ。）が次の各号のいずれかに該当するときは，第8条第1項の認定を取り消すことができる。

1 前条第1項第1号から第4号までのいずれかに該当するとき。

2 第37条第3項において読み替えて準用する同条第1項の規定による請求に応じなかったとき。

3 主務大臣が，この法律の施行に必要な限度において，認定匿名加工医療情報作成事業者に対し必要な報告を求め，又はその職員に，その者の事務所その他の事業所に立ち入り，その者の帳簿，書類その他の物件を検査させ，若しくは関係者に質問させようとした場合において，その報告がされず，若しくは虚偽の報告が

> 資料

され，又はその検査が拒まれ，妨げられ，若しくは忌避され，若しくはその質問に対して答弁がされず，若しくは虚偽の答弁がされたとき。
　　4　第3項の規定による費用の負担をしないとき。
②　前条第2項から第4項までの規定は，前項の規定による認定の取消しについて準用する。
③　第1項第3号の規定による検査に要する費用（政令で定めるものに限る。）は，当該検査を受ける認定匿名加工医療情報作成事業者の負担とする。

第2節　医療情報等及び匿名加工医療情報の取扱いに関する規制

（利用目的による制限）
第17条①　認定匿名加工医療情報作成事業者は，第25条又は第30条第1項の規定により医療情報の提供を受けた場合は，当該医療情報が医療分野の研究開発に資するために提供されたものであるという趣旨に反することのないよう，認定事業の目的の達成に必要な範囲を超えて当該医療情報を取り扱ってはならない。
②　前項の規定は，次に掲げる場合については，適用しない。
　　1　法令に基づく場合
　　2　人命の救助，災害の救援その他非常の事態への対応のため緊急の必要がある場合

（匿名加工医療情報の作成等）
第18条①　認定匿名加工医療情報作成事業者は，匿名加工医療情報を作成するときは，特定の個人を識別すること及びその作成に用いる医療情報を復元することができないようにするために必要なものとして主務省令で定める基準に従い，当該医療情報を加工しなければならない。

②　認定匿名加工医療情報作成事業者は，匿名加工医療情報を作成して自ら当該匿名加工医療情報を取り扱うに当たっては，当該匿名加工医療情報の作成に用いられた医療情報に係る本人を識別するために，当該匿名加工医療情報を他の情報と照合してはならない。
③　匿名加工医療情報取扱事業者（匿名加工医療情報データベース等を事業の用に供している者をいう。以下同じ。）は，第1項（第29条において準用する場合を含む。）の規定により作成された匿名加工医療情報（自ら医療情報を加工して作成したものを除く。）を取り扱うに当たっては，当該匿名加工医療情報の作成に用いられた医療情報に係る本人を識別するために，当該医療情報から削除された記述等若しくは個人識別符号若しくは同項（同条において準用する場合を含む。）の規定により行われた加工の方法に関する情報を取得し，又は当該匿名加工医療情報を他の情報と照合してはならない。
④　個人情報の保護に関する法律第36条の規定は認定匿名加工医療情報作成事業者又は第28条の認定を受けた者（以下「認定医療情報等取扱受託事業者」という。）が第1項（第29条において準用する場合を含む。）の規定により匿名加工医療情報を作成する場合について，同法第37条から第39条までの規定は匿名加工医療情報取扱事業者が前項に規定する匿名加工医療情報を取り扱う場合については，適用しない。

（消去）
第19条　認定匿名加工医療情報作成事業者は，認定事業に関し管理する医療情報等又は匿名加工医療情報を利用する必要がなくなったときは，遅滞なく，当該医療情報等又は匿名加工医療情報を消去しなければならない。

（安全管理措置）
第20条　認定匿名加工医療情報作成事業者は，認定事業に関し管理する医療情報等又は匿名加工医療情報の漏えい，滅失又は毀損の防止その他の当該医療情報等又は匿名加工医療情報の安全管理のために必要かつ適切なものとして主務省令で定める措置を講じなければならない。

（従業者の監督）
第21条　認定匿名加工医療情報作成事業者は，その従業者に認定事業に関し管理する医療情報等又は匿名加工医療情報を取り扱わせるに当たっては，当該医療情報等又は匿名加工医療情報の安全管理が図られるよう，主務省令で定めるところにより，当該従業者に対する必要かつ適切な監督を行わなければならない。

（従業者等の義務）
第22条　認定匿名加工医療情報作成事業者の役員若しくは従業者又はこれらであった者は，認定事業に関して知り得た医療情報等又は匿名加工医療情報の内容をみだりに他人に知らせ，又は不当な目的に利用してはならない。

（委託）
第23条①　認定匿名加工医療情報作成事業者は，認定医療情報等取扱受託事業者に対してする場合に限り，認定事業に関し管理する医療情報等又は匿名加工医療情報の取扱いの全部又は一部を委託することができる。
②　前項の規定により医療情報等又は匿名加工医療情報の取扱いの全部又は一部の委託を受けた認定医療情報等取扱受託事業者は，当該医療情報等又は匿名加工医療情報の取扱いの委託をした認定匿名加工医療情報作成事業者の許諾を得た場合であって，かつ，認定医療情報等取扱受託事業者に対してするときに限り，その全部又は一部を再委託をすることができる。
③　前項の規定により医療情報等又は匿名加工医療情報の取扱いの全部又は一部の再委託を受けた認定医療情報等取扱受託事業者は，当該医療情報等又は匿名加工医療情報の取扱いの全部又は一部の委託を受けた認定医療情報等取扱受託事業者とみなして，同項の規定を適用する。

（委託先の監督）
第24条　認定匿名加工医療情報作成事業者は，認定事業に関し管理する医療情報等又は匿名加工医療情報の取扱いの全部又は一部を委託する場合は，その取扱いを委託した医療情報等又は匿名加工医療情報の安全管理が図られるよう，主務省令で定めるところにより，委託を受けた者に対する必要かつ適切な監督を行わなければならない。

（他の認定匿名加工医療情報作成事業者に対する医療情報の提供）
第25条①　第30条第1項の規定により医療情報の提供を受けた認定匿名加工医療情報作成事業者は，主務省令で定めるところにより，他の認定匿名加工医療情報作成事業者からの求めに応じ，匿名加工医療情報の作成のために必要な限度において，当該他の認定匿名加工医療情報作成事業者に対し，同項の規定により提供された医療情報を提供することができる。
②　前項の規定により医療情報の提供を受けた認定匿名加工医療情報作成事業者は，第30条第1項の規定により医療情報の提供を受けた認定匿名加工医療情報作成事業者とみなして，前項の規定を適用する。

（第三者提供の制限）
第26条①　認定匿名加工医療情報作成事業者は，前条の規定により提供する場合及び次に掲げる場合を除くほか，同条又は第30条第1項の規定により提供された医療情報を第三者に提供してはならない。

> 資 料

  1 法令に基づく場合
  2 人命の救助，災害の救援その他非常の事態への対応のため緊急の必要がある場合
② 次に掲げる場合において，当該医療情報の提供を受ける者は，前項の規定の適用については，第三者に該当しないものとする。
  1 第10条第1項，第2項又は第4項から第6項までの規定による事業譲渡その他の事由による事業の承継に伴って医療情報が提供される場合
  2 認定匿名加工医療情報作成事業者が第23条第1項の規定により医療情報の取扱いの全部又は一部を委託することに伴って当該医療情報が提供される場合

（苦情の処理）

第27条① 認定匿名加工医療情報作成事業者は，主務省令で定めるところにより，認定事業に関し管理する医療情報等又は匿名加工医療情報の取扱いに関する苦情を適切かつ迅速に処理しなければならない。
② 認定匿名加工医療情報作成事業者は，主務省令で定めるところにより，前項の目的を達成するために必要な体制を整備しなければならない。

第3節 認定医療情報等取扱受託事業者

（認定）

第28条 認定匿名加工医療情報作成事業者の委託（2以上の段階にわたる委託を含む。）を受けて医療情報等又は匿名加工医療情報を取り扱う事業を行おうとする者（法人に限る。）は，申請により，当該事業を適正かつ確実に行うことができるものと認められる旨の主務大臣の認定を受けることができる。

（準用）

第29条 第8条第2項（第2号及び第3号を除く。），第3項（第2号を除く。），第4項及び第5項の規定は前条の認定について，第9条から第14条まで，第17条，第18条第1項及び第2項，第19条から第22条まで，第24条，第26条並びに第27条の規定は認定医療情報等取扱受託事業者について，第15条及び第16条の規定は認定医療情報等取扱受託事業者に係る認定の取消しについて，それぞれ準用する。この場合において，次の表の上欄に掲げる規定中同表の中欄に掲げる字句は，それぞれ同表の下欄に掲げる字句に読み替えるものとするほか，必要な技術的読替えは，政令で定める。

〔表（154頁参照）〕

第4章 医療情報取扱事業者による認定匿名加工医療情報作成事業者に対する医療情報の提供

（医療情報取扱事業者による医療情報の提供）

第30条① 医療情報取扱事業者は，認定匿名加工医療情報作成事業者に提供される医療情報について，主務省令で定めるところにより本人又はその遺族（死亡した本人の子，孫その他の政令で定める者をいう。以下同じ。）からの求めがあるときは，当該本人が識別される医療情報の認定匿名加工医療情報作成事業者への提供を停止することとしている場合であって，次に掲げる事項について，主務省令で定めるところにより，あらかじめ，本人に通知するとともに，主務大臣に届け出たときは，当該医療情報を認定匿名加工医療情報作成事業者に提供することができる。
  1 医療分野の研究開発に資するための匿名加工医療情報の作成の用に供するものとして，認定匿名加工医療情報作成事業者に提供すること。
  2 認定匿名加工医療情報作成事業者に提

供される医療情報の項目
3 認定匿名加工医療情報作成事業者への提供の方法
4 本人又はその遺族からの求めに応じて当該本人が識別される医療情報の認定匿名加工医療情報作成事業者への提供を停止すること。
5 本人又はその遺族からの求めを受け付ける方法
② 医療情報取扱事業者は、前項第2号、第3号又は第5号に掲げる事項を変更する場合は、変更する内容について、主務省令で定めるところにより、あらかじめ、本人に通知するとともに、主務大臣に届け出なければならない。
③ 主務大臣は、第1項の規定による届出があったときは、主務省令で定めるところにより、当該届出に係る事項を公表しなければならない。前項の規定による届出があったときも、同様とする。

（書面の交付）
第31条① 医療情報取扱事業者は、前条第1項の規定による通知を受けた本人又はその遺族から当該本人が識別される医療情報の認定匿名加工医療情報作成事業者への提供を停止するように求めがあったときは、遅滞なく、主務省令で定めるところにより、当該求めがあった旨その他の主務省令で定める事項を記載した書面を当該求めを行った者に交付しなければならない。
② 医療情報取扱事業者は、あらかじめ、前項に規定する求めを行った者の承諾を得て、同項の規定による書面の交付に代えて、当該書面に記載すべき事項を記録した電磁的記録を提供することができる。この場合において、当該医療情報取扱事業者は、同項の規定による書面の交付を行ったものとみなす。
③ 第1項の規定により書面を交付し、又は前項の規定により電磁的記録を提供した医療情報取扱事業者は、主務省令で定めるところにより、当該書面の写し又は当該電磁的記録を保存しなければならない。

（医療情報の提供に係る記録の作成等）
第32条① 医療情報取扱事業者は、第30条第1項の規定により医療情報を認定匿名加工医療情報作成事業者に提供したときは、主務省令で定めるところにより、当該医療情報を提供した年月日、当該認定匿名加工医療情報作成事業者の名称及び住所その他の主務省令で定める事項に関する記録を作成しなければならない。
② 医療情報取扱事業者は、前項の記録を、当該記録を作成した日から主務省令で定める期間保存しなければならない。

（医療情報の提供を受ける際の確認）
第33条① 認定匿名加工医療情報作成事業者は、第30条第1項の規定により医療情報取扱事業者から医療情報の提供を受けるに際しては、主務省令で定めるところにより、次に掲げる事項の確認を行わなければならない。
1 当該医療情報取扱事業者の氏名又は名称及び住所並びに法人にあっては、その代表者（法人でない団体で代表者又は管理人の定めのあるものにあっては、その代表者又は管理人）の氏名
2 当該医療情報取扱事業者による当該医療情報の取得の経緯
② 前項の医療情報取扱事業者は、認定匿名加工医療情報作成事業者が同項の規定による確認を行う場合において、当該認定匿名加工医療情報作成事業者に対して、当該確認に係る事項を偽ってはならない。
③ 認定匿名加工医療情報作成事業者は、第1項の規定による確認を行ったときは、主務省令で定めるところにより、当該医療情報の提供を受けた年月日、当該確認に係る

> 資料

事項その他の主務省令で定める事項に関する記録を作成しなければならない。
④　認定匿名加工医療情報作成事業者は，前項の記録を，当該記録を作成した日から主務省令で定める期間保存しなければならない。

（医療情報取扱事業者から医療情報の提供を受けてはならない場合）

第34条　認定匿名加工医療情報作成事業者は，次に掲げる医療情報について，法令に基づく場合を除き，医療情報取扱事業者から提供を受けてはならない。
1　第30条第1項又は第2項の規定による通知又は届出が行われていない医療情報
2　第31条第1項に規定する求めがあった医療情報

第5章　監　督

（立入検査等）

第35条①　主務大臣は，この法律の施行に必要な限度において，認定匿名加工医療情報作成事業者若しくは認定医療情報等取扱受託事業者（これらの者のうち外国取扱者である者を除く。），匿名加工医療情報取扱事業者若しくは医療情報取扱事業者に対し必要な報告を求め，又はその職員に，これらの者の事務所その他の事業所に立ち入り，これらの者の帳簿，書類その他の物件を検査させ，若しくは関係者に質問させることができる。
②　前項の規定による立入検査をする職員は，その身分を示す証明書を携帯し，関係者の請求があったときは，これを提示しなければならない。
③　第1項の規定による立入検査の権限は，犯罪捜査のために認められたものと解してはならない。
④　主務大臣は，第1項の規定による報告を求め，又は立入検査をしようとするときは，あらかじめ，個人情報保護委員会に協議しなければならない。

（指導及び助言）

第36条　主務大臣は，認定匿名加工医療情報作成事業者又は認定医療情報等取扱受託事業者に対し，第8条第1項又は第28条の認定に係る事業の適確な実施に必要な指導及び助言を行うものとする。

（是正命令）

第37条①　主務大臣は，認定匿名加工医療情報作成事業者（外国取扱者を除く。）が第17条第1項，第18条第1項若しくは第2項，第19条から第21条まで，第23条第1項，第24条，第25条第1項，第26条第1項，第27条，第33条（第2項を除く。）又は第34条の規定に違反していると認めるときは，その者に対し，当該違反を是正するため必要な措置をとるべきことを命ずることができる。
②　主務大臣は，認定医療情報等取扱受託事業者（外国取扱者を除く。）が第23条第2項の規定又は第29条において準用する第17条第1項，第18条第1項若しくは第2項，第19条から第21条まで，第24条，第26条第1項若しくは第27条の規定に違反していると認めるときは，その者に対し，当該違反を是正するため必要な措置をとるべきことを命ずることができる。
③　前二項の規定は，認定匿名加工医療情報作成事業者又は認定医療情報等取扱受託事業者（これらの者のうち外国取扱者である者に限る。）について準用する。この場合において，これらの規定中「命ずる」とあるのは，「請求する」と読み替えるものとする。
④　主務大臣は，匿名加工医療情報取扱事業者が第18条第3項の規定に違反していると認めるときは，その者に対し，当該違反を是正するため必要な措置をとるべきこと

を命ずることができる。

⑤　主務大臣は，医療情報取扱事業者が第30条第1項若しくは第2項，第31条第1項若しくは第3項又は第32条の規定に違反していると認めるときは，その者に対し，当該違反を是正するため必要な措置をとるべきことを命ずることができる。

⑥　主務大臣は，第1項，第2項，第4項若しくは前項の規定による命令又は第3項において読み替えて準用する第1項若しくは第2項の規定による請求をしようとするときは，あらかじめ，個人情報保護委員会に協議しなければならない。

第6章　雑　　則

（連絡及び協力）

第38条　主務大臣，個人情報保護委員会及び総務大臣は，この法律の施行に当たっては，医療情報等及び匿名加工医療情報の適正な取扱いに関する事項について，相互に緊密に連絡し，及び協力しなければならない。

（主務大臣等）

第39条①　この法律における主務大臣は，内閣総理大臣，文部科学大臣，厚生労働大臣及び経済産業大臣とする。

②　この法律における主務省令は，主務大臣の発する命令とする。

③　主務大臣は，主務省令を定め，又は変更しようとするときは，あらかじめ，個人情報保護委員会に協議しなければならない。

（地方公共団体が処理する事務）

第40条　第35条第1項に規定する主務大臣の権限に属する事務（医療情報取扱事業者に係るものに限る。）は，政令で定めるところにより，地方公共団体の長が行うこととすることができる。

（権限の委任）

第41条　この法律に規定する主務大臣の権限の一部は，政令で定めるところにより，地方支分部局の長に委任することができる。

（主務省令への委任）

第42条　この法律に定めるもののほか，この法律の実施のための手続その他この法律の施行に関し必要な事項は，主務省令で定める。

（経過措置）

第43条　この法律の規定に基づき命令を制定し，又は改廃する場合においては，その命令で，その制定又は改廃に伴い合理的に必要と判断される範囲内において，所要の経過措置（罰則に関する経過措置を含む。）を定めることができる。

第7章　罰　　則

第44条　認定匿名加工医療情報作成事業者又は認定医療情報等取扱受託事業者の役員若しくは従業者又はこれらであった者が，正当な理由がないのに，その業務に関して取り扱った個人の秘密に属する事項が記録された医療情報データベース等（その全部又は一部を複製し，又は加工したものを含む。）を提供したときは，2年以下の懲役若しくは100万円以下の罰金に処し，又はこれを併科する。

第45条　前条に規定する者が，その業務に関して知り得た医療情報等又は匿名加工医療情報を自己若しくは第三者の不正な利益を図る目的で提供し，又は盗用したときは，1年以下の懲役若しくは100万円以下の罰金に処し，又はこれを併科する。

第46条　次の各号のいずれかに該当する者は，1年以下の懲役若しくは50万円以下の罰金に処し，又はこれを併科する。

　1　偽りその他不正の手段により第8条第1項，第9条第1項（第29条において準用する場合を含む。）若しくは第28条の認定又は第10条第4項から第6項ま

で（これらの規定を第29条において準用する場合を含む。）の認可を受けた者
2　第9条第1項の規定に違反して第8条第2項第2号から第5号までに掲げる事項を変更した者
3　第22条（第29条において準用する場合を含む。）の規定に違反して，認定事業に関して知り得た医療情報等又は匿名加工医療情報の内容をみだりに他人に知らせ，又は不当な目的に利用した者
4　第29条において準用する第9条第1項の規定に違反して第29条において準用する第8条第2項第4号又は第5号に掲げる事項を変更した者
5　第37条第1項，第2項，第4項又は第5項の規定による命令に違反した者

第47条　次の各号のいずれかに該当する者は，50万円以下の罰金に処する。
1　第9条第2項，第10条第3項若しくは第8項又は第11条第1項（これらの規定を第29条において準用する場合を含む。）の規定による届出をせず，又は虚偽の届出をした者
2　第10条第9項，第11条第2項，第12条第2項又は第15条第2項（第16条第2項において準用する場合を含む。）（これらの規定を第29条において準用する場合を含む。）の規定に違反して医療情報等及び匿名加工医療情報を消去しなかった者
3　第13条（第29条において準用する場合を含む。）の規定に違反して，帳簿を備えず，帳簿に記載せず，若しくは虚偽の記載をし，又は帳簿を保存しなかった者
4　第35条第1項の規定による報告をせず，若しくは虚偽の報告をし，又は同項の規定による検査を拒み，妨げ，若しくは忌避し，若しくは同項の規定による質問に対して答弁せず，若しくは虚偽の答弁をした者

第48条　第44条，第45条，第46条（第3号及び第5号（第37条第1項（第33条第1項，第3項及び第4項並びに第34条に係る部分を除く。）及び第2項に係る部分に限る。）に係る部分に限る。）及び前条（第2号に係る部分に限る。）の罪は，日本国外においてこれらの条の罪を犯した者にも適用する。

第49条①　法人（法人でない団体で代表者又は管理人の定めのあるものを含む。以下この項において同じ。）の代表者又は法人若しくは人の代理人，使用人その他の従業者が，その法人又は人の業務に関して第44条から第47条までの違反行為をしたときは，行為者を罰するほか，その法人又は人に対しても，各本条の罰金刑を科する。
②　法人でない団体について前項の規定の適用がある場合には，その代表者又は管理人が，その訴訟行為につき法人でない団体を代表するほか，法人を被告人又は被疑者とする場合の刑事訴訟に関する法律の規定を準用する。

第50条　次の各号のいずれかに該当する者は，10万円以下の過料に処する。
1　第12条第1項（第29条において準用する場合を含む。）の規定による届出をせず，又は虚偽の届出をした者
2　第14条（第29条において準用する場合を含む。）又は第33条第2項の規定に違反した者

附　則

（施行期日）
第1条　この法律は，公布の日から起算して1年を超えない範囲内において政令で定める日〈平成30・5・11―平成30政162〉から施行する。ただし，次条及び附則第4条の

規定は、公布の日から施行する。
（基本方針に関する経過措置）
第2条① 政府は、この法律の施行前においても、第4条の規定の例により、基本方針を定めることができる。この場合において、内閣総理大臣は、この法律の施行前においても、同条の規定の例により、これを公表することができる。
② 前項の規定により定められた基本方針は、この法律の施行の日において第4条の規定により定められたものとみなす。
（名称の使用制限に関する経過措置）
第3条 この法律の施行の際に認定匿名加工医療情報作成事業者若しくは認定医療情報等取扱受託事業者という名称又はこれらと紛らわしい名称を使用している者については、第14条（第29条において準用する場合を含む。）の規定は、この法律の施行後6月間は、適用しない。
（政令への委任）
第4条 前二条に定めるもののほか、この法律の施行に関し必要な経過措置は、政令で定める。
（検討）
第5条 政府は、この法律の施行後5年を経過した場合において、この法律の施行の状況について検討を加え、必要があると認めるときは、その結果に基づいて所要の措置を講ずるものとする。
（登録免許税法の一部改正）
第6条 登録免許税法（昭和42年法律第35号）の一部を次のように改正する。
　別表第1第32号の次に次のように加える。
〔表（227頁参照）〕
（内閣府設置法の一部改正）
第7条 内閣府設置法（平成11年法律第89号）の一部を次のように改正する。
第4条第3項中第7号の8を第7号の9とし、第7号の4から第7号の7までを1号ずつ繰り下げ、第7号の3の次に次の1号を加える。
7の4 匿名加工医療情報（医療分野の研究開発に資するための匿名加工医療情報に関する法律（平成29年法律第28号）第2条第3項に規定するものをいう。）に関する施策に関すること（他省の所掌に属するものを除く。）。
第4条第3項第15号中「第7号の8」を「第7号の9」に改める。
第40条の4第1項中「第3項第7号の4から第7号の7まで」を「第3項第7号の5から第7号の8まで」に改める。
附則第2条の2第1項中「第3項第7号の8」を「第3項第7号の9」に改める。

医療分野の研究開発に資するための匿名加工医療情報に関する法律施行令（平成30年5月7日政令第163号）

施行　平成30・5・11（附則参照）

　内閣は，医療分野の研究開発に資するための匿名加工医療情報に関する法律（平成29年法律第28号）第2条第1項，第4項及び第5項，第8条第3項第1号イ及びハ(3)（これらの規定を同法第29条において準用する場合を含む。），第16条第3項（同法第29条において準用する場合を含む。）並びに第30条第1項の規定に基づき，この政令を制定する。

（医療情報）

第1条　医療分野の研究開発に資するための匿名加工医療情報に関する法律（以下「法」という。）第2条第1項の政令で定める記述等は，次に掲げるものとする。
1　特定の個人の病歴
2　次に掲げる事項のいずれかを内容とする記述等（前号に該当するものを除く。）
　イ　身体障害，知的障害，精神障害（発達障害を含む。）その他の主務省令で定める心身の機能の障害があること。
　ロ　特定の個人に対して医師その他医療に関連する職務に従事する者（ハにおいて「医師等」という。）により行われた疾病の予防及び早期発見のための健康診断その他の検査（ハにおいて「健康診断等」という。）の結果
　ハ　健康診断等の結果に基づき，又は疾病，負傷その他の心身の変化を理由として，特定の個人に対して医師等により心身の状態の改善のための指導又は診療若しくは調剤が行われたこと。

（匿名加工医療情報データベース等）

第2条　法第2条第4項の政令で定めるものは，これに含まれる匿名加工医療情報を一定の規則に従って整理することにより特定の匿名加工医療情報を容易に検索することができるように体系的に構成した情報の集合物であって，目次，索引その他検索を容易にするためのものを有するものをいう。

（医療情報データベース等）

第3条　法第2条第5項の政令で定めるものは，これに含まれる医療情報を一定の規則に従って整理することにより特定の医療情報を容易に検索することができるように体系的に構成した情報の集合物であって，目次，索引その他検索を容易にするためのものを有するものをいう。

（法第8条第3項第1号イ及びハ(3)の政令で定める法律）

第4条　法第8条第3項第1号イ及びハ(3)（これらの規定を法第29条において準用する場合を含む。）の政令で定める法律は，次のとおりとする。
1　個人情報の保護に関する法律（平成15年法律第57号）
2　行政機関の保有する個人情報の保護に関する法律（平成15年法律第58号）
3　独立行政法人等の保有する個人情報の保護に関する法律（平成15年法律第59号）
4　行政手続における特定の個人を識別するための番号の利用等に関する法律（平成25年法律第27号）

（外国取扱者の事務所等における検査に要する費用の負担）

第5条　法第16条第3項（法第29条におい

て準用する場合を含む。）の政令で定める費用は，法第16条第1項第3号（法第29条において準用する場合を含む。）の規定による検査のため同号の職員がその検査に係る事務所その他の事業所（外国にあるものに限る。）の所在地に出張をするのに要する旅費の額に相当するものとする。この場合において，その旅費の額の計算に関し必要な細目は，主務省令で定める。

（遺族の範囲）
第6条 法第30条第1項の政令で定める者は，死亡した本人の配偶者（婚姻の届出をしていないが，事実上婚姻関係と同様の事情にあった者を含む。），子，父母，孫，祖父母及び兄弟姉妹とする。

附　則（抄）

（施行期日）
第1条 この政令は，法の施行の日（平成30年5月11日）から施行する。

医療分野の研究開発に資するための匿名加工医療情報に関する法律施行規則（平成30年5月7日内閣府・文部科学省・厚生労働省・経済産業省令第1号）

施行　平成30・5・11（附則参照）

　医療分野の研究開発に資するための匿名加工医療情報に関する法律（平成29年法律第28号）及び医療分野の研究開発に資するための匿名加工医療情報に関する法律施行令（平成30年政令第163号）の規定に基づき，並びに同法を実施するため，医療分野の研究開発に資するための匿名加工医療情報に関する法律施行規則を次のように定める。

（定義）

第1条　この規則において使用する用語は，医療分野の研究開発に資するための匿名加工医療情報に関する法律（以下「法」という。）において使用する用語の例による。

（医療情報）

第2条　医療分野の研究開発に資するための匿名加工医療情報に関する法律施行令（以下「令」という。）第1条第2号イの主務省令で定める心身の機能の障害は，個人情報の保護に関する法律施行規則（平成28年個人情報保護委員会規則第3号）第5条各号に規定する障害とする。

（認定の申請）

第3条①　法第8条第1項の認定を受けようとする者は，様式第1による申請書を主務大臣に提出しなければならない。

②　法第8条第2項の主務省令で定める書類は，次のとおりとする。

　1　申請者に係る次に掲げる書類

　　イ　定款及び登記事項証明書又はこれらに準ずるもの

　　ロ　法第8条第3項第1号ハの役員（第8条第2項第1号において単に「役員」という。）及び使用人（次条に規定する使用人をいう。）に係る住民票の写し又はこれに代わる書類

　2　申請の日の属する事業年度及び翌事業年度における事業計画書及び収支予算書

　3　その他主務大臣が必要と認める書類

（使用人）

第4条　法第8条第3項第1号ハの主務省令で定める使用人（第8条第2項第1号において単に「使用人」という。）は，申請者の使用人であって，当該申請者の匿名加工医療情報作成事業に関する権限及び責任を有する者とする。

（法第8条第3項第2号の主務省令で定める基準）

第5条　法第8条第3項第2号の主務省令で定める基準は，次のとおりとする。

　1　日本の医療分野の研究開発に資する匿名加工医療情報の作成に関する相当の経験及び識見を有する者であって，匿名加工医療情報作成事業を統括管理し，責任を有するものがいること。

　2　匿名加工医療情報作成事業を適正かつ確実に行うに足りる経験及び識見を有する者として次に掲げるものをいずれも確保していること。

　　イ　日本の医療分野の研究開発に資する匿名加工医療情報を作成するための大規模な医療情報の加工に関する相当の経験及び識見を有する者

　　ロ　匿名加工医療情報を用いた日本の医療分野の研究開発の推進に関する相当の経験及び識見を有する者

　　ハ　日本の医療分野の研究開発に資する

匿名加工医療情報の作成に用いる医療情報の取得及び整理に関する相当の経験及び識見を有する者
3 医療情報検索システムその他の匿名加工医療情報作成事業の実施に必要な設備を備えていること。
4 匿名加工医療情報作成事業を適正かつ確実に行うための内部規則等を定め，これに基づく事業の運営の検証がされる等，法令等を遵守した運営を確保していること。
5 匿名加工医療情報作成事業を適正かつ確実に，かつ継続して行うに足りる経理的基礎を有すること。
6 法第4条第1項に規定する基本方針（次号において「基本方針」という。）に照らし適切なものであると認められる匿名加工医療情報作成事業に関する中期的な計画を有すること。
7 匿名加工医療情報の提供の是非の判断に際して，基本方針に照らし，匿名加工医療情報が医療分野の研究開発に資するために適切に取り扱われることについて適切に審査するための体制を整備していること。
8 広報及び啓発並びに本人，医療情報取扱事業者又は匿名加工医療情報取扱事業者からの相談に応ずるための体制を整備していること。
9 その取り扱う医療情報の規模及び内容が，匿名加工医療情報作成事業を適正かつ確実に行うに足りるものであること。
10 医療分野の標準的な規格に対応した医療情報を円滑に取り扱うことができること。
11 申請者が行う匿名加工医療情報作成事業において，特定の匿名加工医療情報取扱事業者に対して不当な差別的取扱いをするものでないこと。

（安全管理措置）
第6条 法第8条第3項第3号及び法第20条の主務省令で定める措置は，次のとおりとする。
1 組織的安全管理措置
　イ 認定事業に関し管理する医療情報等及び匿名加工医療情報（この条において「認定事業医療情報等」という。）の安全管理に係る基本方針を定めていること。
　ロ 認定事業医療情報等の安全管理に関する相当の経験及び識見を有する責任者を配置していること。
　ハ 認定事業医療情報等を取り扱う者の権限及び責務並びに業務を明確にしていること。
　ニ 認定事業医療情報等の漏えい，滅失又は毀損の発生時における事務処理体制が整備されていること。
　ホ 安全管理措置に関する規程の策定及び実施並びにその運用の評価及び改善を行っていること。
　ヘ 外部の専門家による情報セキュリティ監査の受検又は第三者認証の取得により，安全管理に係る措置の継続的な確保を図っていること。
2 人的安全管理措置
　イ 認定事業医療情報等を取り扱う者が，法第8条第3項第1号ハ(1)から(4)までのいずれにも該当しない者であることを確認していること。
　ロ 認定事業医療情報等を取り扱う者が，認定事業の目的の達成に必要な範囲を超えて，認定事業医療情報等を取り扱うことがないことを確保するための措置を講じていること。
　ハ 認定事業医療情報等を取り扱う者に対する必要な教育及び訓練を行っていること。

資 料

　　　ニ　認定事業医療情報等を取り扱う権限を有しない者による認定事業医療情報等の取扱いを防止する措置を講じていること。
　3　物理的安全管理措置
　　　イ　認定事業医療情報等を取り扱う施設設備を他の施設設備と区分していること。
　　　ロ　認定事業医療情報等を取り扱う施設設備への立入り及び機器の持込みを制限する措置を講じているとともに、監視カメラの設置その他の当該施設設備の内部を常時監視するための装置を備えていること。
　　　ハ　認定事業に関し管理する医療情報等の取扱いに係る端末装置は、原則として、補助記憶装置及び可搬記録媒体（電子計算機又はその周辺機器に挿入し、又は接続して情報を保存することができる媒体又は機器のうち、可搬型のものをいう。）への記録機能を有しないものとすること。
　　　ニ　認定事業医療情報等を削除し、又は認定事業医療情報等が記録された機器、電子媒体等を廃棄する場合には、復元不可能な手段で行うこと。
　4　技術的安全管理措置
　　　イ　認定事業医療情報等を取り扱う施設設備に、不正アクセス行為（不正アクセス行為の禁止等に関する法律（平成11年法律第128号）第2条第4項に規定する不正アクセス行為をいう。）を防止するため、適切な措置を講じていること。
　　　ロ　認定事業医療情報等の取扱いに係る電子計算機及び端末装置の動作を記録するとともに、通常想定されない当該電子計算機及び端末装置の操作を検知し、当該操作が行われた電子計算機及び端末装置を制御する措置を講じていること。
　　　ハ　認定事業医療情報等の取扱いに係る電子計算機又は端末装置において、第三者が当該電子計算機又は端末装置に使用目的に反する動作をさせる機能が具備されていないことを確認していること。
　　　ニ　認定事業医療情報等を電気通信により送受信するとき、又は移送し、若しくは移送を受けるときは、次に掲げる措置を講じていること。
　　　　(1)　外部の者との送受信の用に供する電気通信回線として、専用線等（IP-VPNサービス（電気通信事業報告規則（昭和63年郵政省令第46号）第1条第2項第15号に掲げるIP-VPNサービスをいう。）に用いられる仮想専用線その他のこれと同等の安全性が確保されると認められる仮想専用線を含む。）を用いること。
　　　　(2)　(1)に規定する電気通信回線に接続されるサーバ用の電子計算機のうち、医療情報取扱事業者からの医療情報の受信に用いるものについては、外部への送信機能を具備させないこと。
　　　　(3)　(1)に規定する電気通信回線に接続されるサーバ用の電子計算機のうち、匿名加工医療情報取扱事業者への匿名加工医療情報の送信に用いるものについては、外部からの受信機能を具備させないこと。また、(2)又はホに規定する電子計算機以外のサーバ用の電子計算機を用いること。
　　　　(4)　(1)から(3)までに掲げるもののほか、認定事業医療情報等を適切に移送し、又は移送を受けるために、暗号化等必要な措置を講ずること。

ホ　匿名加工医療情報の作成の用に供する医療情報の管理は、ニ(2)及び(3)の電子計算機以外のサーバ用の電子計算機を用いることとし、ニ(2)及び(3)に規定する電子計算機を経由する以外の方法による外部へのネットワーク接続を行わないこと。また、ニ(2)及び(3)に規定する電子計算機との接続においては、専用線を用いること。

5　その他の措置

イ　認定事業医療情報等の漏えいその他の事故が生じた場合における被害の補償のための措置を講じていること。

ロ　認定事業医療情報等を取り扱う施設設備の障害の発生の防止に努めるとともに、これらの障害の発生を検知し、及びこれらの障害が発生した場合の対策を行うため、事業継続計画の策定、その機能を代替することができる予備の機器の設置その他の適切な措置を講じていること。

ハ　医療情報の提供を受ける際に、医療情報取扱事業者による当該医療情報の提供の方法及びこれに係る安全管理のための措置が適正である旨を確認していること。

ニ　匿名加工医療情報の提供の契約において、匿名加工医療情報取扱事業者による当該匿名加工医療情報の利用の態様及びこれに係る安全管理のための措置が匿名加工の程度に応じて適正であることを確保していること。

（認定証の交付）

第7条　主務大臣は、法第8条第1項の認定をしたときは、申請者に対し、その旨を通知するとともに、様式第2による認定証を交付するものとする。

（変更の認定の申請等）

第8条①　認定匿名加工医療情報作成事業者は、法第8条第2項第2号から第5号までに掲げる事項を変更しようとするときは、様式第3による申請書に次に掲げる書類を添えて、主務大臣に提出し、変更の認定を受けなければならない。

1　法第8条第3項各号に掲げる認定の基準に適合していることを証する書類及び第3条第2項各号に掲げる書類のうち、当該変更事項に係る書類

2　前条の認定証の写し

②　法第9条第1項ただし書の主務省令で定める軽微な変更は、次のいずれかに該当する場合とする。

1　匿名加工医療情報作成事業を行う役員又は使用人の氏名の変更であって、役員又は使用人の変更を伴わないもの

2　前号に掲げるもののほか、法第8条第2項第2号から第5号までに掲げる事項の実質的な変更を伴わないもの

③　認定匿名加工医療情報作成事業者は、法第9条第2項の規定による届出をしようとするときは、様式第4による届出書に、変更事項に係る書類及び前条の認定証の写しを添えて、主務大臣に提出しなければならない。

（承継の認可の申請等）

第9条①　法第10条第3項の規定による届出をしようとする者は、様式第5による届出書に、次に掲げる書類及び被承継者に係る第7条の認定証を添えて、主務大臣に提出しなければならない。

1　法第10条第1項の規定により認定事業の全部を譲り受けて認定匿名加工医療情報作成事業者の地位を承継した法人にあっては、様式第6による事業譲渡証明書及び認定事業の全部の譲渡が行われたことを証する書面並びに承継者に係る第7条の認定証の写し

2　法第10条第2項の規定による合併後存

> 資料

　続する法人であって，認定匿名加工医療情報作成事業者の地位を承継した法人にあっては，その法人の登記事項証明書及び第7条の認定証の写し
　3　法第10条第2項の規定による合併により設立された法人であって，認定匿名加工医療情報作成事業者の地位を承継した法人にあっては，その法人の登記事項証明書
② 法第10条第4項の認可を受けようとする者は，様式第7による申請書に，次に掲げる書類及び譲渡人に係る第7条の認定証を添えて，主務大臣に提出しなければならない。
　1　様式第8による事業譲渡証明書及び認定事業の全部の譲渡が行われることを証する書面
　2　譲受人が法第8条第3項各号に掲げる認定の基準に適合していることを証する書類
　3　譲受人に係る第3条第2項各号に掲げる書類
③ 法第10条第5項の認可を受けようとする者は，様式第9による申請書に，次に掲げる書類及び被承継者に係る第7条の認定証を添えて，主務大臣に提出しなければならない。
　1　合併が行われることを証する書面
　2　合併後存続する法人又は合併により設立される法人が法第8条第3項各号に掲げる認定の基準に適合していることを証する書類
　3　合併後存続する法人又は合併により設立される法人に係る第3条第2項各号に掲げる書類
④ 法第10条第6項の認可を受けようとする者は，様式第10による申請書に，次に掲げる書類及び被承継者に係る第7条の認定証を添えて，主務大臣に提出しなければならない。
　1　様式第11による事業承継証明書及び分割により認定事業の全部の承継が行われることを証する書面
　2　分割により認定事業の全部を承継する法人が法第8条第3項各号に掲げる認定の基準に適合していることを証する書類
　3　分割により認定事業の全部を承継する法人に係る第3条第2項各号に掲げる書類
⑤ 法第10条第8項の規定による届出をしようとする者は，様式第12による届出書に，被承継者に係る第7条の認定証を添えて，主務大臣に提出しなければならない。

（廃止の届出）

第10条　認定匿名加工医療情報作成事業者は，法第11条第1項の規定による届出をしようとするときは，様式第13による届出書に第7条の認定証を添えて主務大臣に提出しなければならない。

（解散の届出）

第11条　清算人若しくは破産管財人又は外国の法令上これらに相当する者は，法第12条第1項の規定による届出をするときは，様式第14による届出書に第7条の認定証を添えて主務大臣に提出しなければならない。

（帳簿の記載事項等）

第12条① 法第13条の主務省令で定める事項は，次に掲げるものとする。
　1　認定匿名加工医療情報作成事業者が匿名加工医療情報取扱事業者に対する匿名加工医療情報の提供を行った場合における次に掲げる事項
　　イ　当該匿名加工医療情報取扱事業者の名称及び住所その他の当該匿名加工医療情報取扱事業者を特定するに足りる事項
　　ロ　当該匿名加工医療情報の提供を行っ

た年月日
ハ 当該匿名加工医療情報の項目
2 匿名加工医療情報取扱事業者が他の匿名加工医療情報取扱事業者に対する匿名加工医療情報の提供を行った場合における次に掲げる事項
　イ 提供元の匿名加工医療情報取扱事業者の名称及び住所その他の当該匿名加工医療情報取扱事業者を特定するに足りる事項
　ロ 提供先の匿名加工医療情報取扱事業者の名称及び住所その他の当該匿名加工医療情報取扱事業者を特定するに足りる事項
　ハ 当該匿名加工医療情報の提供を行った年月日
　ニ 当該匿名加工医療情報の項目
3 法第19条の規定により匿名加工医療情報の消去を行った場合における次に掲げる事項
　イ 当該匿名加工医療情報の消去を行った年月日
　ロ 当該匿名加工医療情報の項目
4 法第25条の規定により他の認定匿名加工医療情報作成事業者に対して医療情報の提供を行った場合における次に掲げる事項
　イ 当該他の認定匿名加工医療情報作成事業者の名称及び住所その他の当該他の認定匿名加工医療情報作成事業者を特定するに足りる事項
　ロ 当該医療情報の提供を行った年月日
　ハ 当該医療情報の項目
5 法第25条の規定により他の認定匿名加工医療情報作成事業者から医療情報の提供を受けた場合における次に掲げる事項
　イ 当該他の認定匿名加工医療情報作成事業者の名称及び住所その他の当該他の認定匿名加工医療情報作成事業者を特定するに足りる事項
　ロ 当該医療情報の提供を受けた年月日
　ハ 当該医療情報の項目
② 法第13条の帳簿は、文書、電磁的記録又はマイクロフィルムを用いて作成しなければならない。
③ 認定匿名加工医療情報作成事業者は、第1項各号に規定する場合には、その都度、遅滞なく、同項各号に掲げる事項を帳簿に記載し、その記載の日から3年間保存しなければならない。

（事業計画書等）
第13条① 認定匿名加工医療情報作成事業者は、毎事業年度開始前に、認定事業に関し事業計画書及び収支予算書を作成し、主務大臣に提出するとともに、公表しなければならない。これを変更しようとするときも、同様とする。
② 認定匿名加工医療情報作成事業者は、毎事業年度終了後3月以内に、認定事業に関し事業報告書及び収支決算書を作成し、主務大臣に提出するとともに、公表しなければならない。

（認定の取消しを行う場合の手続）
第14条 主務大臣は、法第15条第1項又は第16条第1項の規定に基づき、法第8条第1項の認定を受けた者の認定を取り消したときは、その旨を書面により当該認定を受けていた者に通知するものとする。

（旅費の額）
第15条 令第5条の旅費の額に相当する額（次条及び第17条において「旅費相当額」という。）は、国家公務員等の旅費に関する法律（昭和25年法律第114号。次条及び第17条において「旅費法」という。）の規定により支給すべきこととなる旅費の額とする。この場合において、当該検査のためその地に出張する職員は、一般職の職員の給与に関する法律（昭和25年法律第95

号）第6条第1項第1号イに規定する行政職俸給表（一）による職務の級が4級である者であるものとしてその旅費の額を計算するものとする。

（在勤官署の所在地）

第16条 旅費相当額を計算する場合において，当該検査のため，その地に出張する職員の旅費法第2条第1項第6号の在勤官署の所在地は，次の表に掲げるところによる。

〔表（後掲258頁）〕

（旅費の額の計算に係る細目）

第17条 ① 旅費法第6条第1項の支度料は，旅費相当額に算入しない。

② 検査を実施する日数は，当該検査に係る事務所その他の事業所ごとに3日として旅費相当額を計算する。

③ 旅費法第6条第1項の旅行雑費は，1万円として旅費相当額を計算する。

④ 主務大臣が，旅費法第46条第1項の規定により，実費を超えることとなる部分又は必要としない部分の旅費を支給しないときは，当該部分に相当する額は，旅費相当額に算入しない。

（匿名加工医療情報の作成の方法に関する基準）

第18条 法第18条第1項の主務省令で定める基準は，次のとおりとする。

1 医療情報に含まれる特定の個人を識別することができる記述等の全部又は一部を削除すること（当該全部又は一部の記述等を復元することのできる規則性を有しない方法により他の記述等に置き換えることを含む。）。

2 医療情報に含まれる個人識別符号の全部を削除すること（当該個人識別符号を復元することのできる規則性を有しない方法により他の記述等に置き換えることを含む。）。

3 医療情報と当該医療情報に措置を講じて得られる情報とを連結する符号（現に認定匿名加工医療情報作成事業者において取り扱う情報を相互に連結する符号に限る。）を削除すること（当該符号を復元することのできる規則性を有しない方法により当該医療情報と当該医療情報に措置を講じて得られる情報を連結することができない符号に置き換えることを含む。）。

4 特異な記述等を削除すること（当該特異な記述等を復元することのできる規則性を有しない方法により他の記述等に置き換えることを含む。）。

5 前各号に掲げる措置のほか，医療情報に含まれる記述等と当該医療情報を含む医療情報データベース等を構成する他の医療情報に含まれる記述等との差異その他の当該医療情報データベース等の性質を勘案し，その結果を踏まえて適切な措置を講ずること。

（医療情報等の消去の記録）

第19条 ① 認定匿名加工医療情報作成事業者は，法第19条の規定による医療情報等の消去を行ったときは，次に掲げる事項の記録を作成し，その作成の日から3年間保存しなければならない。

1 当該医療情報等の消去を行った年月日
2 当該医療情報等の項目

② 前項の記録を作成する方法は，文書，電磁的記録又はマイクロフィルムを用いて作成する方法とする。

（従業者の監督）

第20条 法第21条の規定により認定匿名加工医療情報作成事業者が行わなければならない従業者に対する監督は，第6条で定める安全管理措置に従って業務を行っていることの確認その他の措置を講ずることにより行うものとする。

（委託契約の締結）
第21条① 認定匿名加工医療情報作成事業者は，法第23条第1項の規定による委託を行う場合には，次に掲げる事項を記載した文書により当該委託を受けた認定医療情報等取扱受託事業者との契約を締結しなければならない。
1 当該委託に係る業務の範囲
2 当該委託に係る業務の手順に関する事項
3 前号の手順に基づき当該委託に係る業務が適正かつ円滑に行われているかどうかを当該認定匿名加工医療情報作成事業者が確認することができる旨
4 当該認定医療情報等取扱受託事業者に対する指示に関する事項
5 前号の指示を行った場合において当該指示に基づく措置が講じられたかどうかを当該認定匿名加工医療情報作成事業者が確認することができる旨
6 当該認定医療情報等取扱受託事業者が当該認定匿名加工医療情報作成事業者に対して行う報告に関する事項
7 その他当該委託に係る業務について必要な事項
② 前項の規定は，法第23条第2項の規定による再委託について準用する。この場合において，「認定匿名加工医療情報作成事業者」とあるのは，「法第23条第1項の規定により医療情報等又は匿名加工医療情報の取扱いの全部又は一部の委託を受けた認定医療情報等取扱受託事業者」と読み替えるものとする。
③ 第1項の規定は，法第23条第3項の規定により適用される同条第2項の規定による再委託について準用する。この場合において，「認定匿名加工医療情報作成事業者」とあるのは，「法第23条第2項の規定により医療情報等又は匿名加工医療情報の取扱いの全部又は一部の再委託を受けた認定医療情報等取扱受託事業者」と読み替えるものとする。

（委託先の監督）
第22条 法第24条の規定により認定匿名加工医療情報作成事業者が行わなければならない委託を受けた者に対する監督は，医療情報等又は匿名加工医療情報の安全管理が適正に図られるよう，安全管理の業務に関する監査その他必要な措置を講ずることにより行うものとする。

（他の認定匿名加工医療情報作成事業者に対する医療情報の提供）
第23条 認定匿名加工医療情報作成事業者は，法第25条第1項の規定による医療情報の授受においては，次に掲げる事項を記載した文書により授受に係る他の認定匿名加工医療情報作成事業者との契約を締結し，その契約書を保存しなければならない。
1 法第25条第1項の規定により医療情報の提供を行う認定匿名加工医療情報作成事業者の名称，住所及び代表者の氏名
2 前号の提供を受ける認定匿名加工医療情報作成事業者の名称，住所及び代表者の氏名
3 第1号の医療情報の項目
4 第1号の医療情報の提供の方法

（苦情の処理）
第24条 認定匿名加工医療情報作成事業者は，認定事業に関し管理する医療情報等又は匿名加工医療情報の取扱いに関する苦情については，次の各号に定めるところにより，これを処理しなければならない。
1 苦情を受け付けたときは，遅滞なく，当該苦情に係る事項の原因を究明すること。
2 前号の規定による原因究明の結果に基づき，認定事業に関し管理する医療情報等又は匿名加工医療情報の取扱いに関し

資料

　改善が必要な場合には，所要の措置を講ずること。
　3　苦情の内容，原因究明の結果及び改善措置を記載した苦情処理記録を作成し，その作成の日から3年間保存すること。

第25条　認定匿名加工医療情報作成事業者は，苦情を受け付けるための窓口の設置，苦情の対応の手順の策定その他の措置を講ずることにより，法第27条第1項の目的を達成するために必要な体制を整備しなければならない。

（準用）

第26条　第3条，第4条，第6条（第5号ハ及びニを除く。），第7条の規定は法第28条の認定について，第8条から第11条まで，第12条第1項第3号，第2項及び第3項，第13条，第18条，第19条，第20条，第22条，第24条並びに第25条の規定は認定医療情報等取扱受託事業者について，第14条の規定は認定医療情報等取扱受託事業者に係る認定の取消しについて，それぞれ準用する。この場合において，次の表の上欄に掲げる規定中同表の中欄に掲げる字句は，それぞれ同表の下欄に掲げる字句に読み替えるものとする。
〔表（後掲259頁）〕

（医療情報の提供停止の求めの方法）

第27条　法第30条第1項の規定による提供の停止の求めは，医療情報取扱事業者に対し，書面又は口頭その他の方法で行うものとする。

（医療情報の提供に係る事前の通知等）

第28条①　法第30条第1項又は第2項の規定による通知は，次に掲げるところにより，行うものとする。
　1　認定匿名加工医療情報作成事業者に提供される医療情報によって識別される本人又はその遺族が当該提供の停止を求めるために必要な期間を定めて通知すること。
　2　本人が法第30条第1項各号に掲げる事項を認識することができる適切かつ合理的な方法によること。

②　医療情報取扱事業者が，法第30条第1項又は第2項の規定による届出をするときは，次に掲げるいずれかの方法により行わなければならない。
　1　主務大臣が定めるところにより，電子情報処理組織（主務大臣の使用に係る電子計算機と届出を行う者の使用に係る電子計算機とを電気通信回線で接続した電子情報処理組織をいう。）を使用する方法
　2　様式第29による届出書及び当該届出書に記載すべき事項を記録した光ディスク等を提出する方法

③　医療情報取扱事業者が，代理人によって法第30条第1項又は第2項の規定による届出をする場合には，様式第30によるその権限を証する書面（電磁的記録を含む。以下同じ。）を主務大臣に提出しなければならない。

（医療情報の提供に係る主務大臣による公表）

第29条　法第30条第3項の規定による公表は，同条第1項又は第2項の規定による届出があった後，遅滞なく，インターネットの利用その他の適切な方法により行うものとする。

（医療情報の提供に係る医療情報取扱事業者による公表）

第30条　医療情報取扱事業者は，法第30条第3項の規定による公表がされたときは，速やかに，インターネットの利用その他の適切な方法により，同条第1項に掲げる事項（同項第2号，第3号又は第5号に掲げる事項に変更があったときは，変更後の当該各号に掲げる事項）を公表するものとす

る。
（書面の交付）
第31条　法第31条第1項の主務省令で定める事項は，次に掲げる事項とする。
1　法第30条第1項に規定する求めがあった旨
2　前号の求めを行った者の氏名及びその他の当該者を特定するに足りる事項
3　第1号の求めを受けた年月日
4　法第31条第1項に規定する主務省令で定める書面を交付する旨
5　医療情報の提供の停止の年月日
6　第1号の求めにより交付する書面の交付年月日

（書面の写し等の保存義務）
第32条　法第31条第3項の規定による書面の写し又は電磁的記録の保存は，同条第1項の規定により書面を交付し，又は同条第2項の規定により電磁的記録を提供した日から3年間行わなければならない。

（医療情報の提供に係る記録の作成）
第33条　法第32条第1項の規定による記録の作成は，次に掲げるところにより，行うものとする。
1　文書，電磁的記録又はマイクロフィルムを用いて作成するものとする。
2　医療情報を認定匿名加工医療情報作成事業者に提供したときは，その都度，速やかに作成しなければならない。ただし，当該認定匿名加工医療情報作成事業者に対し医療情報を継続的に若しくは反復して提供したとき，又は当該認定匿名加工医療情報作成事業者に対し医療情報を継続的に若しくは反復して提供することが確実であると見込まれるときは，一括して作成することができる。

（医療情報の提供に係る記録事項）
第34条①　法第32条第1項の主務省令で定める事項は，次に掲げる事項とする。

1　法第30条第1項の規定により医療情報を認定匿名加工医療情報作成事業者に提供した年月日
2　前号の認定匿名加工医療情報作成事業者の名称及び住所その他の当該認定匿名加工医療情報作成事業者を特定するに足りる事項
3　第1号の医療情報によって識別される本人の氏名その他の当該本人を特定するに足りる事項
4　当該医療情報の項目
②　前項各号に掲げる事項のうち，既に前条に規定する方法により作成した法第32条第1項の記録（当該記録を保存している場合におけるものに限る。）に記録されている事項と内容が同一であるものについては，当該事項の記録の作成を省略することができる。

（医療情報の提供に係る記録の保存期間）
第35条　法第32条第2項の主務省令で定める期間は，次の各号に掲げる場合の区分に応じて，当該各号に定める期間とする。
1　第33条第2号ただし書に規定する方法により記録を作成した場合　最後に当該記録に係る医療情報の提供を行った日から起算して3年を経過する日までの間
2　前号以外の場合　3年間

（医療情報の提供を受ける際の確認）
第36条①　法第33条第1項の規定による確認は，次の各号に掲げる事項の区分に応じて，当該各号に定めるところによるものとする。
1　法第33条第1項第1号の事項　医療情報を提供する医療情報取扱事業者から申告を受ける方法その他の適切な方法
2　法第33条第1項第2号の事項　法第30条第3項の規定により主務大臣の公表が行われた旨及び医療情報取扱事業者からの医療情報の取得の経緯を示す記録

> 資料

の提示を受ける方法その他の適切な方法
② 前項の規定にかかわらず、医療情報取扱事業者から他の医療情報の提供を受けるに際して既に前項に規定する方法による確認（当該確認について次条に規定する方法による記録の作成及び保存をしている場合におけるものに限る。）をした事項については、当該事項の内容と当該提供に係る法第33条第1項各号に掲げる事項の内容が同一であることの確認を行う方法とする。

（医療情報の提供を受ける際の記録事項）
第37条① 法第33条第3項の主務省令で定める事項は、次に掲げる事項とする。
1 法第30条第1項の規定により医療情報の提供を受けた年月日
2 法第33条第1項各号に掲げる事項
3 第1号の医療情報によって識別される本人の氏名その他の当該本人を特定するに足りる事項
4 第1号の医療情報の項目
5 法第30条第3項の規定により公表されている旨
② 前項に掲げる事項のうち、既に前条に規定する方法により作成した法第33条第3項の記録（当該記録を保存している場合におけるものに限る。）に記録されている事項と内容が同一であるものについては、当該事項の記録の作成を省略することができる。

（準用）
第38条 第33条及び第35条の規定は、認定匿名加工医療情報作成事業者について準用する。この場合において、次の表の上欄に掲げる規定中同表の中欄に掲げる字句は、それぞれ同表の下欄に掲げる字句に読み替えるものとする。
〔表（後掲260頁）〕
（立入検査をする者の身分証明書）
第39条 法第35条第2項の職員の身分を示す証明書は、様式第31によるものとする。

附　則

（施行期日）
第1条 この命令は、法の施行の日〈平成30・5・11〉から施行する。
（医療情報の提供の事前の届出に関する特例）
第2条① 法第30条第1項の規定による届出は、第28条第2項第1号の規定により主務大臣が定めるまでの間は、同項第2号の方法による。
② 代理人によって前項の規定による届出を行う場合には、前項の届出書に様式第30によるその権限を証する書面を添付しなければならない。

様式（略）

表（第16条）

主務大臣の区分	在勤官署の所在地
内閣総理大臣	東京都千代田区永田町1丁目11番39号
文部科学大臣	東京都千代田区霞が関3丁目2番2号
厚生労働大臣	東京都千代田区霞が関1丁目2番2号
経済産業大臣	東京都千代田区霞が関1丁目3番1号

医療分野の研究開発に資するための匿名加工医療情報に関する法律施行規則

表（第26条）

〔上欄〕	〔中欄〕	〔下欄〕
第3条第1項	第8条第1項	第28条
	様式第1	様式第15
第4条	匿名加工医療情報作成事業	法第28条に規定する事業
第7条	第8条第1項	第28条
	様式第2	様式第16
第8条第1項柱書	第8条第2項第2号から第5号まで	第8条第2項第4号又は第5号
	様式第3	様式第17
第8条第1項第1号	第8条第3項各号	第8条第3項第1号，第3号及び第4号
第8条第2項第1号	匿名加工医療情報作成事業	法第28条に規定する事業
第8条第2項第2号	第8条第2項第2号から第5号まで	第8条第2項第4号又は第5号
第8条第3項	様式第4	様式第18
第9条第1項柱書	様式第5	様式第19
第9条第1項第1号	様式第6	様式第20
第9条第2項柱書	様式第7	様式第21
第9条第2項第1号	様式第8	様式第22
第9条第2項第2号	第8条第3項各号	第8条第3項第1号，第3号及び第4号
第9条第3項柱書	様式第9	様式第23
第9条第3項第2号	第8条第3項各号	第8条第3項第1号，第3号及び第4号
第9条第4項柱書	様式第10	様式第24
第9条第4項第1号	様式第11	様式第25
第9条第4項第2号	第8条第3項各号	第8条第3項第1号，第3号及び第4号
第9条第5項	様式第12	様式第26
第10条	様式第13	様式第27
第11条	様式第14	様式第28
第12条第3項	第1項各号	第1項第3号
	同項各号	同号
第14条	第8条第1項	第28条

資料

表（第38条）

[上欄]	[中欄]	[下欄]
第33条	第32条第1項	第33条第3項
	医療情報を認定匿名加工医療情報作成事業者に提供した	医療情報取扱事業者から医療情報の提供を受けた
	認定匿名加工医療情報作成事業者に対し医療情報を	医療情報取扱事業者から
	提供したとき,	医療情報の提供を受けたとき,
	提供する	医療情報の提供を受ける
第35条	第32条第2項	第33条第4項
	行った	受けた

判 例 索 引

〈最高裁判所〉

最大判昭和 32・11・27 刑集 11 巻 12 号 3113 頁 ……………………………220
最判昭和 40・3・26 刑集 19 巻 2 号 83 頁 ……………………………………220
最判平成 28・10・18 民集 70 巻 7 号 1725 頁 ………………………………121

〈高等裁判所〉

東京高判平成 12・10・26 判タ 1094 号 242 頁 ………………………………44
大阪高判平成 26・6・20 民集 69 巻 6 号 1689 頁 ……………………………199

〈地方裁判所〉

東京地判平成 11・2・17 判時 1697 号 73 頁 …………………………………164
大阪地判平成 25・10・24 民集 69 巻 6 号 1640 頁 …………………………199

〈公正取引委員会〉

公取委排除措置命令平成 20・2・20 公正取引委員会審決集 54 巻 512 頁 …………198
公取委排除措置命令平成 20・2・20 公正取引委員会審決集 54 巻 623 頁 …………198
公取委審決平成 27・5・22 公正取引委員会審決集 62 巻 61 頁 …………………198
公取委審決平成 27・5・22 公正取引委員会審決集 62 巻 87 頁 …………………198

事項索引

あ行

アウトカムデータ …………………………… 3
安全管理措置 ………………………… 130, 158
医学研究における個人情報の取扱い等に関する合同会議（3省合同会議） ………… 9
意識不明の者 …………………………… 170
医師等 …………………………………… 34
遺族 …………………………………… 171
委託 …………………………… 140, 149, 152
委託先の監督 …………………………… 142
遺伝子治療等臨床研究に関する指針 …… 164
委任命令 ………………………………… 207
医療・介護関係事業者における個人情報の適切な取扱いのためのガイダンス ……… 15
医療情報 …………………………… 26, 40
　　　——取扱事業者 ………………… 58, 73
　　　——データベース基盤 ……………… 2
　　　——データベース等 ………… 58, 208
医療情報システムの安全管理に関するガイドライン ……………………………… 132
医療情報等 ……………………………… 88
医療情報取扱制度調整ワーキンググループ …………………………………………… 8
医療情報標準化推進協議会 ……………… 67
医療情報を受託管理する情報処理事業者向けガイドライン ……………………… 132
インプットデータ ……………………… 3
オプトアウト …… 9, 17, 22, 160, 166, 176, 186
オプトイン ……………………………… 17
オンサイトセンター …………………… 133

か行

外国取扱者 ………………………… 113, 194
解散 …………………………………… 105
開示請求権 …………………………… 174
開示等 ………………………………… 173
加工 …………………………………… 209
合併 …………………………… 96, 98, 149
過料 …………………………… 184, 221
患者・国民を中心に保健医療情報をどこでも活用できるオープンな情報基盤 ……… 69
間接強制調査 ……………………… 188, 198
間接罰 ………………………………… 214
がん登録等の推進に関する法律 ………… 15
官民データ活用推進基本法 ……… 10, 161
管理用 ID ……………………………… 124
規格 …………………………………… 67
規格第 27001 号 ……………………… 135
技術的安全管理措置 ………… 89, 136, 156
規制改革推進のための3か年計画 ……… 227
基本方針 …………………………… 62, 223
行政機関個人情報保護法 ……………… 200
行政規則 ……………………………… 121
行政刑罰 …………………………… 78, 184, 221
行政指導 ……………………………… 191
行政上の秩序罰 ………………… 78, 221
行政処分 ……………………………… 196
行政調査 …………………………… 188, 217
共同利用 ……………………………… 17
緊急時対応計画 ……………………… 133
苦情処理 ……………………………… 151
　　　——記録 ……………………… 152
経過措置 …………………………… 207, 223
経済産業大臣 ………………………… 202
刑事訴訟 ……………………………… 220
外科手術・治療情報データベース事業 …… 3
欠格事由 ………………………………… 77
ゲノムデータ ……………………… 42, 124
権限の委任 …………………………… 206
健康・医療戦略 ………………………… 5
　　　——推進法 ……………………… 5, 24
　　　——推進本部 ……………………… 5
健康診断等 ……………………………… 34

事項索引

健康長寿社会…………………25
研　修…………………138
厚生労働省標準規格…………67
厚生労働大臣…………………202
国外犯…………………217
国保データベース（KDB）システム………2
個人識別符号…………………40, 123
個人情報…………………39
　　──取扱事業者…………120
個人情報保護委員会 …75, 91, 101, 112, 123, 158, 189, 199, 200, 203
個人情報保護法…………120, 200
個人データ…………………19, 130
個人に関する情報……………39
個人の秘密……………………208
根拠に基づく医療……………1

さ 行

再委託…………………141
再々委託…………………142
サイバーセキュリティ保険…………136
裁判管轄権…………………196
削　除…………………172
散在情報…………………19, 130, 211
支援機関…………………146
識別行為…………………126
事業の承継…………………149
死者の情報…………19, 27, 40, 123, 171, 187
次世代医療ICT基盤協議会…………6
次世代医療ICTタスクフォース…………5
執行命令…………………207
実質秘…………………163
実施命令…………………207
実地調査…………………189
指　導…………………191
司法管轄権…………………196
従業者…………………208
　　──の監督…………………138
従業者等の義務………………138
主務省令…………………204, 206
主務大臣…………………74, 200, 202, 229

障　害…………………29
消　去…………101, 103, 105, 112, 129, 000
譲　渡…………………96, 97
使用人…………………219
情報システム…………………68
情報処理安全確保支援士…………135
情報セキュリティ監査…………135
情報セキュリティマネジメントシステム
　（ISMS）…………………133
助　言…………………191
書面の交付…………………178
身体障害児…………………30
診断群分類…………………2
人的安全管理措置…………88, 135, 156
診　療…………………37
診療情報集積基盤………………3
正確性の確保…………………131
制限能力者…………………80
精神障害…………………30
成年被後見人…………………79
世界最先端IT国家創造宣言・官民データ活
　用推進基本計画…………………11
是正命令…………………114, 191, 214
総務大臣…………………200
属地主義…………………218
組織的安全管理措置…………88, 134, 156

た 行

第三者提供…………………147
第三者提供の制限……………121
対他国家不干渉義務……………199
代表者…………………219
代理人…………………219
立入検査…………………115, 188, 205
地域医療連携ネットワーク…………1
地位の承継…………………96, 149
知的障害…………………30
地方公共団体が処理する事務…………205
調　剤…………………37
帳　簿…………………106, 216
通　知…………………166

提　供 …………………… 209, 211	非識別加工情報 ………………… 9
訂正請求権 ……………………… 174	非訟事件手続法 ………………… 221
データの最小化 ………………… 133	ヒトゲノム・遺伝子解析研究に関する倫理指針
データベース管理運用システム … 2	…………………………… 9, 164
データヘルス改革推進本部 ……… 69	ヒト受精胚の作成を行う生殖補助医療研究に関する倫理指針 … 9
撤　回 …………………………… 110	人を対象とする医学系研究に関する倫理指針
電磁的記録 ………………… 39, 179	…………………… 9, 164, 169
統計情報 …………… 119, 123, 126	被保佐人 ………………………… 80
盗　用 …………………………… 211	被補助人 ………………………… 80
登録免許税 ……………………… 228	秘　密 …………………………… 208
特異な記述等 …………………… 125	秘密保持義務 …………… 139, 163
特定個人情報 …………………… 189	──違反 ……………………… 210
特定個人情報保護評価 ………… 88	秘密漏示罪 ……………… 163, 209
匿名加工医療情報 …… 56, 119, 123	病　歴 …………………………… 28
──作成事業 ………………… 58	複　製 …………………………… 209
──データベース等 ………… 58	物理的安全管理措置 ……… 89, 156
──取扱事業者 … 73, 119, 126, 195	プライバシーマーク ………… 135
匿名加工情報 ……… 9, 18, 57, 127	分　割 …………………… 99, 149
──取扱事業者 ……………… 128	分担管理事務 …………………… 229
独立行政法人等個人情報保護法 … 200	法規命令 ………………………… 207
取消し …………………………… 110	法条競合 ………………………… 210
トレーサビリティ …… 107, 133, 180, 182	法　令 …………………………… 121
な　行	保健医療情報標準化会議 ……… 67
内閣総理大臣 …………………… 202	保健医療データプラットフォーム … 69
難　病 …………………………… 33	保健医療2035提言書 …………… 7
日本医療研究開発機構（AMED）	保健指導 ………………………… 36
………………………… 6, 75, 203	保有個人データ ………………… 19
「日本再興戦略」改訂2015 ……… 7	本　人 …………………………… 56
日本再興戦略2016 ……………… 7	本人同意 ………………………… 14
認定医療情報等取扱受託事業者 …… 140, 152	**ま　行**
認定事業 ………………………… 96	未成年者 ………………………… 169
認定事業医療情報等 …………… 88	見直し条項 ……………………… 227
認定匿名加工医療情報作成事業者	名称の使用制限 ………… 108, 225
……………………… 73, 108, 144	命　令 …………………………… 207
は　行	面接指導 ………………………… 36
廃　止 …………………………… 103	目的外提供 ……………… 13, 161
破産者 …………………………… 80	目的外利用 …… 117, 120, 139, 148
発達障害 ………………………… 31	目的の変更 ……………………… 118
犯罪捜査 ………………………… 190	モザイク・アプローチ ………… 40

文部科学大臣 …………………… 202

や 行

要配慮個人情報 ………………… 9, 26, 161

ら 行

立法管轄権 ……………………… 196
利用禁止義務 …………………… 139
領事送達 ………………………… 198
利用停止請求権 ………………… 174
両罰規定 ………………………… 218
利用目的による制限 …………… 116
利用目的の通知 ………………… 120
倫理審査委員会 ………………… 164

レセプト（診療報酬明細書）情報・特定健診等情報データベース ……………… 2

その他

1号個人識別符号 ……………………… 41
2号個人識別符号 …………………… 41, 45
ASP・SaaSにおける情報セキュリティ対策ガイドライン ………………………… 132
ASP・SaaS事業者が医療情報を取り扱う際の安全管理に関するガイドライン …… 132
CSIRT ………………………………… 134
EHR …………………………………… 176
PHR …………………………………… 176
SOC …………………………………… 135

次世代医療基盤法の逐条解説
Commentary on Next Generation Medical Infrastructure Law

2019 年 4 月 10 日　初　版第 1 刷発行

著者	宇賀 克也	
発行者	江草 貞治	
発行所	株式会社 有斐閣	

郵便番号 101-0051
東京都千代田区神田神保町 2-17
電話 (03) 3264-1314 〔編集〕
　　 (03) 3265-6811 〔営業〕
http://www.yuhikaku.co.jp/

印刷／株式会社理想社・製本／大口製本印刷株式会社
©2019, Katsuya Uga. Printed in Japan
落丁・乱丁本はお取替えいたします。
★定価はカバーに表示してあります。
ISBN 978-4-641-22766-8

JCOPY 本書の無断複写（コピー）は、著作権法上での例外を除き、禁じられています。複写される場合は、そのつど事前に（一社）出版者著作権管理機構（電話03-5244-5088, FAX03-5244-5089, e-mail:info@jcopy.or.jp）の許諾を得てください。

本書のコピー，スキャン，デジタル化等の無断複製は著作権法上での例外を除き禁じられています。本書を代行業者等の第三者に依頼してスキャンやデジタル化することは，たとえ個人や家庭内での利用でも著作権法違反です。